Barbara von Meibom
Wie Kommunikation gelingt

Verlag Via Nova

Barbara von Meibom

Wie Kommunikation gelingt

Die verbindende Kraft der Liebe

vianova
Verlag Via Nova

Zu diesem Buch:
Dieses Buch ist die grundlegend überarbeitete und ergänzte Version des Buches „Die kommunikative Kraft der Liebe“, das 2000 im Verlag Via Nova erschienen ist.

1. Auflage 2012
Verlag Via Nova, Alte Landstr. 12, 36100 Petersberg
Telefon: (06 61) 6 29 73
Fax: (06 61) 96 79 560
E-Mail: info@verlag-vianova.de
Internet: www.verlag-vianova.de / www.transpersonale.de
Umschlaggestaltung: Guter Punkt, München
Covermotiv: Lithopunktur von Marko Pogačnik
Satz: Sebastian Carl
Druck und Verarbeitung: Appel und Klinger, 96277 Schneckenlohe

ISBN 978-3-86616-236-5

gewidmet
dem
EINEN
ohne ein Zweites[1]

Inhaltsverzeichnis

Einleitung

Wer mit den Menschen reden will, ohne mit Gott zu reden, dessen Wort vollendet sich nicht; aber wer mit Gott reden will, ohne mit den Menschen zu reden, dessen Wort geht in die Irre."

MARTIN BUBER[2]

Was lässt Kommunikation gelingen? Wie stellt sich Verbundenheit zwischen Menschen her? Wie können wir es lernen, Konflikte aufzulösen, besser miteinander zu kooperieren und gemeinsam nach Wegen zu suchen, wie wir aus einer völlig verfahrenen Situation individuell und kollektiv herauskommen?

Zerrissen in Arme und Reiche, Unterdrückte und Unterdrücker, Analphabeten und Gebildete, in Klassen, Rassen, Kasten und Religionen, verstrickt in ein ökonomisches Wettrüsten, das sich als „Globalisierungsfalle" erweist, bedroht von Umweltkatastrophen, einem möglichen Kollaps der Finanzmärkte und innerseelischen Verwerfungen, besteht bei den Menschen eine tiefe Sehnsucht nach Verständigung. Diese Sehnsucht kann nur über die Liebe gestillt werden. Kein noch so machtvolles Projekt der informations-, kommunikations- und medientechnischen Entwicklung wird zur Verständigung und zur Humanisierung individuell, kollektiv und global führen, solange die Kraft der Liebe nicht zu einer Veränderung in uns selbst und in unseren Beziehungen führt.

Liebe hat viele Gesichter. Sie tragen immer Züge der Selbstliebe, der Liebe des anderen und der Liebe zur Natur, unserer Lebensgrundlage. Sie drücken aus: Respekt, Toleranz, Annahme, Vergeben, Freude, Dankbarkeit, Dienen, Hingabe, Klarheit und Unterscheidungsvermögen und in letzter Konsequenz eine durchgängige Achtsamkeit des Herzens.

Die verbindende Kraft der Liebe in unserer Kommunikation zur Entfaltung zu bringen, heißt, sich auf die Suche nach diesen Gesichtern in sich selbst zu machen, sie anzunehmen und sie all denen zu zeigen, die mit uns in Berührung kommen. Dies geht nicht, ohne das Herz von Eigenschaften zu reinigen, die der Liebe im Weg stehen: Angst und Furcht, Stolz und Hochmut, Neid und Eifersucht, Missgunst und Habgier, Selbstzweifel und Hass, Wut und Aggression. Es ist ein langer, mühseliger Weg, und doch ahnen wir, wie köstlich es ist, wenn Liebe zum Fließen kommt und wir erleben dürfen, wie Trennungen im Innen und Außen sich auflösen. Hinwendung nach innen – allen medialen Ablenkungen zum Trotz –, Zeit und Raum, schaffen in die Stille zu gehen, das Leben der Inneren Wahrheit… all dies sind Hilfen auf dem Weg.

Die Idee zu diesem Buch geht auf einen Zeitraum zurück, als ich als Kommunikationswissenschaftlerin immer stärker unter dem Gefühl der Ohnmacht gegenüber einer technischen Entwicklung litt, die ich weder steuern noch verhindern konnte, die mir jedoch für die Substanz des Menschlichen und das Miteinander von Menschen bedrohlich schien. Als Wissenschaftlerin hatte ich gelernt, in logischen Kategorien mit meinem Stoff umzugehen. Als Frau und Mutter hatte ich jedoch erfahren, dass es eine Schattenseite des technischen Projektes gibt, die nicht ausreichend in unser Bewusstsein tritt: Was machen die Medien, deren Durchsetzung unaufhaltsam voranschreitet, mit uns und unseren Beziehungen zu uns selbst, zu den nächsten und liebsten Menschen, und welche Wirkungen haben sie für die Art und Weise, wie wir in und zwischen unseren Gesellschaften kommunizieren? Der Begriff Liebe existierte in meinem Vokabular als Wissenschaftlerin nicht. Mir war auch die Vorstellung fern, dass ich mich als Kommunikationswissenschaftlerin mit dieser 'Kategorie' auseinandersetzen müsse. Das Umfeld, in dem ich mich bewegte, erlaubte derartige Ausflüge ins Exotische nicht. Ein enges rationalistisches Wissenschaftsverständnis und die Vertreibung der Spiritualität aus der Universitas der Lehrenden und Lernenden hatten auch bei mir ihre Spuren hinterlassen.

Es war ein langer, ja jahrzehntelanger Prozess des Suchens. Zuerst tastend, dann immer entschiedener forschte ich nach meinen spirituellen Wurzeln. Die von den christlichen Kirchen verwaltete Religiosität konnte mir bald nicht mehr genügen. Hier fand ich zwar die Begriffe wieder, die meinem rationalistischen Weltbild entschwunden waren – Seele, Liebe, Heilung – doch kaum die gelebte Praxis, die ich vermisste. So führte mich der Weg nach Indien, in eine Kultur, die den tiefgreifenden Bruch zwischen Spiritualität und Wissenschaft noch nicht überall vollzogen hat. Dort begriff ich nicht nur, dass Liebe das unverzichtbare Fundament *jeder* Religion ist, sondern dass sie ihren Platz auch in der Wissenschaft hat. In der uralten und bis heute im indischen Denken, Fühlen und Forschen wirksamen Lehre des *Advaita*, der Non-Dualität, lernen wir, dass Gott nicht außerhalb unseres Selbst existiert. Alles für uns Sichtbare, Fühlbare, Erlebbare ist letztlich Ausdruck des EINEN, des höchsten Bewusstseins. Es ist die geistige schöpferische Urkraft (Sanskrit ATMAN), die in allem wirkt, was lebt. Diese Kraft, die Liebe selbst, metaphorisch gesprochen der liebende Gott, manifestiert sich in der Vielfalt der Erscheinungen. Da alles und alle Verkörperungen dieser Liebe sind, sind auch alle in dieser Liebe EINS.

Obgleich wir in der Welt der Dualität leben, obgleich jede und jeder von uns einzigartig ist und alles Leben von Vielfalt geprägt ist, sind wir also in letzter Konsequenz EINS, ungetrennt, aus demselben Schöpfergeist, aus dem absoluten Bewusstsein, das wir Gott nennen. Dieser Geist ist weder sichtbar, noch beschreibbar, noch wandelbar, weder geboren, noch dem Sterben anheimgegeben. Doch diese universale Urkraft verkörpert sich in uns, begegnet sich in uns, lebt in uns und erlangt Bewusstheit in uns. Dies zu erkennen, ist die Aufgabe des Menschen.

Wenn wir uns mit diesem Wissen verbinden, öffnen wir die Pforte zur gelingenden Kommunikation. Wir öffnen uns für das Bewusstsein der EINHEIT all dessen, was ist und was sich als Gottes Schöpfung manifestiert. Erschrocken erkennen wir, dass wir alles, was wir anderen zufügen, zugleich uns selbst zufügen – im Guten wie im Schlechten. Je offener wir für diese Erkenntnis sind, desto mehr sehnen wir uns danach, Liebende zu werden und Liebe zur Grundlage unserer Beziehungen zu machen. Wir wollen nun Liebe im Denken, Fühlen, Handeln ausdrücken und damit in allen Weisen, wie wir Menschen kommunizieren. Hier liegt der Schlüssel zur gelingenden Kommunikation – mit uns selbst, mit anderen, mit der Schöpfung, mit Gott.

Es hat lange gedauert, mich solchem Gedankengut zu öffnen. Noch länger dauert es, dies ins Leben zu bringen. Im Laufe der Jahre entstand schließlich die Idee zu einem Buch über Liebe als der Essenz von gelingender Kommunikation. Zuerst sammelte ich Fragmente und Skizzen, die sich aber noch nicht in ein Ganzes fügen wollten. Irgendwann begann ich zu schreiben, oft in monatelangen zeitlichen Abständen. Ich hatte den Eindruck, dass sich mir das Buch in dem Ausmaß mitteilte, in dem ich geistig bereit war, an bestimmten Stellen mein Bewusstsein zu erweitern. So wuchs allmählich in mir ein Wissen, dass wir alle Kinder des göttlichen EINEN sind, das sich in uns manifestiert und das uns bewegt. Gott ist es, der sich durch uns ausdrückt. Je offener wir für Ihn, und das heißt für die Liebe, sind, desto reiner und klarer können wir sie im Denken, Fühlen, Reden, Handeln und in der Weise unseres Liebens ausdrücken. So gilt mein Dank dafür, dass dieses Buch zustande kommen durfte, jener Kraft, die uns alle bewegt, und den vielen, die sich haben bewegen lassen, insbesondere:

Karin-Maria Binder, auf deren herrlicher Alm sich mir zum ersten Mal voll erschloss, dass eine Kommunikationswissenschaft, die nicht die Kraft der Liebe reflektiert, ihren Gegenstand verfehlt. Ich danke Barbara Böttger, Claus Eurich, Ute Grümbel, Curt Hondrich, Katharina Kanther, Ute Schellhaas, Ulla Sebastian, Horst Wenzel, Frank Wichmann und meiner Tochter Nathalie Steidl, die mich wohlwollend auf Unebenheiten und Unklarheiten hinwiesen. Auch die viel zu früh verstorbenen Weggefährtinnen Doris Janshen, Lakschmi Seegmüller und Eva Pretzell sollen hier erwähnt werden. In meinem universitären Umfeld waren es Tanja Busse, Anna Kindhäuser, Heidi Kroheck, Marlies Schneider, Matthias Donath, Martin Kalbitzer, Olaf Kaltenborn und Martin Reckenthäler, die die Entstehung dieses Buches in unterschiedlichen Phasen miterlebt und mitgetragen haben, nicht zuletzt am Computer und bei mühseligen Recherchen. Der Communio-Gedanke hat inzwischen reiche Früchte getragen und findet heute seinen Niederschlag in der Arbeit von Comm**unio**-Institut für Führungskunst! Was täte ich dort ohne meine Mitstreiter und Mitstreiterinnen Torsten Konrad, Christiane Laakmann und Nicole Moreau und – unverzichtbar – im Büro Marion Hembach! Sie sind die wichtigen Gefährten und Gefährtinnen bei allen Schritten zu einer wertschätzenden Kommunikation. Ohne verlegerische Unterstützung kann ein solches Werk nicht gelingen. So danke ich Bogdan Snela, der das Projekt mit Wärme und Wohlwollen begleitet hat, und Werner Vogel, der es als Verleger mutig unter seine Fittiche genommen hat. Last but not least danken möchte ich zwei Menschen, die mit ihrer konstruktiven und kompetenten Kritik diese erweiterte Neuauflage begleitet haben, Hanna Schissler und Christa Spannbauer. Ihnen und allen, denen ich in meinem beruflichen und privaten Alltag auf der Suche nach einer gelingenden Kommunikation begegnen durfte, möchte ich ein Stück ihres und meines Erfahrungsreichtums mit diesem Buch zurückgeben.

Die Auseinandersetzung mit dem technischen Projekt der sogenannten Kommunikationsgesellschaft sollte ursprünglich einen sehr viel breiteren Raum einnehmen. Dies ließ sich nicht aufrechterhalten. Zu sehr wurde mir im Laufe des Umgangs mit dem Thema bewusst, dass uns nicht die Technik, sondern unsere geistigen Konzepte an der Entfaltung der Liebeskraft in unseren kommunikativen Beziehungen hindern. Gleichwohl stellen die modernen Kommunikationstechniken eine besonders schwierige Herausforderung dar. Es fällt nicht leicht, trotz ihrer ständigen Verfügbarkeit und ihrer medialen Filterfunktion beziehungs- und gemeinschaftsfähig zu sein und zu werden. So liegt der Schwerpunkt des Buches bei den kommunikativen Grundfragen; die medien- und kommunikationstechnischen Entwicklungen werden dabei als aktuelle Folie berücksichtigt. In meinen beiden Büchern zum Thema Wertschätzung, die erstmals in den Jahren 2006 und 2008 erschienen sind, widme ich mich erneut der Frage, wie Kommunikation gelingt, indem ich Prinzipien der wertschätzenden Kommunikation herausarbeite.[3]

Das vorliegende Buch ist aufgebaut in drei Teilen. Der erste Teil ist der existentiellen Einsamkeitserfahrung des Menschen gewidmet. Ihr zu entfliehen, sie aufzulösen oder zu erlösen versuchen Menschen vielfach mit untauglichen Mitteln. Dazu gehören in zunehmendem Maße auch mediale Angebote und Möglichkeiten von Fernsehen, Computer und Telefon. Im Zusammenspiel von Einsamkeitserfahrungen und misslingenden Erlösungsversuchen werden Menschen jedoch auf die einzige Kraft verwiesen, die wirklich zu heilen vermag. Es ist die Liebeskraft, die sich auf das eigene Selbst richtet und von dort auf die ganze Mitwelt der Menschen, Pflanzen und Tiere ausstrahlt.

Im zweiten Teil begebe ich mich auf die Suche nach dem vernachlässigten Aspekt von Kommunikation, der sich dem technischen Zugriff überdies weitestgehend entzieht. Dieser Aspekt, *Communio* genannt, richtet sich auf Teilhabe und Gemeinschaft und wird von einer Haltung der Achtsamkeit, des Mitgefühls und der Liebe für die innere und äußere Mitwelt genährt. Solche Communio-Haltung gilt es zu wecken, bewusstzumachen und zu fördern. Was also macht sie aus, und wie lässt sie sich entwickeln?

Communio-Fähigkeit wächst, indem ich mich für die verbindende Kraft der Liebe öffne, mein Vertrauen in die innere Führung stärke, meine Gefühle annehme, lerne, mir Raum und Zeit zu nehmen, und auch den Rückzug in die Stille nicht scheue. So werde ich mir allmählich meiner selbst bewusst und ich beginne, mein Bewusstsein auf alle Facetten meiner Mitwelt auszudehnen. In einer Welt der Anfechtungen und Anfeindungen geht dies nicht, ohne Grenzen zu erfahren und Grenzen zu ziehen. Doch mit dem allmählich sich erweiternden Bewusstsein wächst die Kraft der Liebe und die Fähigkeit zur gelingenden Kommunikation – mit mir und anderen Menschen, mit Pflanzen und Tieren, in letzter Konsequenz mit Gott – jener Kraft, die uns hervorgebracht hat, die die materielle Existenz überschreitet und die den Kosmos bewegt.

Im dritten, abschließenden Teil erzähle ich Beispiele gelebter Communio, einer Verbundenheit aus der Kraft der Liebe. Ob es sich um herausragende Persönlichkeiten oder um Menschen wie du und ich im Alltag handelt, die Beispiele zeigen, dass solche Verbundenheit auf der Grundlage gelingender Kommunikation für jede und jeden von uns möglich ist. Sie entsteht immer dann, wenn ich wage, das Herz zumindest einen Spalt weit zu öffnen, frei von Angst vor Gesichtsverlust und vertrauend darauf, dass das, was ich zu geben habe, kostbar ist für den anderen ebenso wie für mich. So soll dieses Buch helfen, in einer Umbruchphase unser Bewusstsein zu schärfen und unser Herz zu öffnen für die kommunikative Kraft der Liebe. Von ihr allein hängt es ab, ob die sogenannte Kommunikationsgesellschaft irgendwann diesen Namen zu Recht tragen wird.

Dieses Buch ist vor rund zehn Jahren zum ersten Mal unter dem Titel „Die kommunikative Kraft der Liebe“ erschienen. Die aktualisierte Neuauflage erscheint aus gutem Grund. Sie greift das Thema auf dem Hintergrund einer veränderten Umwelt auf. Die neuen Informations- und Kommunikationstechniken haben inzwischen einen ungebremsten Siegeszug erlebt. Was um die Jahrtausendwende in Ansätzen sichtbar war, ist heute zur alltäglichen Wirklichkeit geworden: Mit rund 850 Millionen Facebooknutzern weltweit, davon rund 22 Millionen alleine in Deutschland (Ende 2011), hat sich eine Mediennutzung etabliert, in der Menschen quasi online ständig im Netz sind, um sich mit anderen Menschen auszutauschen und zu verbinden, privat und oder beruflich. In Zeiten des Internets und der sogenannten Social Webs könnte daher der Eindruck entstehen, Verbundenheit herzustellen sei ein Leichtes und Einsamkeit gebe es nicht mehr – zumindest potentiell nicht mehr. Lassen sich die Zahlen unserer webbasierten Freunde und Freundinnen nicht in die Tausende hochtreiben? Sind wir nicht alle mit allen verbunden? Können wir nicht jederzeit mit allen in einen kommunikativen Austausch eintreten? Oder könnte es sein, dass sich die alten Fragen wie bisher, nur in einem neuen Gewand stellen?

Das weltumspannende globale Informations- und Kommunikationsnetz, das wir heute haben, stellt uns vor die alten Herausforderungen, doch mit einer neuen und intensiveren Dringlichkeit. Die Weise, wie wir kommunizieren, die Haltung, die sich darin ausdrückt, trifft heute auf einen dramatisch erweiterten Wirkungsradius. Dies macht es nur noch wichtiger, dass wir fähig werden zur Communio, zur liebenden Verbundenheit mit uns selbst und mit anderen. Eine Menschheit am Abgrund möglicher Selbstzerstörung braucht einen geistig-seelischen Paradigmenwechsel. Wir dürfen, sollen und können es lernen, im anderen uns selbst zu erkennen und anzunehmen. Angesichts der neuen technischen Kommunikationsmöglichkeiten sind wir mehr denn je aufgerufen, den Raum unserer liebenden Achtsamkeit grundlegend auszuweiten: auf uns selbst, auf die anderen und auf die natürlichen Grundlagen unserer gefährdeten Existenz. Indem wir in solcher Weise fähig werden zur gelingenden Kommunikation und zur Communio im Geist der Liebe, vermehren wir den inneren und den äußeren Frieden und arbeiten mit an dem großen herausfordernden Projekt der Sicherung unserer gefährdeten Lebensgrundlagen.

Sommer 2012

Auf der Suche nach der gelingenden Kommunikation

Immer mehr Kommunikation und doch einsamer denn je?

Nicht Worte sucht Gott bei dir,
sondern das Herz.

AUGUSTINUS

Unsere Gesellschaft ist verliebt in die Kommunikation, vor allem die technische. Sie gilt ihr als Zaubermittel, um alles und jedes zu erreichen: mehr Wohlstand, mehr Reichtum, mehr Sicherheit, mehr Beziehung und Verbundenheit, mehr Beherrschung der Naturkräfte, mehr Wissen über den Menschen, das Zusammenleben der Menschen, die Welt, den Kosmos. Kommunikation ist Sehnsucht, Mittel und Ziel zugleich.

Was sind die Antreiber dieser technischen Entwicklung? Ihr Ursprung liegt im Militärischen und in der Ökonomie. Informations- und Kommunikationstechniken helfen, Raum und Zeit zu überbrücken; ihr Einsatz verspricht Macht und Zugang zu Rohstoffen, Märkten und Menschen. Doch die unglaubliche Anwendungsdynamik der neuen Techniken speist sich noch aus einer anderen Quelle: *dem tiefen menschlichen Wunsch nach Verbundenheit, Nähe, Beziehung, Geborgenheit und Liebe*. Nur so lässt sich der beispiellose Siegeszug der sozialen Netze wie Facebook oder YouTube innerhalb weniger Jahre erklären.

Könnte es jedoch sein, dass wir bei unserem Wunsch nach technischer Erreichbarkeit und Verbundenheit die tiefere Sehnsucht nach Nähe und Geborgenheit mit untauglichen Mitteln zu stillen versuchen? Werfen wir einen genaueren Blick auf die Entwicklungslogik: Wenn Nachrichten, Informationen,

Menschen oder Situationen miteinander in Verbindung gebracht werden sollen, dann erweisen sich Raum und Zeit als wichtigste Barrieren für eine rasche und unproblematische Kommunikation. Sie zu überwinden, erscheint daher als vordringliche Aufgabe. Die technischen Lösungen sind vielfältig: Telefon, Handy, Smartphone, Telex, Teletex, Telefax, Radio, Fernsehen, Computer, Satelliten, Funk und Kabel. Sie sind die Grundelemente eines sich immer weiter ausdifferenzierenden technischen Kommunikationssystems. Sie eröffnen eine schier unermessliche Fülle von Möglichkeiten, das Unverbundene und Getrennte endlich – jenseits der Abgründe von Raum und Zeit – miteinander zu verbinden. Heute ist es dank Internet und Social Media möglich, dass Menschen über Zehntausende von Kilometern miteinander zeitgleich interagieren und kommunizieren.

Solche Entgrenzung von Raum und Zeit findet nicht nur zwischen Menschen statt, sondern auch im Verhältnis des Menschen zum Makro- und Mikrokosmos. Dieselben Techniken erlauben es, im Makrokosmos Verbindungen zu Planeten und Galaxien herzustellen und grundlegend Neues über die Großartigkeit der Schöpfung zu erfahren. Im Mikrokosmos können wir Lebewesen und Strukturen in unserem Körper, in der Natur, in der materiellen und immateriellen Mitwelt erkunden und in den Raum jenseits der Materie vorstoßen, in dem alles nur noch Zwischenraum / Beziehungsraum ist. So erweitert sich unser Kommunikationsraum schier ins Unermessliche und die Möglichkeiten, sich mit allem und jedem zu verbinden, scheinen unerschöpflich. Die äußeren Welten schrumpfen zusammen, weit mehr noch, als dies Marshall McLuhan mit der Metapher des ‚global village' ausdrückte. Potentiell scheint der ganze Mikro- und Makrokosmos zum globalen Dorf zu werden.

Die Menschheit hat also einen großen Schritt getan. Dies ist unstrittig. Was rechtfertigt es, dennoch zu sagen, dass etwas ‚falsch' ist an diesem Projekt der Kommunikationsoptimierung? Was deutet darauf hin, dass sich gelingende Kommunikation *nicht* vordringlich mittels technischer Möglichkeiten erreichen lässt und dass ganz anderes ins Spiel kommen muss, wenn wir als Menschen unsere inneren, zwischenmenschlichen und globalen Kommunikationsprobleme lösen wollen?

Das Projekt der Menschwerdung ist auf Bewusstseinserweiterung ausgerichtet. Der Mensch ist auf Erden das einzige Wesen, das mit einem freien Willen ausgestattet ist. Er kann es für oder gegen das Ziel der Selbst-Erkenntnis, der Selbst-Verwirklichung und des Wissens um die Einheit alles Lebendigen richten. Doch Ersteres geht nicht, ohne sich die Fragen zu stellen: Wer bin ich als Mensch, warum bin ich geboren, was geschieht mit mir, wenn ich sterbe, was ist die Kraft, die diesen Kosmos, von dem ich ein kaum wahrnehmbarer Funke bin, zusammenhält?

Von solchen Fragen ist derzeit an der Oberfläche der sogenannten Kommunikationsgesellschaft und ihres Projektes der technischen Kommunikationsoptimierung wenig bis gar nichts zu spüren. Umso intensiver rumort es jedoch unter der Oberfläche. Fern der offiziellen politischen und wissenschaftlichen Diskurse macht sich eine generelle Kritik der Moderne breit. Sie ist getragen von dem Wissen, dass der Mensch sich nicht in seiner materiellen Existenz erschöpft, dass menschliches Glück nicht im Materiellen zu finden ist, dass die menschliche Existenz nicht mit dem Tod des Körpers, der Materie ist, aufhört und dass wir eine neue Kultur der Verbundenheit entwickeln müssen, wenn wir überlebensfähig sein wollen[4].

Dieses Wissen geht wie ein mächtiger Strom durch die westlichen Industrieländer, stellt die Grundpfeiler unserer Existenz, unserer kollektiven Konzepte, unserer Organisationen und unserer Visionen in Frage. Aus dieser Sicht erscheint plötzlich all das seinen Wert zu verlieren, was uns noch heilig ist oder war: das Geld, der Luxus, der unbegrenzte Konsum, all das, was mit Geld kaufbar ist und worauf sich das Sehnen der vielen richtet und zu dem sie durch einen riesigen Apparat der geistigen Verführung unablässig angehalten werden. Dass dies alles kein Glück bringt, dass es die grundsätzlich immaterielle Existenz des Menschen, seine Seele oder sein Selbst nicht befriedigen kann, ist das, was wir mühsam gerade dort erfahren, wo wir scheinbar zufrieden wie die Made im Speck sitzen.

Das Gefühl, das sich dort einstellt, ist untrüglich und breitet sich wie ein Geschwür aus: Es ist das Gefühl der Einsamkeit, des Abgetrenntseins vom Ganzen, der Zurückgeworfenheit auf die eigene vergängliche Existenz, die im Lichte des materialistischen Weltbildes als absolut sinnlos und unbefriedigend erscheint. Wider alle technische Erreichbarkeit und Verbundenheit wächst gerade in den hochtechnisierten westlichen Gesellschaften die Einsamkeit als ein tiefgreifendes Gefühl der Unverbundenheit. Die Zeichen sind überdeutlich: Entsolidarisierung, Drogenkonsum aller Art, Mediensucht und steigende Tendenz zum Burnout sind nur einige der wichtigsten Ausdrucksformen dieser

Entwicklung. Umso bedrohlicher scheint es, sich damit auseinanderzusetzen. So bleiben Fragen unthematisiert oder unbeantwortet wie:

- Was produziert jenes Paradox, dass wir uns mittels Techniken mit immer mehr Menschen und Situationen immer unabhängiger von Raum und Zeit verbinden können und doch immer weniger Kontakt zu uns selbst und zum anderen haben?
- Was heißt es, einsam zu sein, wenn ich gleichzeitig mit allem und jedem technisch verbunden bin oder verbunden sein kann?
- Wie kann aktive Kommunikation mit oder ohne Medien dabei helfen, ein Gefühl der Trennung, des Schmerzes und der Isolation im Inneren zu überwinden?
- Was gilt es bei unserem Projekt der Kommunikationsoptimierung zu beachten, damit die Gefahren gebannt und die lebensfördernden Aspekte gestützt werden können?
- Wo sollte die Umorientierung des Kommunikationsprojektes ansetzen: in der Technik, in den sozialen Beziehungen oder in der Haltung, aus der heraus wir kommunizieren?

Solche Fragen drängen sich in einer Gesellschaft auf, die von einer tiefgreifenden Kommunikationskrise gekennzeichnet ist. Joy Thomas, amerikanische Schriftstellerin und Autorin vieler Bücher, liefert hierzu eine Antwort. Sie spricht von einem: *„Zusammenbruch der Kommunikation zwischen der Person, die wir denken zu sein, und dem Höchsten Wesen, das wir sind“*[5]. Indem wir die göttliche Liebeskraft in uns nicht mehr erkennen, produzieren wir Trennung. Die Leugnung oder Vernachlässigung jener Liebeskraft im Inneren schafft Trennung im Außen. Kein Satellitenprogramm, kein Kabelnetz, kein Funknetz kann Verständigung bewirken, solange diese Kommunikation mit unserem Innern nicht wieder in Gang kommt.

Solange sich unser Sehnen nicht auf den Anschluss an unsere Liebeskraft richtet, solange wir das Gefühl der Trennung aufheben wollen, indem wir die Trennung im Außen zu überwinden versuchen, werden wir scheitern. Je mehr dieser Versuch im Außen uns überdies von der Hinwendung nach innen abzieht und ablenkt, desto mehr entfernen, entfremden wir uns unserem Selbst. Dies ist der Grund, warum die Techniken den Prozess der Entfremdung und der Vereinsamung bislang kollektiv und individuell eher verstärken. Doch da die Ursache für diesen Irrweg letztlich eine geistige ist, kann sie auch geistig behoben werden. Das Nachfolgende soll Orientierung auf diesem Weg geben, doch nicht, ohne vorher der Frage nach der Einsamkeit mehr Aufmerksamkeit zuzuwenden – ist es doch das Gefühl, an dem Menschen leiden, aber auch wachsen können.

Einsamkeit und Allein-Sein

Ein liebes Wort
und schon schmilzt
das Eis auf dem Glas
meiner Einsamkeit

BARBARA V. MEIBOM

Als Mensch sind wir von der Grundstruktur her allein. Mit dem Zertrennen der Nabelschnur werden wir in eine gesonderte Existenz entlassen.[6] Wir treten heraus aus der großen Einheit, aus der wir hervorgegangen sind. Dies ruft fast auf der Stelle Ängste hervor. Zuerst sind es körperlich hervorgerufene Ängste. Mit dem ersten Hunger und Durst gelangt die Trennung ins Empfinden. Sie verdichtet sich zu einem schier überwältigenden Verlangen, das erst dann zur Ruhe kommt, wenn die Mutter das Kind stillt. Stillen kommt von Stille, das Kind wird wieder zur Ruhe gebracht und damit kehrt wieder Frieden in sein Herz ein. Es ist gestillt, weil es für eine kleine Weile wieder in den Urschoß zurückzukehren scheint, den es soeben erst verlassen hatte.

Das Stillen, das Zur-Ruhe-Kommen, sich in den Frieden der Einheit zurückschwingen, scheint hier noch mühelos zu gelingen. Indem der Hunger nach Nahrung befriedigt wird, wird das Allein-Sein, die abgesonderte Existenz, für eine kleine Weile aufgehoben und die Nachwirkungen dieser Erfahrung helfen für eine weitere Weile, mit der Trennung still, gestillt umzugehen. Doch der Rhythmus ist kurz und hält nur wenige Stunden an, bis das Gefühl, aus dem nährenden Urzustand herausgefallen zu sein, wieder so übermächtig wird, dass das Kind sich mit lauter Stimme erneut meldet und seine existentielle Not in dem Wunsch herausschreit, diesen Angst machenden Zustand so rasch wie möglich zu beenden.

Diese Grundstruktur, die so deutlich nur in den ersten Lebenswochen erkennbar wird, verschwindet nie völlig, nur verändern sich mit wachsender Ich-Stärke die Formen der Äußerung und die Weisen des Umgangs damit so stark, dass das Grundmuster fast unter der Oberfläche zu verschwinden scheint. Dennoch, Wesentliches zieht sich hin bis zum Tode: Der Mensch ist und bleibt allein, d.h., wir sind eine gesonderte materielle Existenz. Keine Macht der Welt kann diese Trennung auf Dauer aufheben, so lange nicht, bis die Seele mit dem Tod des Körpers in die Einheit zurückkehrt. Die Erfahrung dieser Einheit ist jedoch in unsere Seele eingeschrieben. Wir haben sie aus unserer nicht-materiellen Existenz mitgebracht. Unsere Seele kennt die Glückseligkeit, die sich aus dem Einheitsstrom ergab. Und so sehnt sich die Seele zurück nach der Einheit, die sich so grausam verflüchtigt zu haben scheint.

Die Formen, in denen wir Menschen versuchen, die Einheit wiederzuerlangen, sind so vielfältig, wie die menschliche Kreativität selbst. Sie variieren mit dem Lebensalter, den durchlebten Erfahrungen, mit den Themen und Objekten, auf die wir unsere Sehnsüchte richten. Was das Kleinkind mit dem Schrei nach Hunger zu überwinden trachtet, mag der Jugendliche mit dem Schrei nach Befreiung seiner Sexualität und der Erwachsene mit dem Sehnen nach beruflicher Anerkennung zu überwinden suchen. In jedem dieser Fälle geht es jedoch darum, das existentielle Gefühl der Trennung und Absonderung dadurch zu überwinden, dass die Hand nach einem anderen ausgestreckt wird.

Unsere Gegenwart ist von einem ausgeprägten Individualismus geprägt, der eine Antwort auf Epochen darstellt, die von freiwilligen oder unfreiwilligen Kollektiven geprägt waren. Dabei hat sich ein Lebenstypus ausgeprägt, der dem existentiellen Bedürfnis nach Verbundenheit zu widersprechen scheint: die Allein-Lebenden. Gegeben hat es sie immer; es waren die Sonderlinge, die Käuze, die Gottsuchenden oder die unverheirateten oder verwitweten Frauen.

Doch heute hat die Lebensform des Allein-Lebens weitere Bevölkerungskreise erreicht. Immer noch sind es die zahlreichen Witwen, vor allem Kriegerwitwen oder Frauen, die aufgrund der Kriegswirren nie geheiratet haben.

Es sind aber auch in zunehmendem Maße junge Menschen nach der Pubertät und während einer Lebensphase, die sonst der Familiengründung vorbehalten war. Sie wählen bewusst ein Leben als sogenannte Singles und ziehen es dem Leben in einer Primärgemeinschaft wie der Familie vor. Damit haben sie eine Lebensform gewählt, die, sofern das vorher Gesagte zutrifft, alle Ängste, die mit dem Allein-Sein verbunden sind, hervorrufen müsste.

Sind die Ängste also in heutiger Zeit hinfällig? Bei genauerem Hinsehen lässt sich feststellen, dass dieser Personenkreis auf das Äußerste bemüht ist, die Form des Allein-Seins nicht allzu weit zu treiben. Ganz im Gegenteil, es werden beträchtliche Energien darauf verwendet, enge Kontakte zu anderen zu knüpfen. Technischen Medien, insbesondere die sogenannten sozialen Netzwerke, spielen dabei eine zunehmende Rolle. Sie vermitteln Zugehörigkeit und Verbundenheit, bizarrer Weise selbst dann, wenn die Freunde und Freundinnen im Netz nicht mehr Menschen sind, sondern nur noch programmierte Software. Wem das nicht genug ist, kann Verbundenheit in real existierenden sozialen Netzwerken vor Ort suchen. Dabei tritt an die Stelle des gemeinsamen Lebens in Partnerschaft oder Familie ein Netz von verschiedenartigen anlass- und zweckbezogenen Formen der Vergemeinschaftung: Kegelabend, Sportverein, Stammtisch, Kneipe, Partei, Bewegungen, Feten und Feiern. So werden jeweils unterschiedliche Kreise gebildet, deren Aufrecht- und Unterhaltung beachtliche Kraft- und Zeitanstrengungen erfordert.

Der Ertrag dieser Weise, mit Allein-Sein umzugehen, ist nicht unerheblich: Genuss, Lebendigkeit, Vielfalt laden ein und Wege werden geebnet, um sich von der Enge und Eintönigkeit zu entbinden, in die so manche traute Zweisamkeit abzustürzen droht. Außerdem erlaubt diese Lebensform, das eigene Leben besser auf die heutigen beruflichen Erfordernisse von Mobilität und Flexibilität auszurichten. Über das Alter als Schreckgespenst am Horizont macht man sich dabei lieber keine Gedanken. So kann der Wunsch, dem Allein-Sein zu entrinnen, selbst und gerade bei Singles auf vielfältige Weise studiert werden. Dem Gebrauch von Medien kommt sowohl für die telefonische Koordination und Verabredung wie auch für das Überdecken jener Stunden eine große Bedeutung zu, in denen dem Allein-Sein nicht mehr ausgewichen werden kann und so etwas wie ein Gefühl der Einsamkeit hochkommt.

Damit bin ich bei dem Begriff angekommen, der die subjektive Wahrnehmung von Allein-Sein durch den Menschen trifft: Einsamkeit. Dies ist der Begriff, den Menschen dem *unangenehmen* Gefühl von Trennung und Vereinzelung gegeben haben. Es ist ein Gefühl, dass wir Menschen in sehr unterschiedlicher Intensität durchleben. Die einen dürfen in ihrer Kindheit in einer Atmosphäre der Geborgenheit das entwickeln, was die Psychologen Urvertrauen nennen. Urvertrauen ist eine Folge positiver Kindheitserfahrungen, bei denen existentielle Bedürfnisse des Kindes liebevoll befriedigt wurden und so die getrennte Existenz gefühlsmäßig ihren Schrecken eingebüßt hat. Andere haben genau gegenteilige frühkindliche Erfahrungen. Sie erleben drastisch, dass sie alleine sind, dass sie in ihrer Not nicht auf Schutz, Hilfe, Mitgefühl und liebevolles Verständnis rechnen können. Ihre Seele kennt die Not der Einsamkeit, die sie u. U. ihr Leben lang in Griff hält.

Zwischen diesen Extremen eines Urvertrauens einerseits und einem aus der Einsamkeitserfahrung genährten Misstrauen, Selbstzweifel und Hadern andererseits gibt es unzählige Zwischenstufen, die sich in Denken, Fühlen und Handeln zeigen. Doch Einsamkeit ist keinem Menschen fremd. Sie gehört als Grunderfahrung zum Menschen dazu. Wir müssen mit ihr umgehen, ein Verhältnis zu ihr entwickeln und uns zu ihr verhalten. Die einen versuchen es, indem sie ihre Einsamkeitserfahrungen abspalten; die anderen flüchten sich in Süchte aller Art; nur wenige entwickeln den entschiedenen Wunsch, eine wirkliche Haltung der Verbundenheit nach innen und nach außen zu leben.

Das Vertrackte an dem subjektiven Empfinden von Einsamkeit ist nun zweierlei: Zum einen lässt es sich nicht einfach nach der Gleichung aufheben „Bist du nicht allein, so bist du auch nicht einsam". Ganz im Gegenteil können schlimmste Einsamkeitserfahrungen sogar inmitten von Menschen auftreten, die einem freundlich zugetan sind. Umgekehrt kann im Allein-Sein jegliches Empfinden von Einsamkeit fehlen. So hat Einsamkeitsempfinden zwar etwas mit Allein-Sein zu tun, aber nicht nur. Zum anderen lassen sich Gefühle, und insbesondere starke Gefühle, nicht einfach abspalten. Sie führen dann ein Leben im Schattenbereich der Persönlichkeit. Da sie unbewusst bleiben, beeinflussen sie das Fühlen, Denken und Handeln umso wirksamer. Hier liegt der Grund für viele Süchte, von denen Menschen sich nicht befreien können und mit denen das nagende Einsamkeitsgefühl überkommen werden soll: Ess-Süchte, Arbeitssüchte, Mediensüchte usw. Mit anderen Worten, wir verhalten uns zur Einsamkeit, ob wir dies wollen oder nicht.

Einsamkeit und All-Eins-Sein

Da ist es hilfreich zu wissen, was Einsamkeit denn mehr oder anderes sein könnte als Allein-Sein. Worin besteht das Besondere der Einsamkeit, die sich weder einfach durch menschliche Gemeinschaft oder Mediennutzung aufheben lässt noch notwendigerweise eintritt, wenn ich alleine bin?

Diese Frage verweist auf die tiefere Dimension von Trennung, um die es bei jeder Menschwerdung geht. Es ist die Trennung vom göttlichen Urstrom, die sich einfach dadurch vollzogen hat, dass wir Materie geworden sind. Es ist ein Vorgang, bei dem sich unsere immaterielle geistig-seelische Existenz, der göttliche Funke, in ein Gefäß, in die Begrenzungen unseres Körpers einschließt. Es ist die Trennung von dem, was wir in letzter Konsequenz sind: Licht und Liebe. Aus diesem Grund heißt es in dem Vedanta[7], der indischen philosophia perennis[8]: Der Körper ist der Tempel Gottes, Ausdruck des „atman“[9]: Kann eine solche Trennung sich überhaupt vollziehen? Kann das Göttliche, das in allem ist, nur dadurch getrennt sein, dass es sich in Materie eingewoben hat? Oder stellen wir uns dieses nur vor?

Die Einsamen
finden sich
im Jenseits
der Parallelen
im All – Haus.

Nicht Gewalt ist
das Baumaterial,
das Starre löst.

Das Fühlen der Unendlichkeit
zeigt das andere Gesicht
der Parallelen:
die Einheit[10].

Energie geht nicht verloren. Dann muss der „Einschluss" des Geistes in den Körper nicht Verlust von Einheit oder Trennung sein, sondern etwas anderes, nämlich: die *Vorstellung* des Verlustes von Einheit. Dann aber ist es nicht das Problem, dass ich eine getrennte Existenz lebe. Dann ist das Problem, dass ich mir vorstelle, ich lebte eine getrennte Existenz und müsse mich mit irgendetwas im Außen vereinigen, um diese schmerzliche Trennung aufzuheben. Die Inder nennen dies *Maya*, also die Illusion über meine wahre Natur. Dann lässt sich Einsamkeit also nur aufheben, wenn ich seelisch-geistig diese Selbst-Täuschung aufgebe. Tue ich dies, so empfinde und erlebe ich mich als Teil einer Einheit, die ich nicht im Außen suchen muss, sondern die in meinem Innern bereits vorhanden ist.

Wenn ich mich zur Einsamkeit verhalten muss, ob ich dies will oder nicht, dann ist dieses Wissen um den Urgrund aller Trennung von meinem inneren Gott-Sein fundamental. Entweder gehe ich einen Weg, der an der existentiellen Trennungserfahrung nichts zu ändern vermag, oder ich wähle einen Weg, der mich ganz allmählich in ein Einheitsbewusstsein führt. In ihm wandelt sich das Allein-Sein allmählich in ein All-Eins-Sein. Zu den ersteren gehören alle Versuche, der Einsamkeit zu entkommen, indem ich sie nur im Außen zu überwinden suche: durch Geselligkeit, durch materiellen Besitz, durch Erfolg und Anerkennung, durch Medien, durch Ablenkung und Süchte aller Art. Zu den Letzteren gehören alle Versuche, die mich in eine liebende Gemeinschaft mit mir selbst und mit anderen führen – in das, was ich Communio nenne.

Ruhelos von Ort
zu Ort ziehend sammle ich
menschliche Wärme.

Leo Tolstoi hat in seiner Autobiographie ein eindrückliches Beispiel für einen Menschen gegeben, der alle Erfolge der Welt – Besitz, Anerkennung, Familie, körperliche Kraft und Gesundheit – erleben durfte und dennoch in eine derartige Depression fiel, dass er sich umbringen wollte. Tolstoi musste lernen, die Trennung, die er im Innern vollzog, auch im Inneren aufzuheben.

Nun lehrte ich in meinen Schriften, was für mich die einzige Wahrheit war: dass man nämlich so leben müsse, dass man es selber mit seiner Familie so gut als möglich habe. So lebte ich dahin. Aber vor fünf Jahren ging mit mir etwas höchst Seltsames vor: es überkamen mich Augenblicke des Zweifels, förmlichen Stillstands des Lebens; mir war, als wüsste ich nicht, wie ich leben sollte, was ich tun sollte – ich verlor das Gleichgewicht und verfiel in Schwermut. Aber das ging vorüber, und ich lebte wieder wie vorher. Dann wiederholten sich diese Augenblicke des Zweifels immer häufiger und häufiger und stets in der gleichen Weise. Diese Augenblicke des Stillstands meines Lebens drückten sich immer in denselben Fragen aus: Wozu? Und was dann?

Anfangs glaubte ich, es seien dies zwecklose, törichte Fragen. Ich glaubte, all das sei bekannt; und wollte ich mich erst einmal mit ihrer Lösung beschäftigen, so würde mir das keine Mühe machen – jetzt aber hätte ich keine Zeit, mich damit zu beschäftigen; wenn ich aber einmal Lust habe, finde ich auch die Antworten. Aber immer häufiger, immer häufiger tauchten die Fragen von neuem auf, heischten immer dringlicher eine Antwort; wie Punkte, die unaufhörlich auf eine Stelle niederfallen, ballten sich die Fragen ohne Antworten zu einem schwarzen Fleck zusammen.

Es ging mir, wie es jedem ergeht, der an einem inneren Leiden erkrankt. Erst erscheinen geringfügige Anzeichen einer Unpässlichkeit, der der Kranke keine Aufmerksamkeit schenkt, dann wiederholen sich diese Anzeichen immer häufiger und häufiger und fließen zu einem zeitlich unteilbaren Leiden zusammen. Das Leiden wächst, der Kranke hat kaum Zeit, sich zu besinnen, da erkennt er schon, dass das, was er für eine Unpässlichkeit gehalten hat, das ist, was ihm das Bedeutungsvollste in der Welt ist – der Tod.

Ganz so erging es auch mir. Ich begriff, es handle sich nicht um eine zufällige Unpässlichkeit, sondern um etwas sehr Gewichtiges, und man müsse, wenn dieselben Fragen immer wieder auftauchen, Antworten für sie haben. Und ich gab mir Mühe, die Antwort zu finden. Die Fragen schienen so töricht, so einfältig, so kindisch zu sein. Aber kaum war ich ihnen nähergetreten und hatte versucht, sie zu lösen, als ich mich auch gleich davon überzeugte, dass es erstens nicht kindische und törichte, sondern die wichtigsten und tiefsten Fragen im Leben seien, und zweitens, dass ich sie durchaus und durchaus nicht lösen könne, so viel ich auch darüber nachdachte. Bevor ich mich mit meinem Besitztum im Samaragebiet, mit der Erziehung meines Sohnes, mit der Abfassung von Büchern beschäftigte, müsste ich wissen, wozu ich das tue. Bevor ich nicht weiß – wozu, kann ich nichts tun, kann ich nicht leben. Mitten in meinen Gedanken an die Wirtschaft, die mich um diese Zeit sehr beschäftigten, schoss mir plötzlich die Frage durch den Kopf: „Schön, du wirst sechstausend Morgen besitzen in der Provinz Samara und dreihundert Pferde, und was weiter? …" Und ich stand regungslos da und wusste nicht, was ich weiter denken sollte. Oder wenn ich darüber nachdachte, wie ich die Kinder erziehe, sagte ich mir: „Wozu?" Oder wenn ich Erwägungen darüber anstelle, wie das Volk den höchsten Wohlstand erreichen könnte, sagte ich plötzlich zu mir selber: „Was beschäftigt das dich?" Oder wenn ich an den Ruhm dachte, den mir meine Werke eintragen werden, sagte ich mir: „Nun gut, du wirst berühmter sein als Gogol, als Puschkin, als Shakespeare, als Molière, als alle Schriftsteller der Welt – nun, und dann!" … Und ich konnte nichts, gar nichts antworten. Die Fragen warten nicht, sie heischen auf der Stelle eine Antwort; hat man die Antwort nicht, so kann man nicht leben. Und eine Antwort gibt es nicht.

Mein Leben stand still. Ich konnte atmen, essen, trinken, schlafen und war nicht imstande, nicht zu atmen, nicht zu essen, nicht zu trinken, nicht zu schlafen; aber Leben war das nicht, denn es fehlten die Wünsche, deren Befriedigung ich für vernünftig gehalten hätte. Wenn ich einen Wunsch hatte, so wusste ich vorher: ob ich ihn befriedige oder nicht befriedige, es kommt doch nichts dabei heraus. Wäre mir eine Fee erschienen, bereit, meine Wünsche zu erfüllen, ich hätte nicht gewusst, was ich ihr sagen sollte. Habe ich auch in trunkenen Augenblicken nicht Wünsche, aber doch die Gewohnheit früherer Wünsche, so weiß ich in Augenblicken der Nüchternheit, dass dies nur eine Täuschung ist, dass es nichts zu wünschen gibt. Ich konnte nicht einmal wünschen, die Wahrheit zu erkennen, da ich doch zu wissen glaubte, worin sie besteht. Die Wahrheit war: das Leben ist eine Sinnlosigkeit. Ich lebte gleichsam so dahin, ging und ging meinen Weg, war an einen Abgrund gekommen und sah deutlich, dass nichts vor mir lag als das Verderben. Ein Stillstehen war unmöglich, ein Zurück war unmöglich. Es war auch unmöglich, die Augen zu schließen, um nicht zu sehen, dass nichts als Leiden und der leibhaftige Tod vor mir lag – die völlige Vernichtung.

Und so kam es, dass ich – ein gesunder, glücklicher Mensch – die Empfindung hatte, ich könne nicht mehr leben; eine unüberwindliche Macht trieb mich, auf irgendeine Art mich vom Leben zu befreien. Ich kann nicht sagen, dass ich mich habe töten wollen. Die Macht, die mich trieb, das Leben zu lassen, war stärker, wuchtiger, umfassender als das Wollen. Es war eine Kraft, dem früheren Trieb zum Leben ähnlich, nur in umgekehrter Richtung. Ich strebte mit allen Kräften fort vom Leben. Der Gedanke an Selbstmord kam mir ebenso natürlich, wie mir früher die Gedanken an die Verbesserung meines Lebens gekommen waren. Dieser Gedanke war so verlockend, dass ich allerlei Kunstgriffe gegen mich selbst anwenden musste, um ihn nicht voreilig zur Ausführung zu bringen. Ich wollte nur deshalb nicht eilen, weil ich nichts unversucht lassen wollte, um Klarheit in die Wirrnis zu bringen. Würde mir das nicht gelingen, konnte ich es ja immer noch tun. Ja, ich, ein glücklicher Mensch, verbarg damals jede Schnur, damit ich mich nicht an der Querleiste zwischen den Schränken in meinem eigenen Zimmer erhängte, in dem ich jeden Abend mich auskleidete, damit ich mich durch die allzu leichte Art nicht verführen ließ, mich vom Leben zu befreien. Ich wusste selbst nicht, was ich wollte: ich fürchtete das Leben, strebte von ihm fort und erhoffte bei alledem immer noch etwas von ihm.

Und das geschah mir zu einer Zeit, in der mir von allen Seiten das geworden war, was man ein vollkommenes Glück nennt: es war damals, als ich noch nicht fünfzig Jahre als war. Ich hatte eine gute Frau, die mich liebte und die ich liebte, liebe Kinder, ein großes Besitztum, das ohne Mühe meinerseits wuchs und sich vergrößerte. Ich war geachtet von nahen Freunden und Bekannten, mehr als je zuvor, wurde von Fremden mit Lob überschüttet und konnte ohne besondere Selbsttäuschung sagen, mein Name sei berühmt. Zudem war ich nicht nur nicht gestört oder geistig krank – im Gegenteil, ich erfreute mich einer geistigen und körperlichen Kraft, wie ich sie selten bei meinen Altersgenossen gefunden habe: körperlich konnte ich beim Mähen mit dem Bauern um die Wette arbeiten; geistig konnte ich 8-10 Stunden ununterbrochen tätig sein, ohne die geringsten Folgen solcher Anstrengung zu spüren. Und in solcher Lage kam ich so weit, dass ich nicht leben konnte und dass ich bei aller Todesfurcht allerlei Kunstgriffe gegen mich selbst anwenden musste, um mich nicht des Lebens zu entledigen.[11]

Wer meint, Erlösung im Außen finden zu können, wird sie im Außen suchen. Ahnen, Begreifen und schließlich Wissen lehren den Menschen jedoch, dass er alles, was er im Außen sucht, bereits in sich trägt. Mit seinem Buch „Der

Alchimist" hat Paulo Coelho dazu ein wunderschönes Märchen für Kinder und Erwachsene geschrieben. Jede und jeder von uns trägt in sich die göttliche Urkraft, die alles hervorgebracht hat. Mit der Verbindung zu diesem innersten Selbst, zu unserem Kern, zu unserem tiefsten Wesen[12], sind wird zugleich verbunden mit allen und allem. So ist die Einsamkeit erst dann aufgehoben, wenn wir den Kontakt zum Selbst, zum Gott in uns hergestellt haben, d.h. zu der Kraft, in der letztlich alles eins ist. In diesem Sinne hat Ken Wilber die Worte von Christus neu übersetzt. Statt des „Liebe Deinen Nächsten wie Dich selbst" sei es das „Liebe Deinen Nächsten als Dein Selbst"[13]. Das Selbst als der göttliche Funke in mir wie in allem, was Gott schuf, lässt mich teilhaben an der ganzen Schöpfung Gottes. Und indem ich dieses Selbst entdecke, es aus dem Schleier der Illusion (Maya) befreie, wird die Trennung in meinem Bewusststein aufgehoben. Wo Trennung zu sein schien, die Einsamkeit erzeugte, erscheint nun Einheit und das Bewusstsein des All-Eins-Sein, des Seins, indem alle Eins sind.

Ich bin
nicht allein

und doch
bei mir

Es ist das Ego oder kleine Selbst, das an der Illusion des Getrenntseins festhält. Es ist die Kraft, die uns einsam macht. In der Einsamkeit sind wir im Mangel, im Mangel an Liebe zu uns selbst und zu anderen, weil wir uns aus der Liebe Gottes gefallen fühlen. Heilung geschieht, wenn wir uns verbunden wissen mit der Kraft, die dem Selbst innewohnt. Das Selbst, das Gottes-Bewusstsein, überwindet die Trennung. Es weiß um die All-Einheit alles Geschaffenen. Es weiß um den Urgrund des Seins (Willigis Jäger), die Liebe.

So muss es die bedingungslose Liebe sein, aus der der Kosmos geschaffen wurde, die in uns als unser göttliches Selbst wirksam ist und mit deren Weisheit wir uns verbinden dürfen. Sie ist die Kraft, die uns Menschen trotz des Geworfenseins in die Materie zum Geist befreit, in dem keine Trennung mehr existiert und in dem die Einsamkeit dem All-Eins-Sein weicht. Je mehr wir uns dieser Haltung nähern, desto mehr erscheint uns das Außen wie das Innen.

Aus der Herzwunde
treibt ein neuer Trieb, mächtig
vom Leben kündend.

Mystiker und Weise aller Jahrtausende teilen uns mit, dass in diesem Wissen das Du zum Ich wird. Der oder die andere wird Teil meiner selbst. Die Trennung ist aufgehoben. An ihre Stelle tritt das Wissen, dass alles, was dem anderen geschieht, auch mir geschieht. Heilige aller Zeiten drücken dies aus, indem sie Menschen, Pflanzen und Tieren mit liebevoller Achtsamkeit begegnen. Sie erkennen in ihnen sich selbst. Der heilige Franz v. Assisi sprach mit den Vögeln, Mutter Theresa sah in jedem Leidenden Christus selbst. Es gab und gibt keine Trennung mehr zwischen Ich und Du, Innen und Außen. Für uns Menschen auf dem Weg sind solche Heilige Leuchttürme, Orientierungsmarken für unsere Suche. Es sind Menschen, die sich der existentiellen Einsamkeitserfahrung so radikal gestellt haben, dass sie über die Gottsuche zum Gottes-Bewusstsein gelangt sind. Mutter Theresa, Mahatma Gandhi, Martin-Luther King und andere lebten vor, dass es eine Welt der Trennungen nicht gibt. Sie sind für uns eine Aufforderung, uns jener Tiefendimension von Einsamkeit zu stellen, die uns vom Ich zum Selbst und schließlich zum Du befreit.

Die Kraft der Liebe einladen

So brauchen wir also die verbindende Kraft der Liebe. Doch was ist Liebe? Liebe ist die Aktivität der Seele, die im anderen sich selbst sieht; Liebe ist die Kraft der Seele, die im anderen die Person erkennt, die Schutz, Zuwendung, Bestätigung, Annehmen im So-Sein braucht. Liebe ist die Schönheit der Seele, die ihre kostbarsten Kammern öffnet und dem anderen die Geschmeide schenkt, die in den Stürmen und Nöten des eigenen Lebens als wertvoll erfahren wurden. Liebe ist die einzige Kraft, die den Menschen aus der Einsamkeit befreien kann. Der Weg zu dieser Liebe führt immer – über den Weg nach innen – zum Du im Außen, zum Mitmenschen. Keiner, der sich selbst liebt, ist fähig, dieses Gefühl für sich zu behalten. Er oder sie wird dafür immer ein Ventil, einen Kanal, eine Bahnung suchen.

Liebe ist expansiv, sie weitet sich aus, sie überschreitet die eigenen Grenzen. Deswegen ist Liebe, Selbstliebe, die nicht auf andere Menschen abstrahlt, eine grobe Selbsttäuschung. Es ist nicht Liebe, sondern Ego-Zentrik, ein Kreisen um das eigene Ich, sei es, um es zu erniedrigen, sei es, um es zu überhöhen oder um es über andere zu stellen. Liebe verbindet, Egozentrik trennt; Liebe baut Brücken, Egozentrik bricht Brücken ab! Liebe öffnet sich zum Du; Egozentrik vermeidet das Du. Wo Einsamkeit herrscht, fehlt es an der Kraft der Liebe. Einsamkeit ist Ausdruck einer geistigen Haltung, die im Ego gefangen bleibt, die das Verwobensein in die Schöpfung und den Kosmos, in die Verbundenheit von Menschen, Pflanzen und Tieren nicht wahrhaben will. Aus solcher einsamen Ego-Zentriertheit erwachsen alle Arten von Sicherungsstrategien, defensive ebenso wie aggressive und rücksichtslose. Wo die Kraft der Liebe fehlt, wird Macht zur Gewalt. Das Du, auch das eigene, wird zum Objekt ohne eigene Würde und eigenen Wert. Selbstentwertung und Entwertung von anderen greifen um sich.

Umfassende, bedingungslose Liebe ist unendlich kostbar und köstlich. In allen Herzen gibt es ein tief verwurzeltes Wissen um ihre Kraft, um den Urgrund, aus dem wir hervorgegangen sind. Dieses Wissen kann stärker, schwächer oder fast verschüttet sein. Doch dieses Feuer ist in allen lebendig. Manche haben die Kraft der umfassenden Liebe in ihrem Leben nie bewusst erfahren, manche erinnern sich daran nur für kurze Momente, sehr wenige sind fest in ihr verankert. Doch die Sehnsucht nach dieser verbindenden Kraft der Liebe haben alle. Mehr noch: Wir brauchen sie nicht nur zu unserem Überleben, sondern auch für ein menschenwürdiges Zusammenleben und, um tiefes Glück erfahren zu dürfen.

Die heutigen Gesellschaften der westlichen Industrienationen sind so in ihrem Panzer der Liebesabwehr verfangen, dass sie sich ständig deren Existenz zu vergewissern suchen. Doch statt Liebe im Tätigsein zu leben, sie als „Wahrheit der Seele“ (Moreno) zum Ausdruck zu bringen, wird heute Liebe selbst zur virtuellen Realität. Kaum ein Film, der nicht die Liebe romantisiert oder als Perversion brutalisiert. Liebe erscheint als der Schlagober, der auf alle zuckersüßen Torten noch obendrauf gesetzt wird. Liebe wird gezeigt als pervertierte Kraft, die in bizarren Bildern, Symbolen, Texten positiv wie negativ beschworen wird. Da Menschen nicht ohne Liebe auskommen können, wird Liebe zur Ware, zum käuflichen Abziehbild. Solche Abziehbilder entspringen den Phantasien ihrer Fabrikanten und nicht den Notwendigkeiten der Seele. Sie werden zweckgebunden eingesetzt und dienen kommerziellen Absatz- und Gewinninteressen, notfalls um den Preis beschädigter Seelen. Wirkliche Liebe hingegen ist bedingungslos und sich selbst genug. Sie transformiert die, die mit ihr in Kontakt kommen. Sie schließt auf, lässt erblühen und hilft Menschen, ihre Verantwortung für sich und ihre Umwelt freudigeren Herzens wahrzunehmen. Solche Liebe führt heraus aus der Einsamkeit und macht frei zur Verbundenheit. Sie zeigt sich im liebenden Handeln und fördert das Wohlergehen von Menschen, Tieren, Pflanzen und von Mutter Erde, unserer gemeinsamen Existenzgrundlage.

Ein Paradigmenwechsel steht an

Aufdämmerndes Bewusstsein

Sind wir bereit zu diesem neuen Bewusstsein? Der große Medienkenner Marshall McLuhan hat schon vor vielen Jahren vom „global village" gesprochen. Die Erde ist zu einem globalen Dorf geworden, weil die Medien helfen, den letzten Winkel auszuleuchten, über ihn zu berichten und mit den Menschen dort in Kontakt zu treten – eigentlich gute Voraussetzungen, um unsere Sicht auf uns selbst und die Welt zu verändern. In der Tat: Wir werden genötigt, ein globales Bewusstsein menschlichen Tuns zu entwickeln. Früher war es möglich, die weitreichenden Aus- und Rückwirkungen menschlicher Handlungen auf die nahe und ferne Mitwelt nicht zur Kenntnis zu nehmen. Wir konnten unsere Aufmerksamkeit auf unseren begrenzten Lebensraum lenken und unser Tun in dem Rahmen reflektieren, der aus diesem begrenzten Rahmen sichtbar, hörbar, fühlbar, erlebbar wurde.

Heute ist das nicht mehr möglich. Gerade wir Menschen des industrialisierten Nordens bekommen vor Augen geführt, dass unser Tun nicht an den Grenzen von Raum und Zeit haltmacht, sondern grenzüberschreitend in einem dem Menschen nicht mehr vorstellbaren Zeitrahmen wirksam ist. Wenn wir durch unsere Weise des Produzierens und Konsumierens einen Ressourcenabbau und eine Ressourcenverschwendung ohnegleichen betreiben, so lernen wir heute, dass wir global, regional, lokal zur Vergiftung der Atmosphäre, des Wassers, des Bodens und der Luft beitragen, dass unsere Müllberge sich nicht auflösen, sondern bleibende Schäden produzieren, dass Müllexporte andere vergiften, dass wir Waffen produzieren, die andernorts Kriege ermöglichen oder verlängern, dass unser Energiehunger unmäßig ist und mit der kriegerischen und zivilen Nutzung der Atomenergie Strahlungskatastrophen einhergehen, die Hunderttausende von Jahren nachwirken, dass wir einen Lebensstil entwickelt haben, der Klimakatastrophen produziert und bereits jetzt zur Überschwemmung, Versteppung und Verkarstung beiträgt.Die Medien haben bei der Verbreitung dieses Wissens eine ungeheure Macht. Sie erfüllen eine wichtige Funktion, indem sie langsam und bitter schonungslose Wahrheiten in unser Bewusstsein träufeln. Noch können wir versuchen, abzuschalten, umzuschalten und entsprechende Bilder auszublenden. Doch letztlich können wir dem Wissen kaum entrinnen: dass alles mit allem zusammenhängt, dass die Welt und der Kosmos wie ein großer Körper sind, dass wir lokal handeln, aber global wirken und insofern jeder einzelne für das Ganze Verantwortung trägt. Vorläufig scheinen wir auf dieses aufdämmernde Bewusstsein mit allen Anzeichen der Abwehr zu reagieren: Wir flüchten in unterhaltende, fiktionale, virtuelle Welten, wir suchen Zerstreuung, Ablenkung und machen die Augen zu, indem wir uns mit Scheinwelten umgeben. Es ist der Kampf zweier Kräfte, des aufdämmernden Bewusstseins um das Zusammenhängen allen Seins und des zähen Versuchs, dies nicht zu sehen und stattdessen nur die eigenen Bedürfnisse in den Vordergrund zu stellen.

Von den Psychologen wissen wir, dass im Kampf zwischen dem Unbewussten und Bewussten das Unbewusste stets siegt. Es sucht sich seinen Weg, sich ins Bewusstsein zu drängen: als Krankheit, als Sucht, als Angst. Das Unbewusste in der Mediengesellschaft ist eine starke kollektive Kraft, die auf Veränderung hinwirkt. Das Wissen der vielen, das unerlöste, schlummernde Wissen um die eigene Schuld am katastrophalen Zustand des Ganzen, nagt. Es schafft in der Seele eine Wunde. Für diese Wunde lässt sich wiederum der Begriff Einsamkeit nehmen. Es ist das Wissen, das unbewusste Wissen darum, aus der gottgewollten Ordnung herausgefallen zu sein und damit Schuld auf sich geladen zu haben. Diese Trennung vom Ganzen, das Heraustreten aus der Verbundenheit mit der Schöpfung, erleben wir als Einsamkeit, ja z. T. als Verzweiflung. Es raubt Fröhlichkeit, Gottvertrauen, es macht sich als Düsternis in der Seele bemerkbar, als Gefühl des Ausgesetztseins und der Hoffnungslosigkeit. Jedes der vielen schrecklichen Bilder, die wir täglich in die Wohnstuben geliefert bekommen, enthält die Aufforderung zur Umkehr. Jedes gräbt sich in die Seele ein, selbst, wenn wir dies nicht gerne wahrhaben wollen.

Mangel an Liebe

Wir wollen nicht hören, nicht sehen, nicht sprechen. Wir sind wie die drei Affen, die die Hand vor Augen, Ohren und Mund halten. Das schafft gefühlte Einsamkeit. Die Einsamkeit in der Mediengesellschaft nimmt eine Intensität an, die zeigt, wie sehr wir aus der gottgewollten Ordnung, dem, was die Inder und die Buddhisten „Dharma" nennen, gefallen sind. Das Gefühl der Einsamkeit ist also nicht nur im Menschsein angelegt, wir erzeugen es auch durch fehlende Achtsamkeit, ja bewusste Missachtung alles Lebendigen, in letzter Konsequenz durch unseren Mangel an Liebe. Liebe hat ihren Platz in romantischen Filmen und in der Werbung. Sich hingegen im Alltag bewusst zur Kraft der Liebe zu bekennen, sie bewusst zu leben, hat den Charakter des Exotischen. Dies gilt sogar im privaten Alltag, erst recht jedoch im Beruf, in Politik und Wirtschaft, im Mit- und Gegeneinander der Kräfte und Interessen. Ellbogen, das Gesetz des Stärkeren, Konkurrenzfähigkeit und Sieg, wo es um den Kampf um Güter, Einfluss, Macht und Glückschancen geht, scheinen unser Denken, Fühlen und Handeln zu bestimmen.

Hieran wirken die Medien in unserer Gesellschaft ganz entscheidend mit. Wo aufklärerischer Journalismus am Werk ist, haben Medien eine Aufklärungsfunktion. Doch dies ist nur sehr begrenzt der Fall. Vor allem folgen Medien einer Vermarktungslogik und tragen in hohem Maße zu Verdummung und Desorientierung bei. Mit ihren fiktionalen Angeboten träufeln sie die Vorstellung ein, Konflikte ließen sich mit Gewalt und Action lösen und in unseren erotischen Beziehungen sei alles möglich und erlaubt. Die Werbung verspricht unablässig Glück, wenn der Zugriff auf die Welt der Dinge gelingt und sich die Tore zur Welt der Reichen und Schönen öffnet, die sich alles leisten können. Wo dennoch die Einsamkeit nagt und sich trotz der Fluten von Bildern und Tönen nicht überdecken lässt, stellen die Medienindustrien immer neue Angebote und Instrumente zur Verfügung, die die Suche nach Erlösung auf das Außen kanalisieren: Telefone aller Arten und Variation, Computer, die mit weltumspannenden Netzen zu jeder Tages- und vor allem Nachtzeit den medialen Gesprächspartner herbeizaubern, virtuelle Hör- und Sehwelten, die per Tastatur und Mausklick zu Gebot stehen und scheinbar von der einsamen Existenz befreien, Freunde im Netz, denen wir nie begegnet sind. So halten Mediensysteme Menschen in Stühlen vor Apparaten fest. Während wir in Phantasiebeziehungen zu Leinwand- und Bildschirmwesen treten, verlieren die realen Herz-zu-Herz-Beziehungen in der Welt von Mausklick und Fernbedienung an Wichtigkeit.

Unbestreitbar lässt sich dem entgegenhalten, dass Medien die Achtsamkeit im Umgang mit unserer Mitwelt unterstützen können. Wenn wir das Bild eines geliebten Menschen sehen, kann in unserem Herzen ein Gefühl der Verbundenheit entstehen; wenn wir Filme sehen, die beispielhafte Wege im Denken, Sprechen, Tun vorführen, so kann unsere Seele davon angerührt und ermutigt werden, diesen Pfaden selbst zu folgen. Doch solche Themen und Vorbilder sind rar in unseren audiovisuellen Medien. Nackte Gewalt, die Abwesenheit von Liebe, Terrorisierung der Gefühle werden tagtäglich in Räume transportiert, in denen wir eigentlich nach Liebe, Wärme und Geborgenheit suchen, in denen wir uns kräftigen und nähren wollen, um dem Alltag mutig begegnen zu können.

Auch im Beruf verstärken Medien die Empfindung von Einsamkeit. Die Arbeit an modernen Maschinenplätzen, bei denen jeder allein vor einem Apparat sitzt, verhindert bereits strukturell ein lebendiges Miteinander von Menschen. Dies lässt sich zumindest teilweise lindern, wenn die Arbeitsorganisation zwischenmenschliche Beziehungen im Umfeld von Maschinenarbeitsplätzen unterstützt. Wesentlicher für die Beurteilung der Medienwirkungen ist jedoch, warum und wozu Medien in der Arbeitswelt eingesetzt werden. Welcher Geist herrscht vor, was wird gewollt? Kampf, Ausbeutung und Konkurrenz oder etwas ganz Anderes, nämlich Kooperation und Ko-Kreation?

Der Geist der Konkurrenz und der von Gier getriebenen Ausbeutung von Mensch und Natur ist in unserer Welt inzwischen so vorherrschend geworden, dass er in den neuen medialen Werkzeugen willfährige Instrumente findet, um sie entsprechend einzusetzen. Das gilt fatalerweise selbst für Facebook, das sich als Freundschaftsmedium verkaufen will. Es ist vor allem das erfolgreichste Marketinginstrument aller Zeiten. Indem Freunde Freunden Empfehlungen für Einkäufe geben und sämtliche Nutzerdaten zur Erstellung von Kundenprofilen genutzt werden, konnte Facebook bis Ende 2011 seinen vermuteten Börsenwert auf gigantische 100 Mrd. Dollar steigern. Ein Ende dieser Entwicklung ist nicht in Sicht. Informations- und Kommunikationstechniken werden aufgrund ihrer Funktionalisierung vielfach zu Kampfarsenalen, mit deren Hilfe die vermeintlichen Gegner besiegt werden sollen, geschäftliche ebenso wie private oder politische. Dies gilt für reale Geschäftsbeziehungen oder militärstrategische Vorhaben ebenso wie für virtuelle Welten. Das erschreckendste Beispiel für Letzteres ist sicherlich der norwegische Attentäter Breivik. Seine Mordserie in 2011, bei der er 77 Menschen kaltblütig tötete, hatte er zuvor daheim mit dem Computerspiel „World of Warcraft“ eingeübt[14].

Die Anwendung der Informations- und Kommunikationstechniken kann ihre militärische Herkunft nicht verleugnen. Obwohl sie als Instrumente geeignet sind, Trennungen zu überwinden und Brücken zu schlagen, werden sie funktional vor allem als wirksame Hilfe verwendet, um im Spiel der Kräfte und Interessen möglichst auf Kosten der Konkurrenten und vermeintlichen Gegner die Nase vorn zu haben und den Sieg zu erringen. Instrumente der Verständigung werden damit zu Instrumenten der Vernichtung, der Ausbeutung, der Diskriminierung und der Profilierung auf Kosten anderer. So hat die militärstrategische Verwendung der Informations- und Kommunikationstechniken längst Einzug gehalten in die Art ihrer zivilen Nutzung, allen voran in einer ausufernden Spieleindustrie. Unter dem Deckmantel der Globalisierung werden der informations- und kommunikationstechnisch unterstützte Kampf aller gegen alle als legitim erachtet und praktiziert und die Seelen von Menschen ausgebeutet. So verstärken die Medien immer noch einen desolaten geistigen Zustand, der für unsere Gesellschaften kennzeichnend geworden ist, einen Zustand des Mangels an Liebe, der Gier, der Gewalt und der Ausbeutung.

Ein neues Menschen- und Weltbild

Was also tun, damit sich unser Blick auf Mensch, Natur und Welt ändert? Im wahrsten Sinne des Wortes: „Das Bild muss sich ändern“. Statt sich vom Bild des Kampfes aller gegen alle leiten zu lassen, brauchen wir ein Bild, das der Verbundenheit allen Lebens Rechnung trägt.[15] Diese Verbundenheit hatte übrigens bereits Darwin im Blick, der immer wieder als Legitimation für ein überholtes Welt- und Menschenbild herhalten muss. Wir brauchen eine Neuinterpretation unserer Wirklichkeit, einen Paradigmenwechsel. *Wir überleben nicht gegeneinander, sondern nur miteinander.* Die zurückliegende Individualisierung war wichtig und notwendig, um sich aus kollektiven Bindungen zu befreien. Doch wo sie die gemeinsame Lebensbasis außer Acht lässt, führt sie zu Zerstörung und Chaos. Die Natur kann dabei unser Lehrmeister sein. Sie zeigt uns nicht nur eine unübertreffliche Kultur der Verbundenheit, sondern auch ihre schier unvorstellbare Kooperations- und Ko-Kreationsfähigkeit. Wir Menschen sind rettungslos überholt, wenn wir an einem Menschen- und Weltbild festhalten, das uns an den Abgrund der (Selbst)Zerstörung geführt hat, und wenn wir nicht endlich merken, dass uns nur Verbundenheit, Teamfähigkeit, Achtsamkeit, Verständigungsbereitschaft und Wissen um die Situation des anderen aus der selbstgeschaffenen Sackgasse verhelfen können.

Solcher Bild- und Paradigmenwechsel kann von den Medien machtvoll unterstützt werden. Anzeichen dafür gibt es, auch in den technischen sozialen Netzwerken und den von ihnen unterstützten sozialen Bewegungen. Doch es sind bislang nur Anzeichen. Erst wenn sie an Kraft gewinnen und sich ein Geist der Verbundenheit ausbreitet, erst dann nimmt das existentielle Gefühl der Einsamkeit ab und der Wunsch wächst, gemeinsam das Gute für Mensch, Gesellschaft und Natur hervorzubringen. Wo die einigende Kraft der Liebe fehlt, machen sich Trennung und Einsamkeit breit. Wo sie sich hingegen in einer Kultur der Verbundenheit entfaltet, schwindet das existentielle und schuldbeladene Gefühl der Einsamkeit. In der Hinwendung zum Selbst, zum Du und zum Ganzen, dessen Teil wir sind, können unsere Herzen von der schrecklichen Einsamkeit gesunden, in die sie sich gestoßen und geworfen fühlen. Wer sich mit dem inneren Gott verbunden weiß, weiß sich verbunden mit der ganzen Schöpfung. Der Strahl der Liebe, der sich im Innern entfaltet, berührt alles mit seinem Glanz und gibt ihm eine unverhoffte Schönheit.

Einsamkeit und technische Medien

Wie steht es nun um die Einsamkeit in einer Gesellschaft, die in zunehmendem Maße vom Einsatz technischer Kommunikationsmedien bestimmt ist? Einsamkeit in der Mediengesellschaft ist Einsamkeit in einer Gesellschaft, die tendenziell den ganzen Globus vor uns visuell und akustisch ausbreitet. Dies ist die Folge jener beispiellosen technischen Revolution, die sich genauer anzusehen lohnt. Welche Kräfte sind hier am Werk? Welche Folgen sind in ihnen angelegt? Was bewirken sie?

Technik – Ausdruck von Schöpferkraft

Die Technik entspringt dem schöpferischen Geist, dem göttlichen Funken im Menschen. Als dessen Ausdruck ist sie in Materie geronnene Schöpfungskraft. Die „prometheische Scham" vor den Wundern der Technik, wie Günther Anders[16] dies genannt hat, hat hier ihren Ursprung. Als Ausdruck der Schöpfungskraft, die höher ist als unser beschränkter Verstand, zollen wir der Technik Respekt, ja Verehrung. Doch dies ist ein Irrtum. Nicht der Technik als dem Produkt des Schöpfungsgeistes, sondern dem schöpferischen Funken im Menschen sollten wir Bewunderung schenken. Und wenn wir dies tun, so ehren wir das göttliche Prinzip in uns selbst. Nur die Kraft, die wir Gott nennen, hat die Fähigkeit, lebendige Geschöpfe zu schaffen und mit Atem zu füllen. In der indischen Philosophie des Vedanta[17] spricht man hier von Atman[18]. So sehr sich auch der Mensch bemühen mag, es Gott gleich zu tun, er wird immer scheitern. Einer Maschine schöpferischen Geist, die Atmankraft, einzupflanzen, liegt außerhalb der menschlichen Möglichkeiten.

So ist unser Verhältnis zur Technik ein paradoxes. Einerseits erfreuen wir uns an dem, was wir Menschen hervorbringen, andererseits entwerten wir uns selbst als die Hervorbringer von technischen Neuerungen. Statt die göttliche Schöpfungskraft in uns zu ehren, entwickeln wir einen Götzendienst gegenüber der Materie, die wir gestaltet haben. Dies ist ein tragischer Irrtum. Er vergiftet in unserem hochtechnologischen Zeitalter die Beziehung zwischen Mensch und Technik, führt zu einer Fehlleitung des göttlichen Schöpfergeistes im Menschen und zu einem eklatanten Missbrauch von Technik für lebensfeindliche Zwecke.

Technische Produkte sind nicht zufällig vor allem Schöpfungen des männlichen Geistes. Mann und Frau zeugen Leben, doch der Frau ist es vorbehalten, Leben auszutragen. Nach der Zeugung wächst in ihrem Leib, dem „Tempel Seines Geistes", ein neues Lebewesen heran. Dieser Prozess vollzieht sich nach göttlichen Gesetzen. In der Macht der Frau steht es, diesem werdenden Leben den Raum zu geben, der Seine Schöpfung schützt, stützt, fördert, zum Leben befähigt. Sie kann dem werdenden Leben nicht nur eine körperliche, sondern auch eine seelisch-geistige Unterstützung sein. In der achtsamen Hinwendung zu dem Ungeborenen schafft die Frau erste wesentliche Voraussetzungen für das Wohlergehen des Kindes und damit indirekt für das Wohlergehen der Gesellschaft. Hier liegt eine nur der gebärenden Frau eigene seelisch-geistige Schöpfungskraft, die für das Wohlergehen der Menschheit wesentlich ist. Anders ist es beim Mann. Er kann mit dem Samen Leben zeugen, aber er kann nicht Gefäß für die Entstehung des Lebens sein. Zu allen Zeiten hat darum für Männer die Materialisierung der geistigen Schöpfungskraft in der Technik eine besondere Rolle gespielt.

An der Unterschiedlichkeit solcher in der Geschlechtlichkeit angelegter Aufgaben lässt sich auch erkennen, wie nah der Frau das göttliche Schöpfungsprinzip ist. Das göttliche Schöpfungsprinzip ist von seiner Substanz her immateriell, doch es manifestiert sich in der Materie, im beseelten Körper. Zu seiner Entfaltung bedarf der Mensch vor und nach der Geburt notwendigerweise der Liebe, sonst können die Persönlichkeit eines Menschen und seine Liebeskraft (Odem/Atman) nicht zum Leuchten kommen. Die Frau ist also von ihrer Anlage her schöpferisch auf das Prinzip der Liebe ausgerichtet. Anders beim Mann: Wo sich die Schöpfungskraft auf technische Artefakte richtet, handelt es sich um unbelebte Materie. Dabei *kann* Liebe im Spiel sein, doch sie muss es nicht. „*Erfolg*" kann sich auch dann einstellen, wenn das schöpferische Spiel der Kräfte alles andere als dem Leben dienlich ist.

Menschliche Schöpfungskraft, die Technik hervorbringt, unterstützt die göttliche Ordnung, d.h. ein Wohlergehen der Menschheit, wenn sie dazu beiträgt, das Leben von Menschen, Männern wie Frauen, Kindern und Bedürftigen, Tieren und Pflanzen zu ermöglichen und zu bewahren. Dies schließt den Schutz vor Wetter und Kälte, die Beschaffung von Nahrung und den Schutz vor Feinden ein. Es bedarf dieser schützenden, sorgenden, bewahrenden Tätigkeiten und Fähigkeiten, damit die wachsende Zahl von Menschen auf unserem Globus in innerem und äußerem Frieden aufwachsen und leben kann. Wo der menschliche Erfindungsgeist Technik in diesem fürsorglichen Geiste entwickelt und einsetzt, kann Technik zum Segen für alle werden. Eine destruktive Funktionalisierung von Technik verliert dann ihre Attraktion; Technik wird zum Faszinosum aufgrund der Möglichkeit, damit dem Leben zu dienen. Unser fehlgeleitetes technisches Projekt der Beherrschung von Mensch, Natur und Seelen enthält in diesem Sinne die Aufforderung zur Umkehr: Nur wo Menschen, Männer, aber auch Frauen, (zurück)finden zu ihrer ursprünglichen Aufgabe, nämlich dem Leben Schutz und Unterstützung zu geben, statt sich in Bruderkriegen zu verzehren, wird Technik in die Bahnen gelenkt, die die Wohlfahrt von Menschheit, Pflanzen und Tieren sowie das Überleben der Erde erhöhen.

Dem medientechnischen Projekt einen anderen Geist geben

Warum dieser lange Vorspann, wenn es um Einsamkeit und technische Kommunikationsmedien geht ? Er zeigt wichtige Rahmenbedingungen für das Problem der Einsamkeit in mediatisierten Umwelten. Sofern Medientechnik helfen soll, Einsamkeit zu lindern, brauchen wir entsprechende Ziele sowohl für die medientechnischen Entwicklungen als auch für deren Anwendungen. Dies bezieht sich auf die technischen Artefakte *und* auf den Geist, in dem sie genutzt werden.

So stellen sich Fragen wie: Stärken Medientechniken und ihre Anwendungen heute eher die Einsamkeit oder helfen sie, diese zu lindern? Welche Wirkungen hat ihre „Materialität“? (Gumbrecht/Peiffer). Welche Wirkungen gehen von den Inhalten aus? Dienen sie dem und fördern sie das Leben? In welchem Maße sind sie destruktiv, gewalthaltig und menschenverachtend? Welche Wirkungen haben sie für unsere Verständigungs- und Liebeskraft? Was geschieht mit unserer Fähigkeit zur Kommunikation nach innen und nach außen? Unterstützen sie gelingende Kommunikation und/oder verursachen und intensivieren sie tiefgreifende Kommunikationsstörungen? Welche Wirkungen haben sie für unsere Sehnsucht nach einem gelingenden Leben?

Welche Programme gesendet werden und womit Menschen in ihrem Alltag medial konfrontiert, belehrt, unterhalten und geprägt werden, ist – soweit es sich nicht um Web 2.0[19], also um Social Media handelt – nur bedingt eine Entscheidung von Privatpersonen, selbst wenn die Angebote immer wieder durch deren Nutzung bestätigt werden. In erster Linie ist es eine Entscheidung von Programmverantwortlichen auf der Seite der Produzenten, Händler, Verleiher, Anbieter und Sendeanstalten. Was aus diesen Entscheidungsprozessen herauskommt, ist in weiten Teilen ein bizarres Panoptikum menschlicher Untiefen: Angst, Wut, Verzweiflung, Aggressivität, Gewalt, Perversion. In aller Öffentlichkeit tut sich kund, wie es derzeit um unsere geistige (Des)Orientierung bestellt ist. Dennoch ist letztlich die ganze Gesellschaft am Zustandekommen dieses geistigen Dschungels beteiligt. Wie die Einschaltquoten und Mediennutzungsdaten belegen, wird dieses Panoptikum durch Knopfdruck und Kaufentscheid bestätigt. Die Gegenkraft, das, was Goethe das „Schöne, Wahre, Gute" nannte, ebenso wie die umfassenderen Aufklärungsangebote, werden an Programmränder oder in Programmnischen verschoben. Die Prime-Time, d.h. die Sendezeit mit den höchsten Einschaltquoten, wird unter dem Gesichtspunkt der „Verkaufbarkeit" vermarktet.

Angesichts der Vielfalt und Fülle des medial Inszenierten mag hier der Eindruck einer pauschalen Kritik entstehen. In der Tat bieten die (Massen-) Medien noch von allem und jedem etwas: Sie informieren hervorragend, sie dokumentieren und decken auf, sie wecken Mitgefühl und kanalisieren es zu guten Taten, sie zeigen die Schönheit der Natur in wunderbaren Bildern. Sie rütteln auf, machen wach, bauen Verständigungsbrücken. Und dennoch, die Entwicklungsrichtung der audiovisuellen Medien zeigt, wohin diese wunderbaren und erstaunlichen Medien führen. Die Medien, die in unserem Leben einen immer prominenteren Platz einnehmen, regen den endlosen Kreislauf der Begierden und Wünsche an, wecken und kanalisieren Gefühle wie Gier, Ärger, Wut und Zorn, binden Menschen an Ziele, die nicht lebensdienlich sind und die sie von ihrer Mitte abziehen, fördern den suchtartigen Gebrauch von Unterhaltung und Konsum und binden so wertvolle Energien, die für die Lösung unserer zwischenmenschlichen, gesellschaftlichen und ökologischen Probleme gebraucht werden. Hier, wie auf allen anderen Ebenen dieses Dramas der Gegenwart, bedarf es des seelischen Aufbegehrens gegen die Verwüstung, die um sich zu greifen begonnen hat. Nur wo die Frage „Wozu?“ neu gestellt und mit einer Kultur der Achtsamkeit und des Mitgefühls beantwortet wird, wird es zu anderen Medieninhalten kommen. Nur, wenn die, die sehen, zugleich wissen und spüren, dass allein die Stärkung der Achtsamkeit sich selbst und anderen gegenüber sie zur inneren Heilung bringt, werden sie entsprechende Inhalte aus dem Angebot wählen und andere vermeiden.

So schließt sich der Kreis: Die Technik ist von ihrer Potentialität her ein Instrument, um Einsamkeit, die durch die Abwesenheit von Liebe entsteht, zu lindern. Doch dies geht nur, wenn sie in der Absicht zur Anwendung angeboten und genutzt wird, jene Aktivität der Seele, welche Liebe heißt und sich in Achtsamkeit, Mitgefühl und innerem Frieden ausdrückt, zu wecken und zu unterstützen. Deswegen sollten wir uns bei jedem Mediengebrauch fragen, in welchem Geist der Inhalt gestaltet wurde und in welchen Geist wir ihn aufnehmen. Dies stärkt das Unterscheidungsvermögen und hilft, die Kraft zu entwickeln, das Richtige für sich zu wählen.

Wie wichtig eine solche Auswahl, ein solches Unterscheidungsvermögen angesichts der Überfülle technisch vermittelter Kommunikationsangebote ist, lässt sich an Beispielen aus einem Forschungsbericht erläutern:

Familie X lebt in einer 1 ½-Zimmer-Wohnung. Die Mutter, rd. 18 Jahre älter als der Vater, hat, nachdem sie ihn in zweiter Ehe heiratete, aufgehört zu arbeiten. Der Vater, er war ebenso wie sie angelernter Hilfsarbeiter, ist seit Jahren arbeitslos. Die dreizehnjährige Tochter besucht die letzte Klasse der Hauptschule. Die Wohnung, genauer der der Küche vorgelagerte Wohnteil, der den Eltern auch als Schlafzimmer dient, ist vollgestopft mit Medienapparaten: einem überdimensionierten 16:9-Fernseher, Videorecorder, mehrere Tonbänder, Kassettenrecorder, Stereoanlage, Radio, Plattenspieler, rund 100 Videokassetten. Im eigentlichen Wohnzimmer, das der Tochter als Kinderzimmer dient, gibt es einen kompletten weiteren Medienset: Fernseher, Stereoanlage, Kassettenrecorder … Der Alltag der Familie ist voll und ganz medienritualisiert: Das Fernsehen, „danach kann man bei uns die Uhr stellen,“, wird erst abends um 18 Uhr eingeschaltet und läuft dann bis zum Schlafengehen. Davor wird Radio gehört. Soziale Kontakte gibt es keine, weder im Haus noch in der Nachbarschaft, noch zur erweiterten Familie, noch zu früheren Arbeitskollegen oder Bekanntschaften, die sich durch Sport- oder Vereinszugehörigkeit ergeben würden. Einzig die Tochter, über deren Lehrerin ich das Interview vermittelt bekam, hat Außenkontakte. Die Familie funktioniert wie eine isolierte Monade, die mit ihrer Umwelt nur durch den Gebrauch von Medien verbunden ist. Dennoch wirkt sie vergleichsweise intakt. Wenn ich zu begreifen versuche, warum dies der Fall ist, warum die Menschen trotz der Isolation freundlich und relativ offen auf meine Fragen antworten und auch die Tochter – ihr ist bereits eine Lehrstelle bei einem Arzt in Aussicht gestellt worden – kommunikationsfähig und aufgeschlossen wirkt, dann erklärt sich mir dies in erster Linie durch die seelische Zuwendung, die sich diese drei Menschen entgegenbringen, und durch das Kommando, das die ältere Mutter mit festem Griff über die Auswahl der Programme ausübt. Sie lasse keine Gewaltfilme zu, nichts, was die Welt in einem Licht von Angst und Aggression zeige. Komme dies doch einmal vor, erkläre sie ihrer Tochter sofort, dass die Welt so nicht sei. Der Vater, der sich im Gegensatz zu dem sonst in den meisten Familien vorherrschenden Entscheidungsprinzipien der Mutter unterordnet, hat sich in diesen Auswahlmodus gefügt. So ist die Familie trotz einer fast totalen sozialen Isolierung noch vergleichsweise an Leib und Seele intakt, weil ihre virtuellen Freunde auf dem Bildschirm keine Welt der Angst und Bedrohung repräsentieren, sondern einen geistigen Raum schaffen, in dem diese drei Menschen einigermaßen Frieden finden können.[20]

Was hier als Extremfall erscheint, ist für eine große Bevölkerungsgruppe alles andere als extrem: die alten Menschen. Sie haben den höchsten Fernsehkonsum in der Bevölkerung überhaupt, leben überwiegend alleine, haben geringe soziale Kontakte und beziehen bzw. untermauern ihr Weltbild nicht zuletzt durch die Medien. Selbst wenn dies im Spiegel der eigenen Lebenserfahrung geschieht, hat die Auswahl – schon angesichts der Menge der aufgenommenen Inhalte – größte Bedeutung für Selbst- und Fremdbilder. Aber auch für junge Menschen stellt sich die Frage der Auswahl und dessen, was für sie zuträglich ist, in einer neuen Weise:

Herr J ist Student der Kommunikationswissenschaften. Er lebt im elterlichen Haushalt. Freunde hat er kaum. Durch die abendlichen Werbeschaltungen im Fernsehen wird er immer wieder angeregt, sogenannte Party- und Sexlines anzurufen, d.h. Telefondienste, die ihren Kunden soziale Kontakte, Freunde, Freundinnen, Spaß und Unterhaltung versprechen. Seit rund zwei Jahren ist er nun zum gewohnheitsmäßigen Nutzer solcher Dienste geworden. Dabei ist er zu ausländischen Anbietern übergegangen, weil er bei den deutschen Anbietern kaum auf Frauen als Nutzerinnen stößt. Er selbst beteiligt sich nicht an den Gesprächen – dies ist bei den sogenannten Partylines immer mehreren Personen möglich, die sich einwählen. Er hört nur zu, das bereitet ihm Vergnügen und teilweise gibt es ihm auch einen sexuellen Kick. Eine Freundin kann man auf diesem Weg nicht finden.[21]

Obwohl Herr J sich offensichtlich einsam fühlt, obwohl er ein Interesse an sozialen Beziehungen erkennen lässt, hat er sich in einen suchtartigen Mediengebrauch verstrickt. Die Telefondienste geben ihm nicht die Gemeinschaft, die er sucht, sondern ein Surrogat dessen, nach dem er gleichwohl immer wieder greift. Es verschafft ihm Nähe ohne Gefahr, ohne Verbindlichkeit. Die Einsamkeit bricht für einen Moment auf, ohne dass er ihr damit entfliehen könnte. Im Gegenteil: Die in der Einsamkeit verkapselte Suche nach Kontakt wird weiter auf das Medium kanalisiert.

Karstadt Essen, das Kaufhaus am Sitz der Hauptzentrale, weiß, dass es die jungen, technikeuphorischen Kunden an sich binden will, wenn dieses wichtige Kundensegment nicht zur Konkurrenz abwandern soll. Mit großem publizistischem Aufwand wird deswegen ein Cybercafé eingerichtet, ein Raum, in dem Jugendliche quasi kostenlos im Internet „herumsurfen" können. Mein Besuch dieses neuen Brennpunktes der jugendlichen Medienszene führt mich an langen Verkaufstresen vorbei, auf denen die neuesten Angebote der Computersoftware ausgelegt sind. Jede und jeder, der das Café betreten möchte, muss an diesen Auslagen vorbei: Als ich sehe, was dort zum Kauf einlädt, kann ich meinen Augen nicht trauen: CDs mit offensichtlich pornographischen und sexistischen Inhalten. Als ich den Geschäftsführer der Abteilung bitte zu kommen und ihn frage, wieso dies für Jugendliche unter 18 Jahren frei zugänglich sei und nicht wie in den Videotheken in separaten Räumen angeboten werde, versichert er mir, dies sei rechtens. Man habe mit dem Ordnungsamt der Stadt längere Gespräche geführt und sei zu diesem Ergebnis gekommen. Meine Nachfrage, warum man denn überhaupt und dann noch so exponiert derartige Ware zum Verkauf anbiete, beantwortet er unmissverständlich mit dem Satz: „Weil es so stark nachgefragt wird."

Technische Medien werden in immer stärkerem Maße zu Gefährten der Einsamkeit. Das Telefon, hinter dessen Gebrauch der „Wille zum Du" (Ulrich Lange) steht, ist in seiner Nutzung vielfach „abortiv", d. h., es führt nicht zu der Nähe, die es verspricht. Das Telefon kann sogar benutzt werden, um Distanz zu wahren oder Nähe zu verhindern. Dies illustrieren eindrücklich jüngste Erfahrungen auf einer Konferenz, die ich besuchte, um über die Wirkungen Neuer Medien auf Gemeinschaften zu referieren. Ich war früher gekommen, um die Atmosphäre in mich aufzunehmen:

Der Vortrag meines Vorredners ist vorbei, die Anwesenden strömen zum reichhaltigen Buffet, bedienen sich und verteilen sich auf die Bistrotische. Ich kenne niemanden und geselle mich zu einem Tisch hinzu, an dem vier junge Führungskräfte stehen. Jeder hat ein Smartphone in der Hand, vertieft in was auch immer. Nach einer kurzen Weile fasse ich mir ein Herz und frage, wozu sie denn jetzt das Telefon benutzen. „Ich sehe nach, wie spät es ist", ist die erste Antwort. „Ich möchte wissen, wie das Programm weitergeht", die zweite, „ich informiere mich", die dritte. Warum sie diese Fragen denn nicht in ein Gespräch einbringen würden, möchte ich wissen. Sie wissen es offensichtlich nicht. Der Griff zum Smartphone ist zur Gewohnheit geworden. Das Gespräch kommt erst durch mich zustande.

So bestätigen Forschungen, dass dort, wo das Telefon vorübergehend ausfällt, verschüttete Sozialkontakte zurückkehren. Wo es eingeführt wird, nehmen hingegen die Sozialkontakte ab[22]. Auch der Fernseher oder die Spielkonsole, deren Einführung anfangs noch das familiäre Gespräch belebten, hat heute in vielen Fällen die Funktion des Familien- oder Partnerersatzes, des Trostes in der Einsamkeit, ohne dass sie das bringen könnten, was Menschen brauchen und suchen, eine vom Gefühl der Achtsamkeit und Liebe getragene Gemeinschaft und Kultur der Verbundenheit.

Hoffnungsträger Internetbasierte soziale Netzwerke?

Heute richten sich viele Hoffnungen auf die neuesten technischen Entwicklungen, auf das Internet und die netzbasierten sozialen Netzwerke. Sind sie es, die helfen, das Versprechen der neuen Techniken einzulösen: Brücken zwischen Menschen und Völkern zu bauen?

Internetbasierte soziale Netzwerke wie Facebook, YouTube oder My Space haben in wenigen Jahren einen ungeahnten kometenhaften Aufschwung genommen. Welche soziale und sogar politische Dynamik sie entfalten können, haben uns die Aufstände 2011 im arabischen Raum gezeigt. Facebook und YouTube machten es möglich, dass eine ganze Generation aufbegehrte und gegen unhaltbare Zustände antrat. Durch diese Medien informiert, kamen Hunderttausende innerhalb kürzester Zeit auf die Straße. Ägypten, Tunesien, Libyen haben gezeigt, dass solche Dynamik brutale Machthaber hinwegfegen kann, die sich noch kürzlich sicher im Sattel fühlten. Interaktive Internetplattformen wie Avaaz oder compact können innerhalb kürzester Zeit Millionen erreichen und sie zu – vielfach erfolgreichem – demokratischem Widerstand gegen Missbrauch und Fehlentwicklungen aufrufen und diesen Widerstand medial in den politischen Raum kanalisieren[23]. Auch Wikileaks, die Internetplattform, in die unbekannte Aktivisten geheime Informationen einspeisen, lässt Regierungen erzittern. Obgleich die Mächtigen zurückschlagen, zeigen derartige Entwicklungen, dass mit Hilfe von Medien eine neue Verbundenheit möglich wird, die in den 90er Jahren des vorigen Jahrhunderts noch undenkbar gewesen wäre.

Ist also endlich die Zeit gekommen, in der die technischen Medien helfen, den Sprachlosen zur Sprache zu verhelfen, den Dialog quer durch die Kulturen zu unterstützen, eine Welle der Humanisierung auszulösen, ökologische Vernunft anzumahnen, kurz: nachhaltig dem Leben zu dienen, indem sie eine Kultur der Verbundenheit auf diesem Planeten etablieren? Bei aller Hoffnung erweist sich das Bild als hochambivalent. Die eigentliche Aufgabe – die der geistigen Transformation – bleibt erhalten. Ohne sie besteht die Gefahr, dass die neuen interaktiven Medien dem Ungeist nur noch mehr Raum geben, weil er in immer weitere Sphären vordringen kann. Was sind die Fakten?

Strukturen, Verbreitung und Nutzung

Strukturell gibt es bei interaktiven Internetanwendungen gravierende Neuerungen:

- Unsere Informationsmöglichkeiten erweitern sich ins Unermessliche.
- Der Kommunikationsraum umspannt den ganzen Globus.
- Potenziell kann jede Person, die am Internet angeschlossen ist, Sender und Empfänger sein und damit zum Kommunikationspartner oder zur Kommunikationspartnerin werden.
- Potentiell können alle an ko-kreativen Prozessen mitwirken, in denen Neues durch die Interaktion entsteht.
- Unsere Kommunikationspartner oder Partnerinnen können sowohl Menschen als auch Maschinen und Computerprogramme sein – ohne menschliches Interface.[24]

Die Nutzungsdauer der herkömmlichen und der neuen interaktiven audiovisuellen Medien steigt weiterhin kontinuierlich an. Die Mediadaten für Deutschland (2010) weisen eine Nutzungsdauer von knapp 10 Stunden pro Tag für Audiovisuelle Medien und Internet aus (Telefonie und Smart Phones noch nicht berücksichtigt)[25]. Zugleich erfährt das Internet einen dramatischen Bedeutungszuwachs gegenüber dem Fernsehen[26]. Vor die Wahl gestellt zwischen den beiden Medien, würde sich in 2010 bereits ein Drittel der über 14-Jährigen für das Internet und nur noch 32% für das Fernsehen entscheiden[27]. Berücksichtigt man, dass rd. 22 Millionen Deutsche Facebook-Nutzer sind (Ende 2011) und dieses Medium in der Regel täglich und vielfach on-line genutzt wird, dann erkennt man, dass hier eine Generation heranwächst, die ihr Leben in hohem Maße mit technisch basierter Kommunikation per Internet, Handy, Smart Phone organisiert. Warum und wozu wird das Internet in Deutschland (2010) genutzt? Information / Mitreden / Denkanstöße sind die wichtigsten Motive. Immerhin 45% der über 14-Jährigen nennen den Unterhaltungswert, d.h., „weil es Spaß macht". 34% nutzen es, „weil ich mich dann nicht allein fühle"; 37%, „weil ich mich ablenken möchte", 30%, „weil es aus Gewohnheit dazugehört".[28]

Die internetbasierten sozialen Netzwerke spielen dabei eine herausragende Rolle. Ihr kometenhafter Aufstieg innerhalb weniger Jahre kommt einer Revolutionierung des Kommunikationsverhaltens gleich. Facebook, das wichtigste Social Network wurde 2004 von dem Harvard Studenten Mark Zuckerberg gegründet. Seine Grundlage war ein Buch, das Facebook der Harvardstudenten, das vor allem der Kontaktanbahnung diente. Nachdem Zuckerberg dies online stellte, wurde es sofort extrem populär. Weitere Universitäten wurden mit ihren Kontaktdaten aufgenommen. Dem schlossen sich weitere Nutzerkreise an. Nach einem spektakulären Aufschwung in den USA wurde Facebook im Ausland eingeführt. Nach Informationen einer ARD-Dokumentation vom 13. Februar 2012 wird Facebook derzeit von rd. 840 Millionen Menschen weltweit genutzt.

Facebook-Nutzer sind vor allem Einzelpersonen, aber auch Firmen. Die Nutzer sind eher jung, die meisten unter 20 Jahre; mehr als 50% in Deutschland nutzen nicht nur eines, sondern gleich mehrere derartige soziale Netzwerke und tun dies meist täglich. Datenschutzüberlegungen scheinen ihnen unwichtig. *Wichtig ist, dass man dazugehört.* Hier wächst also eine Nutzergeneration heran, die sich der technischen Social Networks ebenso selbstverständlich bedient wie die Generation vorher das Telefon. Wer nicht Mitglied ist, gehört nicht dazu, im Klartext: Er oder sie ist von der Gemeinschaft, die sich kommunikativ herstellt, ausgeschlossen. Und genau dies ist es, was den Zug weiter auf volle Fahrt bringt. Das tiefe Bedürfnis des Menschen nach Zugehörigkeit und Verbundenheit will befriedigt werden, weshalb sich die Nutzer und Nutzerinnen dieser Zugehörigkeit in der Regel täglich versichern und sie durch Einspeisen und Abrufen von Nachrichten zumindest in kürzeren Abständen (z.B. wöchentlich) aktiv bestätigen.

Wirkungsdimensionen

„The media is the message“, in diesem Satz des großen Medientheoretikers Marshall McLuhan verbirgt sich eine alte Kontroverse der Kommunikationswissenschaft. Sind die Medien neutral und kommt es nur auf ihren Gebrauch an, oder sind sie alles andere als neutral, d.h. bereits durch ihre Beschaffenheit ein Motor des Wandels? Eine Schwarz-Weiß-Antwort ist nicht möglich.

Die jeweilige Beschaffenheit der Medien legt im Wesentlichen fest, welche Anwendungen möglich sind. Insofern sind Medientechniken alles andere als neutral. Aber es gilt auch: Das Wie der Anwendung, der Geist, aus dem heraus die Anwendung betrieben wird, die Interessen, die damit verfolgt werden, die Fähigkeiten, damit umzugehen – sie alle sind entscheidend dafür, welche Wirkungen die neuen und alten Medien haben. Im Beispiel: Erst Social Networks wie Facebook erlauben eine ortsunabhängige Kommunikation in Jetzt-Zeit zwischen einer Vielzahl von Akteuren mit größtmöglichem Radius. Ob und wie diese Möglichkeit genutzt wird, ist eine andere Frage.

Geschieht es, wie im arabischen Frühling, um in Jetztzeit Massenwiderstand zu mobilisieren? Oder wird es von den staatlichen Kräften genutzt, um die Rebellen aus dem Feld zu schlagen, indem die Netze stillgelegt werden, wie in Syrien oder zeitweilig in Ägypten, oder indem sie zensiert werden wie in China? Das ist eine Frage des W*ie, des Warum und des Wozu.* Insofern gilt nicht nur „das Medium ist die Botschaft", sondern auch: Die Botschaft entscheidet über die Wirkung. Das Wie der Mediennutzung und der Geist, den ich in das jeweilige Medium gebe, bestimmen ganz wesentlich darüber, ob es zum Wohl oder zum Weh für unser Zusammenleben geschieht. Diese Doppelgesichtigkeit der Medien, der alten wie der neuen, entscheidet darüber, ob sie wichtige Hoffnungsträger für eine gelingende Kommunikation oder deren Gegenteil sind. Dies zeigt sich an einigen Beispielen:

Erst mit Hilfe von Facebook und YouTube konnten junge Araber im arabischen Frühling die autokratischen Potentaten ihrer Länder herausfordern. Dabei griffen sie auf exzellente technische Hilfe von diversen Unterstützern zurück. Was von den einen als ein großartiges demokratisierendes Gemeinschaftserleben begriffen wird, erscheint anderen als eine Chaos hervorrufende Destabilisierung der bisherigen Ordnung, die sie mit allen Mitteln zu bekämpfen suchen. Interessant ist das arabische Beispiel, weil sich an ihm zeigt, wie eng technische und soziale Interaktionen zusammenwirken: Etwas wird in den real existierenden sozialen Netzwerken von Familien, Freunden und Kollegen zum Thema. Dann findet es den Weg in die technischen Social Networks, die es in Windeseile in eine Vielzahl weiterer Kommunikationskreise von Menschen einspeisen. Diese erörtern es wiederum mit ihnen nahestehenden Menschen. Und wenn diese ihre Impulse wiederum ins Netz zurückspeisen, kann ein beispielloser Schneeballeffekt entstehen. Dann kann es über Nacht zur Massendemonstrationen von Hunderttausenden kommen und zu Phänomenen, wie sie eine staunende Welt auf dem Tahrirplatz in Kairo beobachten konnte.

Doch damit ist die Entwicklung nicht zu Ende. Was dort geschieht, zieht die nächste Wirkungswelle nach sich: Das Regime versucht die Aktionen blutig niederzuschlagen und die Social Networks lahmzulegen. Da dies nicht gelingt, heizen die Bilder der Gewalthandlungen in den Social Networks die Situation weiter an und so fort. Als wie machtvoll diese Interaktion zwischen sozialen Netzwerken und technisch vermittelten sozialen Netzwerken angesehen wird, machen Syrien und China deutlich. Präventive Verhaftungen und Unterbinden von Handykommunikation sind die Antworten autokratischer Regime, um Ähnliches wie in Ägypten und Tunesien zu verhindern.

Auch in *Organisationen* produzieren die neuen interaktiven Netzwerke gewaltige Veränderungen. Ein Beispiel[29]: Eine Japanerin wirft im Intranet von IBM die Frage auf, wie sie sich zwischen zwei Arbeitsangeboten entscheiden solle – eines von IBM und eines von außen. „Soll ich bleiben oder gehen?" Damit wird etwas öffentlich – und zwar natürlich weit über den Raum von IBM hinaus – was in Organisationen eher zu den gut gehüteten Geheimnissen gehört nach dem Prinzip „Divide et Impera". Die Macht der Hierarchen nimmt bei solcher partnerschaftlichen Kommunikation deutlich ab.

Sogar in den *Wissenschaften* weichen sich überkommene Strukturen auf: Der unnahbare Professor oder die Erfindungen des einsamen Superforschers gelten in der Zeit von Gruppen- oder Schwarmintelligenz und notwendiger Multiperspektivik als überholt. Nicht ohne Grund sind technisch unterstützte interaktive Arbeitsprozesse dort besonders verbreitet, wo die Chancen von Ko-Kreation genutzt werden sollen. Gerade die Besten und geistig Lebendigsten verlassen Strukturen, in denen sie sich nicht entfalten können, weil sie mit falschen Abhängigkeiten konfrontiert werden. Welch großartigen Innovationen durch ko-kreative Prozesse möglich sind, zeigen Innovationen wie Linux[30] oder Wikipedia.

Und die *Alltagskommunikation*? Lässt sich annehmen, dass mit Hilfe dieser Medien die Einsamkeit zurückgeht und dass Menschen eine neue Art von Zugehörigkeit und Verbundenheit erleben dürfen? In der Tat: In Zeiten des internetbasierten Smart Phone entwickeln sich munter Kommunikationsformen, bei denen die Kommunikation zwischen Menschen leichter, spielerischer, vielfältiger wird, weil sie sich dabei *auch* der technischen Kommunikationsmedien bedienen. In einem bunten Wechsel von direkter zwischenmenschlicher Kommunikation und Botschaften aller Art, die man sich mittels des Smart Phone oder des Computers hin- und herschiebt, wird Kommunikation fließend, unabhängig von Zeit und Raum. Mit meinen Botschaften, Informationen, Bildern, Tönen erreiche ich meine Liebsten und meine Freunde, lasse sie teilhaben an meiner Alltagsorganisation, an dem, was mich bewegt und was sie mir bedeuten. Dabei bietet mir die Technik reizvolle neue Möglichkeiten. Sie schafft mir den Raum, mich künstlerisch-kreativ ebenso auszudrücken wie mittels Information und Dokumentation. Meine Beziehung zu Familien- oder Clubmitgliedern, Nachbarschaften und Gruppierungen aller Art belebt sich auf vielfältige Weise oder wird – wie bei den Netzfreundschaften – überhaupt erst mittels der technischen Kommunikationsmedien möglich.

Hier kann mittels technischer Medien eine Gemeinschaft stiftende Grundmelodie zwischen Menschen anklingen oder verstärkt werden, die nicht zu weniger, sondern zu mehr Verbundenheit führen kann, zwischen Eltern und Kindern, zwischen Freunden und Nachbarn, zwischen Freunden und Kolleginnen. Die Gemeinschaft von Menschen durch Neue Medien wird hier partnerschaftlich unterstützt und vielleicht sogar vertieft. Menschen nutzen die Neuen Medien, um ihre Kommunikationsbedürfnisse und Chancen intelligent zu erweitern und sich von vermeintlichen Autoritäten oder strukturellen Barrieren im Alltag unabhängiger zu machen. Das Wechselspiel zwischen technischer und zwischenmenschlicher Kommunikation ist dabei fließend. Und es steht zu vermuten, dass kommunikationsfreudige Menschen die neuen technischen Werkzeuge intensiver, müheloser und freudiger nutzen.

Gefährdungen überwinden

Doch dies ist nur die eine Seite der Wirkungsdimension. Die neuen interaktiven Medien sind gerade aufgrund ihrer strukturellen Bedingungen geeignet, die Würde des Menschen zu beeinträchtigen und Tendenzen der Vereinsamung, Entsolidarisierung und Fremdbestimmung zu verstärken. Kommunikation ist das Gewebe des Lebens. Insofern ist es nicht verwunderlich, dass die Wirkungen nicht uneingeschränkt positiv sind. Vielmehr sind sie so vielfältig und ambivalent wie die Beziehungen, die wir untereinander eingehen.

Das menschliche Bedürfnis, die existentielle Erfahrung der Trennung durch Verbundenheit und Vergemeinschaftung zu lindern, kennt eine Reihe von Grundkonstanten:

- Viele haben Schwierigkeiten, dieses Bedürfnis auszudrücken, zu leben und zu befriedigen;
- viele wählen im Zweifelsfall Wege der Vergemeinschaftung, die sich gegen sie selbst oder gegen andere richten (Freund-Feind-Perspektive);
- die Art und Weise, wie Verbundenheit hergestellt und Vergemeinschaftung gesucht wird, hängt ganz entscheidend von der persönlichen Reife und vom Verantwortungsbewusstsein der einzelnen ab;
- Menschen wirken durch soziale Netzwerke intensiv auf andere Menschen ein[31]. Diese Wirkung wird durch die alten, insbesondere aber durch die neuen interaktiven Medien noch dramatisch verstärkt.

Diese Gefährdungslinien lassen sich an einigen Beispielen verdeutlichen:

Jugendlicher Leichtsinn:
Wer sich ins Netz begibt, um sich zu zeigen und dazuzugehören, hinterlässt Spuren, vielfach länger, als ihm oder ihr lieb sein kann. Die Folge: Die dokumentierte Vergangenheit kann sich als ernsthaftes Hindernis für die Zukunft entwickeln. Wer als junger Mensch noch kein Gespür für die eigene Würde entwickelt hat, kann sich selbst bleibend Schaden zufügen.

Datenschutz-Leichtsinn
Jede technisch unterstützte Interaktion hinterlässt Datenspuren. Die Sorglosigkeit, mit der Menschen die interaktiven neuen Medien nutzen, steht in keinem Verhältnis zu den Missbrauchsmöglichkeiten. Facebook hat nicht ohne Grund den Oskar für Datenkraken erhalten.[32] Datenschutzprobleme werden nicht nur aufgeworfen durch Social Networks wie insbesondere Facebook, sondern auch durch das Internet generell, wie am Beispiel von Google Street View, iPhone oder der Vorratsdatenspeicherung zu erkennen ist. Sensible Nutzungsdaten in den Händen von gerissenen kommerziellen Anwendern sind ebenso riskant

wie in den Händen von Unrechtssystemen und ihren Überwachungs- und Kontrollpraktiken.

Flucht vor Einsamkeit in virtuelle Welten

Virtuelle Medien bieten die Möglichkeit, in virtuelle Scheinwelten abzutauchen, gerade dann, wenn soziale Nähe nicht gelingen will. Der Psychotherapeut Schmidbauer[33] hat bereits vor Jahren ein Buch geschrieben über die Angst vor Nähe. Sie nimmt in unseren Gesellschaften eher zu als ab, trotz aller technischen Kommunikations- und Interaktionsmöglichkeiten, oder aber gerade wegen dieser. Schwierigkeiten im Kontakt mit anderen Menschen haben insbesondere Kinder und Jugendliche. Die Art unseres Lebens trägt dazu erheblich bei. Kleinstfamilien, Patchworkfamilien, Alleinerziehende, Arbeitslosigkeit, Hektik, Materialismus, Burnout im Zuge der beispiellosen Beschleunigung in unseren Gesellschaften lassen immer mehr Menschen aus selbstverständlicher Gemeinschaft herausfallen. Gemeinschaft muss heute organisiert werden. Wer nicht dafür sorgt, bleibt allein zu Hause. Da sind all die alten und vor allem die Neuen Medien willkommene Fenster zur Welt, die man nicht mehr betreten muss und die helfen, der Einsamkeit zu entfliehen. Dort – im Mensch-Maschine-Interface – dürfen all die Gefühle hochkommen, die zwischen Menschen so verunsichernd und nicht kontrollierbar sind. In den eigenen vier Wänden dürfen sie sein: Liebe und Hass, Wut und Rache, Zorn und Ärger, Hilflosigkeit und Angst, Freude und Trauer. Und sie dürfen – vermeintlich gefahrlos – übersetzt werden in Handlungen wie: verstoßen, missbrauchen, töten und vernichten lassen.

Ausagieren von Wut und Aggression

Geht solche Flucht in virtuelle Welten mit Wut und Frustration einher, dann liegt es nahe, Wut und Frust auch real auszuagieren. Die Spiele- und Softwareindustrie hat diesen Markt nicht nur entdeckt, sie kultiviert ihn und baut ihn mit immer neuen Angeboten aus. Messen, auf denen die neuesten Computerspiele vorgeführt werden, verzeichnen Rekordbesuche und die Hersteller von Computerspielen Rekordgewinne. Die Technologien werden immer raffinierter, da sie immer tiefer in das Gefühlsleben der Menschen eindringen.

Tötungsakte verlangten am Anfang einen Tastendruck auf einer Tastatur. Heute wird die Tastatur als Pistole angeboten, mit Rückstoß, so dass der Akt des Tötens auf der sinnlichen Ebene ankommt und sich die Grenze zwischen virtuellem Geschehen und gefühlter Wahrnehmung dramatisch in Richtung gelebte Realität verschiebt. Amokläufe von Jugendlichen und das Massaker in Norwegen von Breivik, der nach stundenlangem Spielen des Verkaufsrenners „World of Warcraft“ 77 Menschen im Rausch tötete, bestätigen mit schrecklicher Regelmäßigkeit, wie soziale Vereinsamung und technisch vermittelte Interaktion mit gewalthaltigen Medien eine unheilige Allianz eingehen können. Dies ist nur die Spitze des Eisbergs. Die immer mehr um sich greifende Computersucht, die mit Vereinsamung einhergeht bzw. diese verstärkt, ist ein weiteres Indiz.

Vermeiden der Realität

Eine andere Variante der Wirklichkeitsflucht sind die zahllosen interaktiven Spiele, zu denen als besonders problematische Variante auch „World of Warcraft“ gehört. Hier bilden sich große Communities, bei denen sich der einzelne so suchtartig an den Spielverlauf mit weit entfernten Interaktionspartnern bindet, dass Alltag und Freizeit unter dem Diktat organisiert werden, weiter im Spiel zu bleiben. Denken, Fühlen, Handeln werden hier auf Scheinwelten kanalisiert und stehen der Bewältigung von Herausforderungen im realen Leben nicht zur Verfügung.

Öffentliche Klagemauern und Mobbing

Menschen haben schon immer schlecht über andere geredet. Doch wenn wir dies in den Neuen Medien tun, dann wird die Wirkung vervielfacht. Es hat Schneeballeffekte, weil es nicht nur an einer Stelle, sondern an einer Vielzahl von Stellen wirkt und dort die jeweiligen sozialen Netzwerke beeinflusst, die Freunde der Freunde der Freunde. Das jüngste Beispiel ist die öffentliche „Hinrichtung“ eines 17-jährigen Berufsschülers im März 2012 in Emden, dem die Ermordung und Vergewaltigung einer 11-Jährigen angelastet wurde. Dies entfachte über Nacht in Internet und Facebook eine Hasswelle mit Aufrufen, ihn zu töten. Nach kürzester Zeit erwies sich der Verdacht gegen ihn als unbegründet. Auf der Strecke geblieben ist jedoch ein junger Mensch, der durch dieses Ereignis für sein ganzes Leben traumatisiert ist. Ein weiteres Beispiel: Im März 2011 wurde in Neukölln ein 17-Jähriger von rund 20 Jugendlichen bewusstlosgeschlagen. Der junge Mann wollte in einem Streit schlichten und seine Freundin verteidigen. Vorausgegangen war auf der Internetplattform „I share gossip" ein mehrtägiger eskalierender Streit zwischen zwei Freundinnengruppen. Dem schlossen sich die jeweiligen Freunde an. Als der 17-Jährige schlichten wollte, eskalierte der Streit vollends, weil die Freunde der Freundinnen zuschlugen.

Dieser Fall hat weite Öffentlichkeit gefunden, war es doch ein besonders krasses Beispiel für Erfahrungen, die inzwischen Menschen aller Altersgruppen und Funktionen, insbesondere aber im Bildungsbereich, machen – Lehrer und Lehrerinnen, Professoren und Professorinnen, Studenten und Studentinnen, Schüler und Schülerinnen. Sie erleben es, an den Pranger gestellt zu werden. Da werden Feinde ausgemacht, öffentlich verunglimpft, um sich selbst aufzuwerten und das eigene reduzierte Selbstwertgefühl zu verdecken. Erinnern wir uns daran, dass der Schöpfer von Facebook, Zuckerberg, sich zu seiner Erfindung angespornt fühlte, weil er sich durch öffentliche Häme über seine Exfreundin dafür rächen wollte, dass sie ihm den Laufpass gegeben hatte. Das Berliner Beispiel zeigt aber noch ein Weiteres: In der Bewältigung dieses Vorkommnisses wurden wiederum die sozialen Netzwerke der Eltern, Nachbarn und Freunde aktiv. Und so wie vorher das technische interaktive Medium als Instrument der Enthumanisierung genutzt wurde, so scheint es anschließend daran mitgewirkt zu haben, dass die Community und die Beziehungen in eine lebensbejahendere Richtung gewendet wurden.

So lässt sich festhalten: In den interaktiven Hoffnungsträgern des Web 2.0 und der technikbasierten sozialen Netzwerke sind bestimmte Wirkungen angelegt, die unabhängig von der Art der Nutzung sind. Sie ergeben sich aus dem technisch angelegten Wirkungsraum und Wirkungsradius. Was inhaltlich in diesen Medien geschieht, verstärkt jedoch die strukturell angelegten Wirkungen. Dies bedeutet, dass die Neuen Medien Chancen und zugleich sehr große Gefahren mit sich bringen im Hinblick darauf, wie wir Menschen miteinander kommunizieren. *Wir sind in ganz neuer Weise aufgerufen, Verantwortung für unsere Kommunikationshandlungen zu übernehmen.* Einst lernten Könige, dass die Wirkung ihrer Worte ungeheuer groß sein kann und dass sie deswegen ihre Zunge hüten müssen. Was früher nur für die Mächtigen zutraf, gilt im Zeitalter technisch unterstützter Kommunikation mit ungeheurer Breitenwirkung jedoch für alle. Heute sind wir aufgerufen, nicht nur unsere Zunge besser zu hüten, sondern analog auch mit Tastatur und Joystick weit verantwortlicher als bisher umzugehen.

Davon sind wir weit entfernt. So drängt sich gerade angesichts der wachsenden Fülle technischer Kommunikationsmöglichkeiten die Frage auf, was denn in diesem Projekt der Optimierung unserer Kommunikation fehlt. Was ist die besondere Qualität in der Kommunikation, die manche suchen und die uns zu gelingender Kommunikation verhelfen kann?

Wege zur gelingenden Kommunikation

Communio – die vernachlässigte Seite der Kommunikation

Wahre Begegnung ist Liebe.

„Menschen wissen innerhalb
einer Nanosekunde, wenn
es an Liebe fehlt."

HAWLEY[34]

Was lässt Kommunikation gelingen? Ist es die Entgrenzung von Raum und Zeit, die Fülle technischer Möglichkeiten unserer modernen Medien, oder geht es um etwas ganz anderes?

Was wir vernachlässigen in unserem gegenwärtigen Projekt der Erweiterung unserer Kommunikationsmöglichkeiten ist – so die These dieses Buches – das Wissen um die Kraft der Liebe. Diese verbindende Kraft der Liebe ist es, die Kommunikation gelingen lässt. Sie schafft Communio – eine Kultur der Verbundenheit und eine Gemeinschaft, die aus dem Geist und der Haltung der Achtsamkeit füreinander erwächst. In dem modernen Projekt der technischen Erweiterung unserer Kommunikationsmöglichkeiten stehen *Sach- und Nutzenaspekte* im Vordergrund. Warum und wozu wir miteinander in *Beziehung* treten, wird hingegen immer mehr dem Aspekt der Verkaufbarkeit von Gütern und Dienstleistungen und der geistigen Manipulation von Menschen unterworfen.

Gelingende Kommunikation setzt anderes voraus. Gelingende Kommunikation entsteht nicht allein durch einen Austausch von Mitteilungen und die Herstellung einer *Beziehung*, sondern erfordert eine *Bezogenheit auf andere und die Mitwelt, die von einer Haltung der Achtsamkeit und Liebe getragen ist.* Nur sie befähigt zu einer Art der Gemeinschaft, in der die Hinwendung zum Du so geschieht, dass das Trennende hinter das Bewusstsein der Einheit zurücktritt. Eine solche Kultur der Verbundenheit kann entstehen, wenn die Vielfalt des Lebendigen als Ausdruck der Schöpfung geachtet und geehrt wird.

Dies wird noch deutlicher, wenn man sich den lateinische Begriff communicare, auf den unser Begriff der Kommunikation zurückgeht, vergegenwärtigt. Hier gibt es die interessante Unterscheidung zwischen **Communicatio und Communio**. Sie stehen für zwei Pole der Kommunikation[35], die zusammen ein Ganzes bilden. Bei *Communicatio steht die Mitteilung* im Vordergrund, bei *Communio die Beziehung.* Communicatio betrifft die „Materialität der Kommunikation" (Gumbrecht). Anders die Communio. Communio ist das bewegende Prinzip. Es ist das Aufeinander-gerichtet-Sein, jenseits aller Materialität. Und die Art dieses Aufeinander-gerichtet-Seins ist nicht beliebig, sondern spezifisch: *Das bewegende Prinzip der Communio ist Liebe.*

Da wir alle aus der Einheit stammen, ist Communio die Kraft in uns, die die Einheit wieder herbeisehnt, die in die Einheit zurück möchte. Es ist die Bindekraft, die einigende, vereinende, die Trennung aufhebende Kraft. Leben wir in dieser Kraft, so herrscht in uns tiefer Friede; der Friede, der aus dem Wissen um die Einheit stammt. Leben wir gegen dieses innerste Gesetz in uns, so sind Unrast, Unfrieden, Einsamkeit und Verzweiflung unsere Begleiter. Darum ist Communio zu erleben ein hohes Glück.

Der Mensch ist körperlich von anderen getrennt und dies ruft ein Gefühl der Einsamkeit und des Allein-Seins hervor. Er muss ausgreifen nach anderen Lebewesen; er muss kommunizieren; er muss also Communicatio leben. Doch das Einschwingen und Rückschwingen in die Einheit gelingt dem Menschen nicht dadurch, dass er kommunikativ ausgreift. Es ist vielmehr das Ergebnis des Innehaltens, des sich Erinnerns an die Einheit, aus der er stammt – eine Einheit, die da ist, die vor allem, in allem, während allem und nach allem ist. So muss der Mensch nicht nur um seiner selbst willen kommunizieren im Sinne von Communicatio, sondern auch lernen, auf genau dies zu verzichten, und begreifen, dass diese Kraft ihn nicht in die Einheit zurückträgt. Nur indem er/sie vertraut, auf das Machen und Tun verzichtet, innehält und nach der Stille, der Liebeskraft in sich selbst sucht, kann sich das Ersehnte im Fühlen einstellen: Communio, das Gefühl des Einklangs mit dem tragenden Prinzip der Schöpfung.

In diesem sich erinnern geschieht etwas ganz Wunderbares. Vertrauend auf die Kraft der Stille, des Einklangs mit dem Ganzen, die der Mensch in sich gefunden hat, kann er dem Außen in einer gänzlich neuen Weise begegnen. Wissend um den göttlichen Funken, der jeden Menschen mit dem All-Einen verbindet, wächst im Menschen der Mut, auch im äußeren Kontakt zu Menschen, Pflanzen und Tieren etwas von der Kraft der Liebe und Selbstliebe, des Vertrauens und des Zulassens auszudrücken. Liebende Kommunikation entfaltet sich und die Grenzen zwischen Innen und Außen lösen sich auf. Communio, eine von Liebe inspirierte Kultur der Verbundenheit und Gemeinschaft innen wie außen, entsteht.

Dieses Verhältnis von Außen und Innen haben wir heute aus den Augen verloren. Unser Streben richtet sich darauf, die Instrumente und Mittel der technisch-materiellen Seite von Kommunikation zu verbessern und zu verfeinern. Die innere Gewissheit, getragen zu sein in der Einheit alles Lebendigen, scheint hingegen verlorengegangen zu sein. Deswegen ist das Bemühen, sich kommunikativ im Außen zu verbinden, umso drängender geworden. Je weniger Sicherheit wir aus unserer eigenen Mitte des liebenden Selbst, des sich Anvertrauens an das uns tragende göttliche Prinzip gewinnen, desto notwendiger erscheint es, im Außen Sicherheit zu finden. Das Ausmaß von instrumentell perfektionierter Communicatio, das unsere Gesellschaft hervorbringt, kann als Gradmesser und Ausdruck einer tiefen existentiellen Verunsicherung begriffen werden. Es ist ein Teufelskreis: Je mehr wir im Außen ohne den Geist der Liebe kommunizieren, desto mehr ziehen wir uns ab von dem Vertrauen, entwurzeln uns innerlich noch mehr, versuchen mit noch hektischerer Betriebsamkeit die innere Einsamkeit zu überdecken. Wir tun dies alles, um nur ja nicht zu spüren, dass wir uns getrennt fühlen.

Ich erinnere mich an eine Situation im Faculty Club der Universität Berkeley. Ich wusste bei diesem USA-Aufenthalt nicht, ob ich eine Reise nach außen oder nach innen machen sollte. Ich war hin- und hergerissen. Und was tat ich? Ich hängte mich ans Telefon und versuchte, die Klärung im Außen herzustellen: Kein Institut der transpersonalen, humanistischen Psychologie, das ich nicht versuchte, telefonisch aufzuspüren und auf seine Bedeutung hin für mich zu befragen. Umgekehrt gab es kein großes Unternehmen der Telekommunikations- und Elektronikbranche, mit dem ich nicht versuchte, telefonisch Kontakt aufzunehmen, um eventuelle Interviewtermine zu verein-

baren. Und zugleich wurde ich immer unsicherer. Ich wusste keinen Ausweg aus der mir selbst auferlegten Ambivalenz.

Irgendwann habe ich dann begriffen, dass ich den Weg so nicht finden konnte. Ich habe mich schließlich zurückgelehnt und versucht, in mich zu horchen, was denn ‚dran‘ sei. Und da habe ich gespürt, dass meine Angst vor dem Weg nach innen (noch) so groß war, dass ich weiter im Außen würde suchen müssen. So packte ich meine Koffer und meldete mich im Faculty Club ab. Da kam eine böse Überraschung: der Spiegel meines Tuns. Ich hatte bei all meinen Telefonaten vermutet, die Dame vom telefonischen Vermittlungsdienst, die jede meiner Verbindungen herstellen musste, habe ihren anonymen Platz irgendwo in irgendeiner kalifornischen Telefongesellschaft. Doch das war ein Irrtum. Es war eine der beiden freundlichen Frauen im Faculty Club, die drei Tage lang unermüdlich für mich die Telefonverbindungen hergestellt hatte. Die Schamröte stieg mir ins Gesicht, als mir die Frau als Kostenbeleg die nicht endenden Telefongebührenstreifen überreichte und ich mich nun mit meiner Unsicherheit konfrontiert sah. Die endlosen Belege waren das sichtbare Zeichen meines Unvermögens, im Innern eine Klärung meiner Frage zu suchen und vertrauend in die so gewonnene Klärung meinen Weg im Außen zu gehen. Mit den Zetteln erhielt ich die Auflistung meines Misstrauens mir selbst gegenüber. Jedes Telefonat hatte dem Zweck dienen sollen, mein Selbstvertrauen zu stärken, und am Ende musste ich feststellen, dass ich mich auf diesem Weg eher geschwächt als gestärkt hatte.

Communio durch die verbindende Kraft der Liebe

„Genau genommen könnte man Spiritualität
als die Form des Bewusstseins definieren,
in der wir uns mit dem Kosmos
als Ganzem verbunden fühlen."

CAPRA[36]

Communio ist ein Aspekt des Göttlichen. Über Communio werden wir Menschen zusammengeführt, lernen aneinander und sind mit allem Geschaffenen – den Tieren, den Pflanzen, dem Kosmos – verbunden. Communio ist ein großes Geheimnis des Lebens. Wenn Menschen aus dem Gefängnis der Einsamkeit und des Allein-Seins herausfinden wollen, muss dieses Geheimnis entschlüsselt und seine Botschaft ins Bewusstsein gehoben werden. Es geht darum, sich von dem Gefühl der Trennung zu verabschieden und mit den Augen der Liebe unterwegs zu sein. So entsteht Communio.

Jeder Mensch trägt in sich die Sehnsucht danach, aus seiner Vereinzelung, aus der ‚Zwei-ung', herauszutreten. Diese Sehnsucht ist eine ungeheuer mächtige Triebkraft. Sie ist die wichtigste Antriebskraft, um uns auf den Weg zu unserem wahren Selbst, zu Gott, zur allumfassenden Liebe zu bringen. Je deutlicher diese Sehnsucht ins Bewusstsein tritt, je auswegloser all die Schritte gewesen sind, unsere Sehnsucht auf anderen Wegen zu befriedigen – durch Lust, Gier, Verlangen, Vergnügen, exzessives Machertum – desto intensiver wird unser Begehren nach der Vereinigung mit der Urkraft der Liebe, die wir Gott nennen. Nur in Gott wird dieses Sehnen gestillt, nur in Gott wird dieses Sehnen Ziel, Weg, Art und Weise des Weges. Doch Gott ist überall; er wohnt in jedem Menschen, jeder Pflanze, jedem Tier, jedem Tautropfen, jedem Brausen des Windes, jedem Tosen der Brandung, jedem Säuseln der Gräser, jedem Schweigen in der Mittagshitze. Da Gott überall ist, ist in der Communio mit Gott die Trennung aufgehoben. Wir fühlen uns dann eingebunden in das Gesetz allen Seins. Wir verbinden uns mit der universalen Liebeskraft. In der Hingabe an sie erfüllen wir das Gesetz des Lebens, die Aufforderung, zu erkennen, wer wir sind – ein

Ausdruck der göttlichen Liebeskraft. In der mystischen Schau können Menschen erkennen, dass Liebe die Kraft ist, aus der der Kosmos aufgebaut ist. Die Schöpfung ist in allen ihren Facetten das Werk der Liebe Gottes. In diesem Schöpfungsaspekt ist darum alles Geschaffene EINS; obgleich einzigartig und verschieden, ist es Ausdruck der göttlichen Einheit.

Den göttlichen Funken in allem und jedem wahrzunehmen und anzuerkennen, lässt darum Brücken entstehen und Barrieren überwinden, die in der Welt der Dualität sonst unüberwindbar erscheinen. Als Ausdruck des EINEN fällt alles in dem EINEN zusammen. Deswegen sagt die indische Philosophie des Vedanta: Es gibt keine Differenz, sondern die Differenz, die wir mit unseren Sinnen wahrnehmen, basiert auf Illusion, Täuschung, Maya.

Liebe als Grundsubstanz alles Lebendigen ist somit das tragende Prinzip der Communio. Wo Communio gelebt wird, wo wirkliche Gemeinschaft entsteht, kann dies nur aus der Kraft der Liebe sein. Verwirklichte Communio ist Gemeinschaft in der Liebe Gottes und durch die Liebe Gottes in jedem einzelnen von uns. Solche Liebe ist ein ewiges Angebot an uns. Dies lässt sich in einem Bild ausdrücken:

Das Plätschern eines Baches erlebe ich nun im dritten Jahr. Immer ist es derselbe Bach, immer ist er da und immer empfängt er mich mit seinem sanft plätschernden Murmeln. Er war vor mir da, er ist da, während ich auch dort bin und er wird auch dann noch plätschernd murmelnd fließen, wenn ich nicht mehr an seinem Rand sitze. Der Bach schafft ein Klangbild, das für mich immer wieder neu und zugleich beständig ist. Es hängt allein von mir ab, ob ich diesen Klang höre oder überhöre, ob ich ihn aufsuche oder ihn vermeide. Wenn ich in einem lauten Auto an ihm vorbeibrause, werde ich ihn nicht hören, ebenso wenig, wie ich ihn hören kann, wenn ich in ‚laute' Gedanken versunken an ihm vorbeigehe. Ganz ähnlich ist es mit dem Klang der Communio. Es ist ein Klang, der sich nur dem Inne-Haltenden, dem nach innen Gewendeten erschließt. Er ist immer da, er ist immerwährend, er ist immer neu und doch unverwandelbar. Er ist das ewige Angebot, an den und an die, die hören wollen, doch nur, wenn die äußere und die innere Bereitschaft da ist, diesen Klang aufzusuchen und ihn wahrzunehmen.

Wenn ich sage, der ganze Kosmos sei Liebe, dann gibt dies demselben Ausdruck. Wir können dieses innerste Sein des Kosmos nicht erkennen, solange wir ihm keine Aufmerksamkeit, keine Achtsamkeit zuwenden. Wie sollte dies auch möglich ein? Wir erkennen nur, was wir lieben. Um die Liebessubstanz alles Seienden zu erkennen, müssen wir selbst Liebende sein. Dem Liebenden eröffnet sich überall die Frequenz der Liebe. Da die Welt aus Schwingungen aufgebaut ist, die aufeinander antworten, antwortet auf die Schwingung der Liebe die Schwingung der Liebe. Sie kann gar nicht anders. Man stelle sich einen Menschen vor, der sich gut eingepanzert hat, körperlich, seelisch und geistig. Er scheint völlig unerreichbar für die Schwingung der Liebe, ist es ihm doch scheinbar gelungen, sich gegen alles abzuschirmen. Aus der Physik wissen wir, dass dies nicht stimmt: Höhere Frequenzen durchbrechen immer niedere Frequenzen. Es muss nicht sein, dass sich die niedere Frequenz gleich auf die höhere Frequenz einschwingt. Dazu müssen die beiden Frequenzen nah beieinander sein, dann kann dies gelingen. Doch die höhere Frequenz hebt die niedere Frequenz leicht an, sie erhöht sie etwas.

Liebe ist höchste Frequenz. Je reiner die Liebe eines Menschen ist, je mehr das Herz von Egoismus, Neid, Eifersucht, Zorn, Anhaftung oder Angst befreit ist, desto größer ist die Ausstrahlung seines Herzens. Und diese Kraft wirkt auf Menschen, Tiere und Pflanzen in der Umgebung. Sie hebt, ohne etwas zu tun, unmerklich deren Schwingung: Bei den Menschen erhalten die seelischen Panzer Risse und Ahnungen eines glücklicheren Zustandes werden wach; Tiere werden zutraulich und nähern sich; Pflanzen wachsen williger. In allen Wesen wird durch einen liebenden Menschen die Kraft der Liebe angesprochen. Am stärksten gilt dies für Menschen, die sich ganz der göttlichen Liebeskraft hingegeben haben und die wir als Heilige verehren. Franz von Assisi, Teresa von Avila, Martin Luther King, Mutter Theresa – sie alle veränderten ihre Mitwelt und führten sie zu einer reineren, liebevolleren Haltung. So wird in der Communio die Frequenz der Liebe zum Ausdruck gebracht und hilft, Trennendes zu überwinden.

Wenn ein Mensch Liebe ausstrahlt, so kann er damit einen kleinen oder einen großen Kreis von Menschen, Pflanzen, Tieren erreichen. Gottmenschen wie Christus erreichten den gesamten Kosmos. Wenn Menschen sich voll und ganz auf die göttliche Schwingung einlassen, dann erweitert sich ihr Schwingungsraum; er gewinnt an Weite und Intensität. An einem Bild mit Schwingungen um einen Mittelpunkt herum wird dies noch deutlicher:

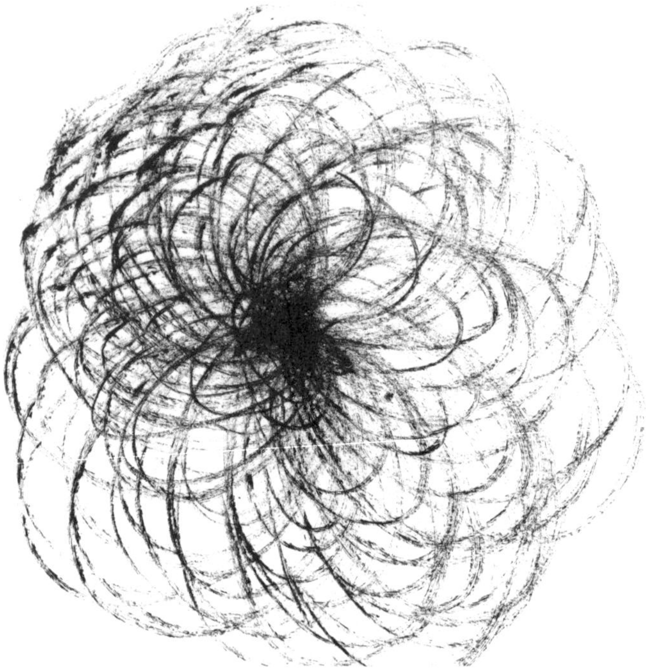

Abb. 1: Kreisen um einen Mittelpunkt

Gemeinsam ist allen diesen Schwingungen, dass sie wieder zurückschwingen in die Mitte. Der Bogen kann beliebig weit aus- und aufgespannt werden. Je weiter jedoch der Bogen aus der Mitte heraus aufgespannt wird, desto tragender muss er sein und desto mehr muss er vom Vertrauen an die Mitte getragen sein. Es ist wie beim Adler: Mit der Kraft seiner Schwünge kann er sich in den Himmel heben, und je kraftvoller dies geschieht, desto weiter sind die Kreise, die er zieht. Doch er kann dies nur im Vertrauen darauf, dass er den Weg zum Horst immer wieder findet, dass die Flügel ihn tragen und der Kompass stimmt.

Der Mensch ist hierbei viel gefährdeter. Was der Adler instinktiv weiß, muss der Mensch, der als einziges Lebewesen über einen freien Willen verfügt, mühsam erlernen. Vertrauen entsteht durch Erfahrungen. Dieses Vertrauen ist sehr ungleich verteilt. Es hängt nicht nur mit der Fülle der durchlebten

Erfahrungen zusammen, sondern z.B. auch mit dem Geschlecht. Männer haben in der Regel mehr Vertrauen, sich öffentlich zu zeigen und zu äußern. Sie zeigen sich freier, lautstärker, ihrer selbst sicherer. Doch dieser Sicherheit fehlt vielfach die Rückbindung an die eigene Mitte, die eigene Liebeskraft. Frauen haben meist weniger Selbstbewusstsein und Selbstwertgefühl. Doch sie kennen eine Hingabe an das Leben. Frauen gebären Leben und dieses Leben wächst in ihrem Inneren heran. Die Hingabe an diesen Prozess, der von ihnen nicht gesteuert und kontrolliert werden kann, erfordert Vertrauen[37]. Von ihrer Rolle als Gebärende von Leben und Begleiterin des Sterbens sind Frauen auf ein Vertrauen in das Leben verwiesen, auf ein Sein statt ein Tun. Sie müssen sich Gesetzmäßigkeiten des Lebens stellen, wenn sie in diesen Rollen erfolgreich sein wollen. Indem Frauen sich ihrem eigenen Erfahrungswissen stellen, können sie daher leichter eine Rückbindung, eine religio an die eigene Mitte, an das eigene Selbst finden.

Doch wie wir mit Blick auf die Geschlechterdifferenz ahnen, sind viele der in der Welt kommunizierten und hörbaren Botschaften aus einem vor allem von Männern artikulierten Ich-Bewusstsein entstanden. Sie sind Communicatio, denen der Geist der Communio mangelt. Demgegenüber äußern sich Frauen stärker im Nahraum und haben einen intensiveren Zugang zur vertrauenden Hingabe. So sind beide Geschlechter in der Weise, wie sie sich überwiegend äußern, begrenzt. Während Männer dazu neigen, auszugreifen und die Rückbindung an die eigene Mitte und ihre besondere Qualität zu verlieren, neigen Frauen dazu, sich nur im Nahraum Gehör und Aufmerksamkeit zu verschaffen und den notwendigen Beitrag im öffentlichen Raum zu vermeiden.

Soll gesellschaftliche Kommunikation im Geist der Communio Gewicht gewinnen, müssen beide Geschlechter dazulernen: Männer eher im Rückbinden an die eigene Mitte, Frauen eher im Ausweiten ihres Radius, indem sie ein Wissen, das aus dem Geist der Communio entwickelt ist, zum Ausdruck und zu Gehör bringen. Communicatio ohne Communio entsteht immer aus dem Ego, dem Ich-Bewusstsein. Deswegen verstärkt ich-bezogene Kommunikation die Trennung, statt sie aufzuheben. Der Form nach verbindet sie, nicht jedoch ihrem Wesen nach. Wo Communio öffentlich hörbar, erlebbar, fühlbar gemacht wird, werden Menschen angeregt und unterstützt, aus dem Sog der Ego-Fixierung herauszutreten und ihre Kommunikationsbeziehungen durch die Rückbindung an die eigene Mitte in Communio zu verwandeln.

Jenseits der Macht der Sinne

Lautsprecher dröhnen, Lichtblitze schießen durch den Raum. Eine ekstatische Menschenmenge dreht sich zum dröhnenden Beat der Technomusik. Die Raving Society tanzt sehnsuchtsvoll dem Gefühl der Einheit entgegen, in der alle Unterschiede aufgehoben zu sein scheinen.

Der Versuch, über die Ekstase der Sinne in den Strom der Einheit einzutauchen, hat lange Tradition. Die Sufis, die drehenden Derwische des Islam, tanzen dem mystischen Gottesbewusstsein entgegen; sogenannte indigene Völker haben zu allen Zeiten durch das Bewusstsein erweiternde Substanzen versucht, sich dem Göttlichen, d.h. der Kraft des Numinosen, zu nähern. Mit Hilfe von Drogen suchte man den Weg zu den jenseitigen Welten, zum Sitz der Götter. Inzwischen sind Generationen von jugendlichen Kiffern zu dem Brauch übergegangen, sich mit Hilfe von Halluzinogenen Zugang zu anderen Wahrnehmungen zu verschaffen, vielfach ohne sich der numinosen Qualität ihres Tuns bewusstzuwerden.

Geht es auch anders? Gibt es auch andere Wege, sich an die Gewissheit anzuschließen, dass alles Lebendige verwoben ist und eine Einheit darstellt? In der indischen Tradition der Veden kommt dem Umgang mit den Sinnen eine herausragende Bedeutung zu. *Kontrolle über die Sinne* zu erlangen, gilt als Voraussetzung dafür, Leiden und Trauer hinter sich zu lassen, inneren Frieden zu gewinnen und sich an die göttliche Liebeskraft anzuschließen, in der alles Trennende überwunden wird. Ist die Kontrolle über die Sinne somit Voraussetzung dafür, fähig zur Communio zu werden?

Für den europäischen Menschen ist dies eine schwierige Vorstellung. Wir nehmen die Sinne ganz selbstverständlich als Tore zur Welt. Die Sinne sind unsere Instrumente, um zu riechen, zu schmecken, zu tasten, zu hören und zu sehen. Von einer Kultur der Sinne, gar von einer Kontrolle der Sinne, ist hier wenig die Rede. Allenfalls gelten die Sinne als von Reizen überstrapaziert oder abgestumpft. In diesem Sinne hat Hugo Kükelhaus eine „Wiederbelebung der Sinne“[38] gefordert. Er wollte verschüttete menschliche Fähigkeiten sinnlicher Wahrnehmung neu wecken und schulen. Dazu entwickelte er ein didaktisches Konzept, das sogenannte „Erfahrungsfeld der Sinne“. Wer es betritt, ist vor zahlreiche Herausforderungen gestellt: zwischen Düften fein zu unterscheiden, vielfältige Geräuschquellen mit dem Gehör genau zu differenzieren, mit dem Tastsinn präzis zu spüren, welche Oberflächenqualität mit den Händen oder den Füßen berührt wird, mit dem ganzen Körper als Wahrnehmungsorgan zu arbeiten, um die Balance auf beweglichem Untergrund zu halten, und vieles andere mehr. Mit solcher Wiederbelebung der Sinne soll die Fülle im Außen wahrnehmbar und der Zugang zur Fülle im Inneren eröffnet werden.

Und in der Tat: Eine Rekultivierung der Sinne erscheint umso dringender, je mehr unsere Sinne durch alle möglichen Aktionen im Außen mit Beschlag belegt werden. Akustische Reize wie Musikteppiche, elektronische Signalgeber, Straßen- und Flugverkehrslärm vertreiben die Stille selbst an den entlegensten Orten. Die ‚erste' Natur wird zunehmend durch die ‚zweite Natur', die von Menschen gemachte Dingwelt, überlagert, ein Prozess der derzeit mit Hilfe elektronischer, virtueller Welten auf die Spitze getrieben wird. Die ‚schöne neue Medienwelt' drängt sich unseren Wahrnehmungssinnen mit allen Mitteln und Methoden auf, belegt sie mit Beschlag, sucht sie zu vereinnahmen. Und das mit gutem Grund. Wer die Kontrolle über die Sinne und ihre Wahrnehmungen erlangt, gewinnt große Macht. Er oder sie erlangt tiefgreifenden Einfluss auf Denken, Fühlen und Handeln – wozu auch immer, um Kaufverhalten zu beeinflussen, politische Gefolgschaft zu erzeugen oder einfach, um den anderen oder auch sich selbst zu dem zu bewegen, was den eigenen Bedürfnissen und Wünschen entspricht.

Wie sehr dies auch mit manipulierter Absicht geschieht, lässt sich allerorten analysieren. Spektakuläre ‚Erfolge' markieren dabei nur die Spitze des Eisbergs: Eine neue Marke wird mit massiven Werbemitteln erfolgreich in den Markt gedrückt; einem Silvio Berlusconi gelingt es, mit einer beispiellosen Medienkampagne innerhalb weniger Monate eine Partei zu etablieren und zum italienischen Ministerpräsidenten gewählt zu werden; Mark Zuckerberg kann mit Facebook das größte Marketinginstrument aller Zeiten auf die Beine stellen; Hitler und seine Komplicen schaffen es, mit ausgefeilten propagandistischen Mitteln, spektakulären Inszenierungen, wie z.B. den Reichsparteitagen, und massivem Druck die Menschen auf politische Gefolgschaft einschwören.

Und dennoch geht die Rechnung nicht 1:1 auf. Nicht jeder und jede reagieren auf Außenreize gleichermaßen. Vielmehr setzt sich derzeit immer stärker ein Bewusstsein dafür durch, dass Menschen Sinnenreize höchst unterschiedlich verarbeiten, ja dass der Mensch letztlich selbst der Konstrukteur seiner sinnlichen Wahrnehmungen ist. Ein und dieselbe exotische Blume kann – je nach Betrachter – ein Ausdruck höchster Vollendung, ein hässliches Ungetüm oder ein Symbol für die Ausbeutung der Dritten Welt durch die Industrieländer sein. Wie die Blume gesehen wird, kommt auf die Erfahrung und die gedanklichen Konzepte des Sehenden an. Dies gilt für alles und jedes, was wir wahrnehmen: Weniger das, was ist, ist für unsere Wahrnehmung entscheidend, als vielmehr das, wie wir es sehen, also in welchem Geiste. Mit der Brillenmetapher gesprochen: Es kommt darauf an, mit welcher Brille wir wahrnehmen. Brillen lassen sich auf- und absetzen, ihre Sehstärke lässt sich regulieren, die Sichtweite bestimmen und last but not least, sie kann verdrecken oder sie kann geputzt werden. Übertragen auf unsere Wahrnehmungen heißt dies: *Wahrnehmungen lassen sich beeinflussen, und zwar mit Hilfe geistiger Anstrengungen bzw. einer geistigen Kontrolle der Sinne. Herr / Herrin über meine Sinne bin also in erster Linie ich selbst – zumindest potentiell.*

Genau dies fordern die indischen Veden. Am sinnfälligsten wird dies in der Schlüsselszene der Baghavad Gita, dem Herzstück der Mahabaratha, welche für den indischen Kulturraum so etwas darstellt wie für uns die Bibel. In der Gita belehrt der göttliche Wagenlenker Krishna den Prinzen Arjuna über die göttlichen Gesetze. Er tut dies unmittelbar vor Beginn der entscheidenden Schlacht, als der Prinz zögert zu kämpfen, weil sich unter den Gegnern seine Vettern und Verwandten finden. Krishna, sein Wagenlenker, belehrt ihn nicht nur über seine Pflichten, sondern auch darüber, dass die Sinne täuschen und es notwendig ist, die ewige Ordnung hinter den Dingen zu sehen. Damit wird das Bild des von Pferden gezogenen Schlachtwagens mit dem Prinzen Arjuna und dem göttlichen Wagenlenker Krishna zum Symbol für die geforderte Kontrolle der Sinne: Der Wagen ist der menschliche Körper, der von den Pferden, den Sinnen, gezogen wird. In ihm steht der menschliche Geist (Arjuna), der sich unter die Führung des Höchsten Geistes (Krishna, der Wagenlenker) stellen soll. Tut der Mensch dies nicht (im Bild gesprochen: weigert sich Arjuna, die Schlacht des Lebens zu schlagen und sich dabei der göttlichen Führung anzuvertrauen), so verfehlt der Mensch seine (Lebens)Aufgabe. Indem sich der menschliche Geist (Arjuna) der göttlichen Führung (dem Wagenlenker Krishna) unterwirft, erlangt er Kontrolle über die Sinne (die Pferde) und kann mit seinem Körper (dem Wagen) die „Schlacht“ (des Lebens) schlagen[39].

Was heißt das zum Thema Communio? Liebe ist das tragende Prinzip der Communio. Es ist die Kraft, die uns gemeinschaftsfähig macht, die die Achtsamkeit des Herzens stärkt und das Einheitsbewusstsein fördert. Nun leben wir in einer Welt, die der Liebeskraft jenseits des Romantischen wenig Wert beimisst. In unseren materialistisch ausgerichteten Konkurrenzgesellschaften werden stattdessen Gefühle von Neid, Eifersucht, Ärger, Zorn, ja sogar Hass gefördert. Auch hieran wirken Medien auf das Intensivste mit. Sie liefern Brillen, die die Welt in düsteren, aggressiven, lieblosen Farben erscheinen lassen. Sie lenken unsere Aufmerksamkeit auf materielle Dinge, stacheln die (Sehn)Süchte an und erschweren Konzentration und den Blick nach innen. Mit anderen Worten: Wir bekommen ständig Brillen angetragen und auf die Nase gesetzt, die alles andere als förderlich sind für eine Kultur der Verbundenheit. Ganz im Gegenteil, sie erzeugen Wahrnehmungen, in denen das Gegeneinander statt des Miteinanders überwiegt, das Trennende statt des Verbindenden, das Negative statt des Positiven.

Um sich zu den Mitmenschen hin öffnen zu können und gemeinschaftsfähig zu werden, bedarf es anderer Brillen bzw. des entschiedenen Putzens der eigenen Brille. „Tue Gutes, sieh Gutes, sag Gutes, hör Gutes, das ist der Weg zu Gott", so die von Sathya Sai Baba, dem großen indischen Lehrer, immer wieder in immer neuen Variationen geäußerte Botschaft. Vergleichbar ist dies mit dem berühmten Glas Wasser: Ist es halbvoll oder halbleer? Will ich das Gute oder das Schlechte sehen? Es ist eine Frage meines Selbstmanagements, meiner Selbstführung.[40]

Je mehr ich die Würde des anderen und seine positiven Qualitäten wahrnehme und achte, desto gemeinschaftsfähiger werde ich. Meine Wahrnehmungen weisen mir dann die Brücke zur Communio, zur Verbundenheit im Geist der Liebe. Dies heißt nicht, dass ich meine Unterscheidungsfähigkeit einbüßen müsste. Es heißt jedoch, dass ich die Botschaften meiner Sinne überprüfe und mein Herz dabei befrage. Mit liebendem Auge zu sehen und vorrangig das Gute wahrzunehmen, gelingt umso leichter, je weniger ich von negativen Gefühlen wie Neid, Ärger, Zorn, Eifersucht, Gier oder Stolz heimgesucht werde. Von solch unliebsamen Empfindungen gilt es daher frei zu werden. Dabei helfen die spirituellen inneren Wahrnehmungssinne: Wahrheit, Achtsamkeit, Dankbarkeit, Frieden, Liebe, Gelassenheit, Konzentration, Glückseligkeit. Mit ihrer Hilfe kann ich meine Sichtweise verändern.

Wenn es mir gelingt, mein Sehen, Hören, Riechen, Tasten, Schmecken mit Hilfe dieser inneren Wahrnehmungssinne zu kontrollieren, dann bewege ich mich in einem kommunikativen Kraftfeld, in dem Gefühle der Gemeinschaft, Teilhabe, Zugehörigkeit, Verbundenheit und ein Wissen um die Einheit wachsen können. Wohl wenige Gestalten der Gegenwart haben dies überzeugender gelebt als Mutter Theresa von Kalkutta. Im Bewusstsein, dass ihr in jeder der vielen elenden, stinkenden, vom Tode gezeichneten Gestalten Christus selber begegnet, war sie fähig, das Werk der Liebe zu tun und den Sterbenden noch vor ihrem Tod ein Gefühl der Zugehörigkeit zur großen Familie der Menschheit zu vermitteln.

Vertrauen wagen

Wie der Hibiskus sich
vertrauensvoll zur Sonne reckt
öffnet sich dir meine Liebe
und weitet sich zum
feuerroten Strahlenrund

wo Liebe ängstlich wird
schließt sich der Kelch
und trauert seiner Eintagsschönheit nach

Wenn ich mich auf den mühseligen Weg einlasse, meine Sinne zu kontrollieren und das Gute sehen zu lernen, dann hilft mir dabei die Kraft des Vertrauens. Mit dem erneuten Bild des Adlers lässt sich dies andeuten: Mit den Schwüngen seiner mächtigen Flügel zerteilt der Adler die Luft. Er muss die Flügel bewegen, um sich fortbewegen zu können, er muss handeln. Doch dann kommt ein Moment, in dem der Adler, ohne etwas zu tun, sich mit dem Element, das ihn trägt, verbindet. Er lässt sich tragen, er wird getragen; er ist getragen – ohne alles Handeln. Der Adler hat erfahren, dass dies geht. Als kleiner Vogel wurde er von den Eltern in einem bestimmten Moment aus dem Nest gestoßen, damit er den Flug ins Leben erprobt, ‚ohne Netz und doppelten Boden'. Dabei hat er gelernt, sich dem Element, das ihn trägt, anzuvertrauen. Je größer sein

Vertrauen wird, desto weiter sind die Kreise, die der Adler um seinen Horst ziehen kann. Je größer sein Vertrauen ist, desto höher ist auch die Höhe, von der aus er sein Revier überblicken kann.

Communicatio und Communio gehen miteinander einher so wie das Schlagen der Flügel und das Sichtragenlassen von der Luft. Was trägt, ist das Vertrauen; ohne Vertrauen keine Communio. Warum ist Vertrauen so wichtig? Noch einmal der Adler: Er muss aufhören, seine Flügel zu bewegen, um sich von der Luft tragen zu lassen. Dazu muss er jedoch zuvor die Flügel schlagen. Es nützt ihm wenig, wenn er im Nest hockt und meint, sich dort von der Luft tragen lassen zu können. Mit dem Stoß aus dem Nest wird genau diese Doppelbewegung erzeugt. Es ist die Doppelbewegung von Bewegung und Loslassen. Aber erst das Vertrauen führt zu jenem seligen Verschmelzen mit dem umgebenden Ganzen, das aus dem Gefühl des aktivitätslosen Zulassens resultiert. Was heißt das nun übertragen auf den Menschen?

Gegen die Zweifel
such ich
den Ton meines Selbst
im großen Gesang
der Schöpfung

CURT HONDRICH

Als Mensch sind wir in letzter Konsequenz allein und einsam. Deswegen greifen wir aus nach anderen Lebewesen; wir suchen Eingebundenheit. Doch die Rückkehr in die Einheit, aus der wir hervorgegangen sind, finden wir letztlich nicht im Außen. Sie erwächst im Innern, im Innehalten, im Mich-Erinnern an die Einheit, die da ist, die vor allem, in allem, während allem und nach allem ist. So leben wir Menschen mit einem Paradox. Als Mensch muss ich lernen, mich mit anderen zu verbinden, und das heißt, mich ihnen kommunikativ zu öffnen. Doch ich muss gleichermaßen lernen, auf die Kommunikation im Außen zu verzichten und mich nach innen zu wenden. Communio kann sich nur entwickeln, wenn ich vertraue, auf das Machen und Tun verzichte, innehalte und in mir selbst nach dem suche, wonach ich mich sehne. Alles, wonach ich mich sehne, ist in mir. Ich selbst bin die Quelle, aus der ich trinken darf.

Indem ich dies erfahre, kann sich das Gefühl der Einheit, des Einklangs mit dem tragenden Prinzip der Schöpfung einstellen.

Millimeterweise löst sich
die Säge der Selbstkritik
von meinem Stamm

Und nun geschieht etwas ganz Wunderbares. Vertrauend in diesen Einklang mit dem Ganzen, den ich in mir gefunden habe, kann ich dem Außen in gänzlich neuer Weise begegnen. Mit dem Wissen des Getragenseins kann ich im Kontakt zu Menschen, Pflanzen, Tieren etwas von meiner Kraft der Liebe und Selbstliebe, des Vertrauens und des Zulassens einbringen. Dies ist die Qualität, die auch im Außen eine Communio, eine von Liebe inspirierte Gemeinschaft, entstehen lässt. Die Differenz zwischen Communicatio als Form und Communio als Haltung der Achtsamkeit und Zuwendung wird dann in der Kommunikation aufgehoben. Es entsteht liebende Kommunikation, die Gemeinschaft und Verbundenheit schafft.

Dieses Verhältnis von Außen und Innen gilt es neu zu entdecken. Sich nach innen zu wenden, hilft, die Einheit mit sich selbst und mit der Mitwelt zu erfahren. Geschieht dies nicht, dann wird das Bemühen der Menschen, durch Kommunikation das Außen zu kontrollieren, umso intensiver, drängender, ja überlebensnotwendiger. Je weniger Sicherheit Menschen aus der eigenen Mitte gewinnen, desto wichtiger wird das, was man „Beziehungmaschinen" nennen könnte – Telefone, Computer, SmartPhones, Computerspiele, virtuelle Welten. So erweist sich das Ausmaß an technisch perfektionierten Kommunikationsmedien, das unsere Gesellschaft hervorbringt, auch als Ausdruck einer tiefen existentiellen Verunsicherung, in der wir uns individuell und kollektiv befinden. Maschinen werden zu Partnern der Einsamkeit und Bildschirmhelden zu parasozialen Freunden und Freundinnen. Es ist ein Teufelskreis: Haben wir den Kontakt zu unserem innersten Kern verloren, suchen wir umso drängender im Außen; tun wir dies, entwurzeln wir uns innerlich nur noch mehr, schlagen – um das Bild des Adlers zu bemühen – noch aufgeregter mit den Flügeln die Luft.

Umgang mit Gefühlen

Ich sitze auf meiner Almwiese. Die Vögel zwitschern. In der Ferne brummt ein Traktor, der vor Einbruch der Dunkelheit in die Scheune fährt. Der Tag geht seinem Ende zu. Es war ein bewegter Tag, im Auf und Ab der Gefühle, ein Tag, wie ich ihn kenne, wenn plötzlich etwas in mir aufbricht, ich mich Neuem gegenüber öffne. Am Morgen hatte mich eine sehr schlechte Nachricht telephonisch erreicht. Doch die Wirkung war alles andere als Depression, Angst, ein Anfall von Sorge oder Unruhe. In mir wurden plötzlich alle Geister wach, die mir zur Verfügung standen. Mit aufmerksamen Sinnen ging ich durch den Tag, griff hier eine Anregung auf, nahm dort eine Idee mit, machte Notizen, hielt es nicht zu Hause aus, sondern wanderte, um meinen Gefühlen und Gedanken freien Lauf zu lassen. Dass es mir gut ging, konnte ich an meinem untrüglichsten Gradmesser erkennen: Die Menschen, denen ich über den Weg lief, begegneten mir mit Freundlichkeit, Offenheit, mir zugewandt. So wie ich ihnen entgegentrat, so wirkten sie auf mich zurück. Was war das Besondere des Tages? Worin unterschied er sich von so manchen, an denen ich gedankenschwer und einsiedlerisch meiner Wege zog, isoliert von meiner Umgebung, nur auf mich gestellt?

Es hatte etwas mit meinen Gefühlen, genauer damit zu tun, wie ich an diesem Tag mit meinen Gefühlen umgegangen war: Ich hatte mich nicht als Opfer erlebt oder den Schock der Nachricht unterdrückt. Nein, ich hatte den Gefühlen Raum gelassen und sogar mit ihnen zusammengearbeitet. Sie regten mich an, ließen mich kreativ werden, ich fühlte mich wohl; ich genoss die Menschen und die Menschen genossen mich.

Ja zu den eigenen Gefühlen zu sagen, ist weder selbstverständlich noch leicht. Das gilt für Angst, Liebe, Aggression, Wut oder Vertrauen gleichermaßen. Früher behinderte die Enge sozialer Konventionen ein freies Fließen der Gefühle. Heute bewirken dies Konkurrenz, Überlebenskampf und Vernachlässigung in einer immer hektischer werdenden Welt. Die Jugend hat von dieser Regel immer eine Ausnahme beansprucht. Doch heute sieht sie sich angesichts eines Heeres von Arbeitslosen und geringen Chancen auf dem Beschäftigungsmarkt einem besonderen Anpassungsdruck ausgesetzt. Er lässt sich durch fröhlichen oder rebellischen Aktivismus nur notdürftig überdecken.

So haben auch und gerade in unserer Gegenwart Gefühle den Geschmack und Geruch der Gefährlichkeit nicht verloren. Das gilt für „negative“ Gefühle wie Ärger, Furcht, Zorn, Wut ebenso wie für die „positive“ Gefühle: Liebe, Mitgefühl, Fürsorge, Vertrauen. Sie erscheinen unberechenbar, unkalkulierbar, unsteuerbar. Doch ich brauche meine Gefühle, wenn ich fähig sein will zur Communio. Der Wunsch zur Communio ist selbst ein Gefühl und Gefühle sind die Vehikel meiner Communio. Wie also kann/darf/soll ich mich zu meinen Gefühlen verhalten?

Schöpfe Wunder
aus den Amphoren
Deines Gefühls.

Sie entströmen Deinem Herzen.

Deine Hand stockt
angesichts ihrer Schönheit
und Zerbrechlichkeit.

Starke Gefühle sind wie Luftballons. Wenn ich sie unter Wasser drücke, steigen sie immer wieder hoch. Ich kann noch so viel Mühe darauf verwenden, sie immer wieder unter Wasser zu drücken, sprich sie aus meinem Bewusstsein zu verbannen, sie tauchen mit Sicherheit wieder auf. Allerdings geschieht dies nicht immer in der ursprünglichen Form: Wenn es mir gelingt, sie so aus meinem Bewusstsein abzuspalten, dass ich sie vergesse, rumoren sie umso intensiver unter der Oberfläche. Sie leben dann in den unbewussten Kammern meiner Seele weiter und beeinflussen mein Denken, Fühlen und Verhalten, ohne dass ich es merke. Nur meinen Nächsten entgeht dies nicht. Sie erkennen meine Gefühle an Gesten, am Gesichtsausdruck, am Tonfall der Stimme, der Körperhaltung oder der Art meines Auftretens. Gefühle zu befreien, sie wahrzunehmen, zu reinigen und so zu verwandeln, dass ich mutig und mit offenem Herzen mir selbst und anderen begegnen kann, erfordert Wollen und Übung.

Menschen entwickeln höchst unterschiedliche Weisen, mit Gefühlen umzugehen. Sie variieren nach Geschlecht, Kulturen und Epochen. In der sogenannten Mediengesellschaft sind neue Weisen hinzugekommen. Um welche Skala es sich hierbei handelt, zeigt sich andeutungsweise am lateinischen Begriff „virtus", der in dem heutigen Modewort der „virtuellen Realitäten" enthalten ist. Bei dem lateinischen Wort virtus und dessen Verwendung ging es um den Mann. Darauf jetzt zurückzukommen, geschieht nicht ohne Grund, ist doch die männliche Sozialisation immer schon und immer noch in hohem Maße auf die Unterdrückung von Gefühlen ausgerichtet.

Das lateinische Wort *virtus* wird einerseits übersetzt mit „Mannhaftigkeit", „Manneswürde" und „kriegerischer Mut" und andererseits im übertragenen Sinne mit „Tugend" und „Sittlichkeit"; der Plural von *virtus* lässt sich sogar mit „Wundertaten" übersetzen.[41] Nehmen wir zuerst den Aspekt der Mannhaftigkeit, so tritt er im Projekt medialer virtuellen Realitäten deutlich zu Tage. Virtuelle Realitäten sollten ursprünglich helfen, Gefühle der Unsicherheit zu beherrschen. Der Ursprung liegt, wie der der Informations-, Kommunikations- und Multimediatechniken insgesamt, vor allem im militärischen Sektor. Am Flugsimulator, einer der frühesten Anwendungen der virtuellen Realität, soll z.B. der Pilot lernen, in seelischen Extremsituationen die Kontrolle über die Gefühle zu behalten, ihrer Herr zu werden und mit kühlem Kopf zu reagieren. Dies ist notwendig, wenn er die Kontrolle über das Flugzeug nicht verlieren soll. Hier ist „Mannhaftigkeit" wichtig für die Sicherheit aller Beteiligten.

Doch mit dem Vordringen virtueller Realitäten in immer weitere Bereiche ist die damit einhergehende Entfremdung von Gefühlen nicht mehr auf derartige Situationen beschränkt. Wie weit sie um sich gegriffen hat, zeigt das Beispiel des Golfkrieges. Über Tage hinweg konnte das Fernsehpublikum in der ganzen Welt auf dem Bildschirm die Bombenabwürfe von Piloten mitverfolgen. Zu sehen waren nur die kleinen Pilze der Bombeneinschläge im Fadenkreuz des Radarschirms der Bomber. Die mit den Zerstörungen am Boden verbundenen Gefühle brachen nicht auf. Der Golfkrieg erschien in seiner Anfangsphase als „sauberer", unblutiger Krieg. Solche Virtualisierung wurde erst durchbrochen, als es Saddam Hussein gelang, wiederum eine medial perfekte Inszenierung zu placieren. Nur dieses Mal enthüllte sie der Öffentlichkeit das abgespaltene, grausame Gesicht desselben Krieges. Der Blick in zerbombte Bunker rüttelte die Menschen vor den Fernsehschirmen wach. Tod und Verwüstung zeigten sich plötzlich wieder als unvermeidliche Folge von Bombenabwürfen. An diesem verspäteten Erkennen wird deutlich, welche Entfremdung von Gefühlen virtuelle Realitäten unterstützen können. Sie erleichtern deren Abspaltung, indem sie uns die Folgen unseres Tuns vorenthalten. Dabei muss es nicht immer so dramatisch wie im Golfkrieg sein. Es genügen auch kleinere Ereignisse: Die rasche Absage einer Verabredung am Telefon vermeidet, mich mit den Gefühlen meines Verabredungspartners auseinanderzusetzen; auch das Überstülpen des Walkman erlaubt mir, mich aus konflikthaften Verwicklungen in meine eigene Welt zu flüchten. Virtuelle Realitäten lassen sich so einsetzen, dass mit ihrer Hilfe Gefühle geweckt werden, die dem Interesse der Verkaufbarkeit dienen. Hier haben die bunt glitzernde Medienwelt, dieser Inbegriff von Scheinwelt, und der dahinterstehende Billiardenmarkt ihre wichtigsten Grundlagen. Virtuelle Realitäten in den Händen der Unterhaltungsindustrien sollen Gefühle nicht abspalten. Vielmehr sollen die Gefühle, und insbesondere die ins Unbewusste abgespaltenen Gefühle, so stimuliert und manipuliert werden, dass sie kommerziellen Zwecken zugänglich gemacht werden können. Sexuelle Luststimulierung, Action, Horror, Fantasy, sie alle spielen mit den verdrängten Gefühlen, unterstützen seelische Fluchttendenzen und helfen, sie in verkaufsfördernde Bahnen zu lenken. Damit geht Gefühlsenergie verloren für die Entwicklung zwischenmenschlicher Beziehungen und für die eigene Persönlichkeitsentwicklung.

Mit virtuellen Kommunikationsangeboten lässt sich derart viel Geld machen, weil in uns allen das menschliche Grundbedürfnis nach Kontakt, Nähe, Geborgenheit vital ist. Solange es nicht in Bahnen gelenkt wird, die es wirklich befriedigen, vagabundiert es im Gefühlsleben. Es wartet darauf, stimuliert und endlich befriedigt zu werden. Und je unbewusster dieses Bedürfnis ist, desto weniger fragt es danach, ob die Nahrung, die ihm da angeboten wird, wirklich die Seele nährt oder nicht. So lassen sich virtuelle Realitäten von ihren Machern und Profiteuren in besonderem Maße dafür einsetzen, das Gefühlsleben von Menschen zu beherrschen. Heute wird Krieg gegen die Gefühle der ganzen Menschheit geführt, um daraus Profit zu schlagen. In den Händen gewissenloser Macher entsteht daraus ein monströses Beherrschungsprogramm über die Sinne und Seelen von Menschen. Und die seelische Not ergreift längst alle: Männer wie Frauen, Junge wie Alte, Reiche wie Arme, Gebildete wie Ungebildete.

Wo Gefühle nicht angenommen, sondern abgespalten und damit umso manipulierbarer werden, geraten Menschen individuell und kollektiv in gefährliches

Wasser. Die schwarze Pädagogik des Wilhelminischen Reiches unterstützte in unserem Land den Kadavergehorsam und bereitete dem nationalsozialistischen Faschismus den Boden. Heute geschieht die Entfremdung von den eigenen Gefühlen subtiler. Sie kommt mehr im Mantel kommerzieller Verführungen daher. Doch auch hier türmen sich für den einzelnen Schwierigkeiten auf, sofern er sich gegen diese Verführung mit der authentischen Kraft der eigenen Gefühle zur Wehr setzen will.

Wenden wir uns nun dem dritten Aspekt des Begriffsstammes von virtuell zu, dem Verständnis von virtus als Tugend. Dieser Begriff umfasst mehr als nur die Mannhaftigkeit im Sinne der Gefühlsbeherrschung oder -abspaltung. Er verweist auf Tugend als eine ethische Grundhaltung. Sie kann – so der Hinweis im lateinischen Übersetzungslexikon – Wundertaten vollbringen. Tugend kann eine Grundhaltung ausdrücken, in der die Gefühle der Rache, des Zorns, des Neides, des Geizes, der Gier oder der Aggression umgewandelt worden sind. In Menschen von hoher Tugend (virtus) wurden niedrige menschliche Gefühle so transformiert, dass sie dem Zusammenleben von Menschen förderlich sind: Sie wurden zu Mitgefühl, Friedfertigkeit, Gewaltlosigkeit, Rechtschaffenheit, Liebe. Hier geht es also nicht mehr um die Beherrschung von Gefühlen, sondern um ihre *Transformation*, ihre Umwandlung und damit um eine Qualität des Herzens im Umgang mit Gefühlen.

Transformation unserer Gefühle – diese Aufforderung gilt es heute aufzugreifen: die Transformation negativer, belastender Gefühle in solche, die dem Leben dienen. Dabei gibt es geschlechtsspezifische Unterschiede und Herausforderungen. Während Männer von früher Jugend an lernen, Gefühle zu unterdrücken oder sogar abzuspalten, wird Frauen – allen Emanzipationstendenzen zum Trotz – immer noch ein Übermaß an Gefühlen nachgesagt. Doch auch bei Frauen lässt sich bei genauerem Hinsehen eine Abspaltung von Gefühlen ausmachen. Allerdings – folgt man der Argumentation von Horst-Eberhard Richter – sind dies andere Gefühle als bei Männern.

In seinem Buch „Der Gotteskomplex“ hat er die These von einer geschlechtsspezifischen Ohnmachts-Allmachtsspaltung aufgestellt. Er führt sie zurück auf den Versuch des modernen Menschen, sich an die Stelle Gottes zu setzen. Doch der Mensch, der Mann, konnte nur dann zum gottähnlichen Herrscher über die Natur werden, wenn es ihm gelang, seine Gefühle der Ohnmacht abzuspalten und auf die Frau und die Natur zu delegieren. Daraus entstand das Leiden des sich allmächtig wähnenden Mannes, nicht leiden zu dürfen. Er durfte seine eigene Verletzbarkeit nicht mehr wahrnehmen. Der Frau hingegen wurde spiegelbildlich die gefühlsbetonte Haltung des Opfers zugewiesen, aus der sie sich nicht zur Selbstermächtigung befreite. So leiden beide Geschlechter unter dem Verlust von Ganzheit, Männer durch Unterdrückung ihrer empfindsamen Seiten, Frauen durch Unterdrückung ihrer aggressiven Impulse.

In der Tiefenpsychologie C.G. Jungs erscheint dies als Ausdruck überzeitlicher Entwicklungen. Nach C.G. Jung herrscht im Mann grundsätzlich der 'Animus', der männliche Archetypus, vor, in der Frau hingegen die 'Anima', der weibliche Archetypus[42]. Die Entwicklung zum ganzen Menschen verlange jeweils die Annahme und Integration des andersgeschlechtlichen Archetypus: Wenn es Männern gelingt, ihre Gefühle der Verletzbarkeit und des Mitgefühls zu integrieren, und Frauen lernen, zu ihren aggressiven und gestaltenden Impulsen ja zu sagen, beschreiten sie den Weg zur Ganzheit.[43] Er führt in letzter Konsequenz zur inneren Hochzeit, in der der ganze Mensch entsteht, der jenseits aller Geschlechterspaltung, im innigen Kontakt mit seinen vielfältigen widerstreitenden Gefühlen lebt und handelt.

Wo wir eine Kultur der Verbundenheit leben wollen, brauchen wir als Männer und Frauen eine Gefühlsbreite und -tiefe, die dem „ganzen" Menschen zu eigen ist. Das gilt in beiden Richtungen: Wo ich als Mann oder vermännlichte Frau einseitig meinen Animus lebe, spalte ich mein Bedürfnis nach Nähe, Zuwendung und Verletzbarkeit ab. Mir fehlen Offenheit, Flexibilität und Mitgefühl, um dem anderen mit offenem Herzen, aktivem Zuhören und Achtsamkeit zu begegnen. So wie ich meinen eigenen Gefühlen gegenüber verschlossen bin, so auch denen von anderen.

Dasselbe, nur mit umgekehrtem Vorzeichen, gilt für die einseitig animageprägte Frau oder den verweiblichten Mann. Hier herrscht das Gefühl der Ohnmacht vor und der Wunsch, unablässig nach dem anderen auszugreifen und eine Weigerung, die aggressiven, auf Gestaltung drängenden Gefühle bewusst zu leben. So gehen einseitig animageprägte Menschen in anderer Weise über Grenzen hinweg als die animusgeprägten. Sie begegnen uns z. B. als bedürftige, aufopfernde Helferin, die um ihrer selbst willen hilft und die Bedürfnisse ihres Gegenübers überrollt. Auch die machtvolle Frau, die ihre Macht ausübt, indem sie ständig die Opferrolle spielt und damit alle manipuliert, hat hier ihren Platz, ebenso wie der ‚verweiblichte' Mann, der nie zur eigenen Stärke und Verantwortung findet.

So zielt der Wunsch nach liebender Verbundenheit auf eine Ganzheit, die schwer zu erreichen ist. Die Hochzeit von Anima und Animus, von Yin und Yang, von femininem und maskulinem Bewusstsein, von Wille und Liebe in *einer* Person, ist für jeden von uns eine Herausforderung. Doch wenn die Integration dieser Polaritäten im Sein voranschreitet, wächst auch die Fähigkeit zu einer Kultur der Verbundenheit. Ich brauche dann in anderen nicht mehr das zu bekämpfen oder zu suchen, was ich in mir selbst ablehne oder wonach ich mich sehne. Ich werde frei zur Gemeinschaft mit mir selbst und mit anderen.

Mut und Zivilcourage leben

Es ist spät geworden im Büro. Ich weiß nicht, ob die Straßenbahnen noch regelmäßig fahren. Außerdem habe ich mich den ganzen Tag noch nicht bewegt. Also beschließe ich, zurück zu Fuß durch die Innenstadt zu gehen, um am Bahnhof eine Bahn zu nehmen. Als ich mich dem zentralen Platz von einer Nebenstraße aus nähere, sehe ich einen kleinen Auflauf: Gegen das Abendlicht kann ich zwei Männer erkennen. Der eine liegt am Boden, der andere tritt auf ihn ein. Ich spüre, wie Empörung in mir aufsteigt und nähere mich mit schnellen Schritten. Laut schreiend, wie ich dies bei kämpfenden Hunden gelernt habe, die man auseinanderbringen will, gehe ich dazwischen. Der Mann, der soeben noch zugetreten hat, ist sichtlich irritiert, hält inne und lässt von seinem Opfer ab. Die Polizei ist schnell herbeigerufen, einige Worte werden gewechselt und ich gehe meiner Wege.

Einige Jahre später wiederholt sich die Situation. Doch ich reagiere anders. Wieder sehe ich, dieses Mal am Bahnhof, einen Mann, der auf einen anderen, einen Obdachlosen, eintritt. Zugleich liegt etwas Bedrohliches in der Luft. „Blaue Sheriffs“, wie sie die Bahn inzwischen zum Schutz von Fahrgästen einsetzt, patrouillieren durch das Bahnhofsgebäude, doch nicht dort, wo ich mich gerade aufhalte. Ich höre Hundegebell und laute Stimmen, werfe noch einen Blick auf die Szene der Gewalt in der Ecke des Bahnhofgebäudes und gehe weiter. Was mit ihm geschieht, weiß ich nicht.

Zwei Szenen aus meinem Leben, wie sie heute zum Alltag gehören –eine „Erfolgsstory“ und eine Geschichte von Angst und fehlender Zivilcourage. Jedem von uns mangelt es manchmal an Mut. Und doch weiß ich, dass ich, um fähig zur Communio zu sein, Mut und Zivilcourage brauche. Als Nachkriegskind war es für mich wie für viele von uns unbegreiflich, wieso sich die Generation unserer Väter und Mütter so bereitwillig und im Namen von Gemeinschaft für inhumanste Ziele hatte einspannen lassen. Wir konnten auch nicht verstehen, wieso so viele Juden sich derart in eine Opferrolle hatten pressen lassen, dass die Helfer und Helfershelfer des nationalsozialistischen Faschismus mit ihnen zutiefst unmenschlich umgehen konnten. Zugleich merkte ich, dass auch ich nicht von Autoritarismus und Anpassungsdruck frei war. Ja, als junges Mädchen und als junge Frau konnte ich an mir beobachten, dass jeder Polizist eine mir unbegreifliche Macht über meine Gefühle besaß. Tauchte einer am Horizont auf, bemühte ich mich umgehend um korrektes Verhalten, den Versuch, nur ja nicht aufzufallen. Die jährlichen Fahrten durch die DDR nach Berlin waren für mich emotionale Wechselbäder. So machte ich mich auf die Suche nach meiner Widerstandskraft, von der die Psychotherapeutin Alice Miller sagt, entweder hat man sie oder nicht[44]. Ich hatte sie nicht, doch ich bemühte mich darum, sie wie Münchhausen am Schopf aus dem Sumpf meiner Gefühle zu ziehen.

In einer Welt der Inhumanität, Brutalität und Gedankenlosigkeit brauchen wir Mut, ja vielfach Furchtlosigkeit, wenn wir für unsere innersten Überzeugungen und für mehr Gemeinschaftlichkeit einstehen wollen. Jeder Mensch möchte geliebt werden, möchte zur Gemeinschaft dazugehören. Das gilt selbst für die, die aus lauter Frust oder Enttäuschung gegen die Gemeinschaft rebellieren. Die meisten von uns lernen es, sich anzupassen, um nur ja nicht aufzufallen. Um den Preis der Verbiegung des eigenen Rückgrats wollen wir die Zustimmung der Gruppe, der Gemeinschaft nicht verlieren. Zuerst ist es die Herkunftsfamilie, dann die Schule, der Arbeitsplatz, die eigene Ehe, der Verein, die Partei. Frauen sind geradezu Artistinnen im Anpassen, Männer erlauben sich schon eher, aggressive Ausfälle von der Gruppennorm oder suchen diese in ihrem Sinne festzuklopfen.

Mit Communio hat das alles wenig zu tun. Sie lebt von der wechselseitigen Achtsamkeit, dem aktiven Hinhören, der Bezogenheit aufeinander, in der die eigenen ebenso wie die Bedürfnisse der anderen ihren Raum finden. Da solche Beziehungen aber alles andere als selbstverständlich sind, wollen sie in unserem Zusammenleben immer erst wieder geschaffen werden. Dies geht vielfach nur, indem die Gruppennorm oder das, was dafür gehalten wird, von mir öffentlich in Frage gestellt wird. Fühle ich dazu einen Impuls, so ruft das fast auf der Stelle die Angst hervor, nun meinerseits ins Abseits gestellt und aus der Gruppe ausgeschlossen zu werden.

Doch es nützt wenig, wenn ich vor lauter Harmoniestreben offensichtliche Disharmonie, ja Inhumanität schweigend übergehe. Kommunikation hilft zu klären *und* zu verbinden – in der Partnerschaft ebenso wie im beruflichen Alltag oder in der Öffentlichkeit. Wo Kommunikation gestört ist, bedarf es daher zuerst einer Klärung: Ich bin aufgerufen, mich mitzuteilen, mich nicht aufgrund von Furcht, Wut oder Verletzung ins Schweigen zurückziehen. Entscheidend dabei ist, in welchem Geist ich diese Klärung suche, im Geist der Achtsamkeit und Hinwendung zum anderen oder nur, um verbal ein Exempel zu statuieren und andere ins Unrecht zu setzen.

Wenn ich Klärung im Geist der Communio suche, falle ich nicht in die Einsamkeit. Ich handele dann nicht gegen den anderen, sondern in Übereinstimmung mit meinem Gewissen. Dies gilt nach meiner Erfahrung selbst dann, wenn ich spüre, dass ich dem anderen damit unter Umständen weh tue. Doch vielfach kann ich feststellen, dass das bloße Aussprechen der inneren Wahrheit bereits zu einer grundlegenden Wandlung der Beziehung führt. Der Weg wird frei zu einem ehrlicheren Umgang miteinander und zu einer Kreativität, die sich immer dann einstellt, wenn der Druck verinnerlichter Konventionen und Gruppennormen schwindet.

In der Gegenwart ankommen

die Zeit ruht
ewiges Angebot
an mich

mit
hektischer
Betriebsamkeit
schlage ich
das stille
Wasser
auf

Wo wir Verbundenheit in der Kraft der Liebe suchen, benötigen wir Zeit. Ohne Zeit ist keine Möglichkeit zur Versenkung in den Strom, der uns trägt, den lautlos wirksamen Strom, den Fritjof Capra den kosmischen Tanz genannt hat, jenes Aufeinander-Bezogensein all dessen, was an der Schöpfung teilhat[45]. Das Sein in das Bewusstsein treten zu lassen, verlangt unbedingte Achtsamkeit und Konzentration und diese sind nur in der Zeit möglich.

Communio verlangt also einen Zeit-Raum des Erfahrens, des Sichversenkens, egal, ob im sozialen Kontakt mit anderen oder in Kontemplation oder Meditation. Bei solchem Innehalten treten wir aus dem Zeitbewusstsein heraus und tauchen ein in die Welt des Kairos, in die gefüllte/erfüllte Zeit, die wir nicht als Zeit erleben. Die Zeit vergeht dann wie im Flug, sie kommt nicht vor[46]. Wenn dieser Zeit-Raum fehlt, kann Communio schwerlich entstehen. Es bleibt dann bei Communicatio, einer Kommunikation, die heute dank technischer Mittel zunehmend zeitunabhängig wird. Communio ist hingegen Kommunikation in der Jetzt-Zeit, es ist Kommunikationszeit im Sinne einer untrennbaren Verbindung von Kommunikation und Zeit[47].

An einem Musikstück lässt sich die Differenz von Communicatio und Communio nachvollziehen. Will ich das Musikstück hören, muss ich in den Vollzug von Zeit eintauchen. Musik ist in der Zeit und nur in der Zeit hör- und erlebbar. Wird die Musik jedoch zur Mitteilung in Informationsform, so kann ich sie aus der Zeit herauslösen, ich kann sie auf Notenblättern ‚ablegen', ich kann sie in eine Platte pressen, auf eine CD auflasern, ich kann sie elektronisch speichern und verschicken. Es gibt unzählige Möglichkeiten, mit den Klängen eines Musikstückes so umzugehen, dass ich von der nur in der Zeit wahrnehmbaren Dimension dessen, was sie im tiefsten Kern ist, nämlich Klänge in Raum und Zeit, abstrahiere. Wenn ich ihr zuhöre, mit meinen Gedanken aber ganz woanders bin, verweigere ich mich dem eigentlichen Hören. Ich gehe dann mit Musik um, aber ich bin nicht *in* der Musik.

Der Zusammenhang von Communicatio und Communio mit Zeit ist am Beispiel von Musik besonders eindringlich, doch er gilt – in abgeschwächter Form – auch für Bilder. Wir können leicht durch eine Ausstellung hindurchgehen, an einer Landschaft im Zug vorbeibrausen, Menschen für einen Augen-Blick in Augenschein nehmen; wo das Bild, die Landschaft, der Mensch jedoch so wahrgenommen werden wollen, dass wir mit ihnen in eine Communio eintreten, erfordert dies Zeit. Es geht nur in der Jetzt-Zeit. Das Durchstreifen der Ausstellung, der „panoramatische Blick" (Schivelbusch) und die Kennung einer Person im Bruchteil von Sekunden tragen zur Informationsgewinnung bei. Sie führen dazu, dass ein betrachtetes Objekt sich als Mitteilung an unser geistiges Konstruktionsvermögen anbietet, doch ist es nicht zu einer wirklichen Verbundenheit zwischen zwei Subjekten gekommen, dem betrachtenden und dem betrachteten. Es ist eine Ich-Es, keine Ich-Du Beziehung geworden, um die Begrifflichkeit von Martin Buber aufzugreifen [48]

Fülle der Stille
wo bleibt mir die Zeit, sonst
wenn ich zeitlos rase

Das Vermeiden des Du, des inneren wie des äußeren, das Vermeiden von Communio, zieht sich durch die Gestaltung unserer Kommunikationsverhältnisse wie ein roter Faden hindurch. Die Schnittfolgen z. B. von audiovisuellen Programmen werden immer kürzer. Das Auge wird, wie der ganze Wahrnehmungsapparat, auf eine Art von Mustererkennung hin programmiert. Die Fähigkeit, das Gesehene sofort einzusortieren und damit auch umgehend aus dem Wahrnehmungshorizont zu entlassen, wird mit der Sekundenstoppuhr provoziert und produziert. Die Medienpsychologin Hertha Sturm hat bereits vor Jahren, als die Schnittfolgen noch weit langsamer waren, von der „fehlenden Halbsekunde“ gesprochen. Es ist die Zeitspanne, die fehlt, um mit dem Wahrgenommenen in einen inneren Dialog zu treten, um es also zu verarbeiten und aus diesem Vorgang heraus zu antworten. Ohne diese Zeit kann teilhabende Kommunikation nicht stattfinden. Die Wahrnehmungsfähigkeit wird von Informationen in Anspruch genommen, ohne dass eine eigene Antwort in der Zeit erwachsen könnte. So ist eine bestimmte Art des Nicht-Wahrnehmens vorprogrammiert, genauer, in der Schnittgeschwindigkeit angelegt; die Kommunikation zwischen außen und innen kann nicht gelingen.

für einen Moment
in der eigenen Mitte
ankommen

ist, als würde der
Blick auf Momos
Stundenblume
geöffnet

Wer Communio wiederentdecken, lernen und leben will, muss sich bewusst und entschieden in die Jetzt-Zeit[49] begeben. Im linearen Zeitbewusstsein wird das Verweilen in der Jetzt-Zeit dem Ziel und Zweck geopfert. Dieser Prozess ist unübertroffen von Michael Ende in seinem Märchen Momo[50] dargestellt worden. Die Diebe von der Zeitsparkasse versprechen Zeitgewinn, doch dies geschieht um den Preis der Zerstörung der Jetzt-Zeit. Communio braucht Gegenwärtigkeit, kann ohne Jetzt-Zeit nicht sein. Doch dies ist nicht genug. Es bedarf der Einbettung der Gegenwärtigkeit in der Kraft der Liebe.

Raum öffnen

Communio entsteht in Räumen – inneren wie äußeren Räumen. Raum ist ein Begriff mit doppelter Bedeutung: Zum einen ist Raum materiell. Wir sprechen dann auch von einem Ort. Er ist konkret benennbar: ein Haus, ein Platz, eine Wiese, ein Zimmer. Zum anderen ist Raum immateriell. Dieser Raum ist nicht an konkreten Dingen festmachbar. Er kann eine bestimmte Seinsqualität ausdrücken: das Sein, das sich einlässt in ein „Hier". Einen solchen Raum immaterieller Art zu betreten, bedeutet immer, sich in das Hier und Jetzt zu vertiefen, es an sich herankommen zu lassen. Dies wird an Formulierungen deutlich wie: „Ich nehme mir Raum", „ich gebe mir Raum", „ich lasse Raum". Solcher Raum ist das Tor nach innen, der Zutritt zum Reich der Verbindung mit sich selbst, zur Selbst-Begegnung. Raum immaterieller Art für sich zu gewinnen, fördert Communio, die liebende Verbundenheit mit meinem wahren Selbst, mit anderen und mit der Natur.

Ich sehne mich
nach dem Gleitflug der Möwen
in durchlässiger Luft.

In diesem inneren Raum, der Weite ist, kann ich das Ich vergessen, in meiner Mitte ankommen. Sicherlich – überraschende Durchbrüche und Möglichkeiten der Selbstbegegnung kann es überall geben: inmitten einer Menschenmenge, im Angesicht einer Katastrophe, im Lärm einer Diskothek. Die innere Führung, Gott, kann sich überall bemerkbar machen. Doch wenn wir Communio aktiv suchen wollen, wenn wir es nicht der Gnade und dem Zufall überlassen wollen, dann brauchen wir einen äußeren Raum, der uns hilft, den inneren Raum zu betreten: ein ruhiger ungestörter Flecken in der Natur; ein Platz in der Wohnung, der uns einlädt, in die Stille zu gehen; eine Handlung, die wir täglich in einer meditativen Haltung ausüben und die uns in die Gegenwärtigkeit führt. Wie auch immer diese Räume der Begegnung mit dem wirklichen Selbst beschaffen sein mögen, sie brauchen die Abwesenheit von Störungen im Außen und es bedarf einer gewissen Regelmäßigkeit, mit der sie aufgesucht werden. Der Weg nach innen wird nicht befördert oder erleichtert, wenn unsere

Wahrnehmungssinne von außen mit Beschlag belegt werden, wenn Musik, Bilder, starke Geräusche unsere Aufmerksamkeit auf sich ziehen und uns von uns selber abziehen.

Weizengelb
ägäisches Blau
Salbeiduft

in der Stille
der Windmelodie
wachsen die
inneren Bilder

Orte der Stille sind in unserem Alltag rar geworden und für einige Menschen schwer aufzusuchen. Doch mehr noch, als dass sie fehlen, werden sie durch unser Tun zerstört. Wir sind es, die tagtäglich die Ohren und die Augen mit medialen Reizen mit Beschlag belegen. Wir sind es, die zulassen, dass der öffentliche und private Raum immer mehr zu einer Bühne für Werbebotschaften verkommt. Wir sind es, die die Stille zunehmend als einen Ort empfinden, in dem uns der ‚Horror Vacui', die Angst vor dem leeren Raum, ergreift – vor einem leeren Raum, den wir offenbar mit uns selbst nicht mehr füllen können. So ist die Fähigkeit, sich Orte und Räume der Stille zu schaffen, eine wichtige Voraussetzung, um Communio zu erfahren und in das Selbst einzutauchen.

Communio hat ein Doppelgesicht, wonach es nicht nur um die Qualität der liebenden Zuwendung zu sich selbst, sondern auch um die Qualität des liebevollen Zugehens auf andere geht. Wie verträgt sich dies mit dem Gebot der Stille und der besonderen Ortsqualität? Communio mit dem äußeren Du – mit Menschen, Pflanzen, Tieren – fällt umso leichter, je mehr wir in uns selbst die ewige Stille spüren und je angebundener wir im Tun an die eigene Mitte sind.

Worte, gesprochen
hemmen atmende Stille
werdendes Leben

Wer kennt es nicht, das Gefühl der Verlassenheit selbst inmitten einer Gruppe? Und wer hat nicht schon erlebt, darauf instinktiv mit innerem Rückzug zu reagieren? Hier ist der Kontakt zu sich selbst verlorengegangen. Die Verbundenheit im Außen wird nicht mehr durch die Communio im Inneren unterstützt. Wir fallen aus der Mitte, aus dem uns tragenden Vertrauen, gehen ins Bewusstsein der Trennung und verlieren das innere Band zu denen, denen wir begegnen. Deshalb gilt es immer darauf zu achten, den Kontakt zur eigenen Mitte zu halten, und dies umso mehr, je weiter wir ausgreifen in die Welt. Mitte-Bewusstsein braucht Übung, Meditation oder Kontemplation. Wenn wir die Tür zum inneren Raum der Stille offenhalten, kann Communio im Außen, als Beziehung von Herz zu Herz, gelingen.

Kann solche Verbundenheit mit Menschen, Pflanzen und Tieren auch virtuell, also immateriell, stattfinden? Communio ist letztlich immateriell. Doch es bedient sich der Medien der Kommunikation. Das sind zu allererst die menschlichen Wahrnehmungs- und Handlungswerkzeuge. Aber liebende Verbundenheit kann auch mittels technischer Werkzeuge unterstützt werden. Wenn am Telefon seelischer Beistand gegeben wird oder in einer Meditation die Mitwelt liebend einbezogen wird, entsteht Communio. Entwickelte Seelen können tätige Nächstenliebe auch über große Distanzen wirksam werden lassen. Doch als Menschen sind wir angelegt auf direkten Austausch, auf eine Kommunikation mit allem, Geist, Seele *und* Körper. Herz-zu-Herz-Beziehungen als Ausdruck von Communio verlangen daher gemeinsame Zeitorte, in denen sich jene besondere Beziehungsqualität herstellen kann, die vom Geist der Achtsamkeit getragen ist.

So lässt sich festhalten, dass Communio die Qualität des Hier und Jetzt erfordert, dass sie sich materiell wie immateriell entfalten kann und dass wir es sind, die den Weg suchen und beschreiten müssen, um solche Bedingungen für die Communio, für die liebende Hinwendung zu uns selbst und anderen, herzustellen.

Achtsamkeit entwickeln

Das Maß aller Dinge
Millionenfach
Sehe ich es in der Natur

Achtsamkeit öffnet mir den Weg zu neuen Wahrnehmungen. Mit Achtsamkeit kann ich entlernen und neu lernen; ich kann meine alten Gedankenmodelle loslassen und mich öffnen für das, was mir das Leben mitteilen will. Unsere eingeübten Wahrnehmungsmuster sind – so lehrt uns die moderne Hirnforschung – wie Autobahnen im Gehirn. Wir brausen mit hoher Geschwindigkeit, links und rechts nichts wahrnehmend. Wir sind wie Beppo Straßenfeger im Märchen von Momo, der dem Rat der Diebe von der Zeitsparkasse folgend, sich nur noch auf das Ziel konzentriert und dabei alles um sich herum vergisst und vermeidet. Wir können aber auch anders unterwegs sein. Wir können Landstraßen, Feldwege, Menschen und Situationen entdecken, die im Hochgeschwindigkeitsrausch eingefahrener Wahrnehmungsmuster verborgen bleiben. Wir können das Unbekannte, Nicht-Gewusste, Überraschende entdecken. Not-Knowing nennt dies Bernie Glassmann Roshi, ein Zen-Meister, der seit Jahren ebenso Straßenretreats in den Dschungeln von Großstädten wie Retreats in Auschwitz durchführt. Nichtwissen ist im Zen-Buddhismus eine hohe Tugend. Sie drückt den Anfängergeist aus, der bereit ist, sich nicht von schmerzlichen Erinnerungen leiten zu lassen, die sich wie eine schmutzige Brille über die Wahrnehmungen schieben und alles Erlebte auf dem Müll von Erinnerungen einordnen.

Neue Wahrnehmungen einzuladen, die Ausfahrt von der Gedankenautobahn zu wählen, erfordert Willen und Entscheidung. Es verlangt meine Bereitschaft, mich vom Alten zu verabschieden und mich für das Unbekannte zu öffnen. Es verlangt meinen Wunsch nach einer Brille, die mich fähiger zur Communio macht. Das ist gar nicht selbstverständlich, denn die alten Brillen verschaffen mir Sicherheit. Sie helfen mir, meine Erfahrungen einzuordnen und meine Reaktionen und mein Verhalten ohne großes Nachdenken zu steuern. Eine Kultur der Achtsamkeit setzt dem etwas anderes entgegen. Sie hilft mir, mich radikal neu auszurichten und bei meinen Wahrnehmungen alle Bewertungen und Interpretationen loszulassen. Was mir begegnet, nehme ich dann frisch mit den Augen des Nichtwissens zur Kenntnis. Das macht den Weg frei zum nächsten Schritt, den uns Bernie Glassman Roshi nahelegt, dem Bearing Witness. Schwer zu übersetzen, meint es so etwas wie „Zeugenschaft ablegen". Ich bezeuge mit achtsamer Aufmerksamkeit meine Wahrnehmungen. Ich gebe ihnen Rang und Würde dadurch, dass ich sie in meinem Wahrnehmungs- und Interpretationshorizont bestätige. Im Beispiel: In einem Konflikt mit meinem Partner und meiner Partnerin bin ich überzeugt, der/die andere wolle mich dominieren. Ich reagiere mit Abwehr oder Entwertung, um mich selbst zu schützen. In der Haltung des Not-Knowing öffne ich mich für eine nicht bewertende, quasi unschuldig-frische, unbeeinflusste neue Wahrnehmung. Vielleicht entdecke ich nun, dass das, was ich bislang als Dominanz wahrgenommen habe, Ausdruck von Fürsorge ist. In der Haltung des Bearing Witness bezeuge ich nun meine veränderte Wahrnehmung. Damit wird der Weg frei für den dritten Schritt, den Bernie Glassmann Roshi uns empfiehlt: Loving Action. In der liebevollen Handlung bestätige ich meinen Lernschritt. Ich habe entlernt, ich habe neu gelernt und ich bin nun frei zu einer Handlung, die vom Geist der Liebe getragen ist.

Auf diesem Weg kann die Natur unser bester Lehrmeister sein[51]. Wenn wir uns auf die Wunder der Natur einlassen, können wir eine Ahnung von der Vollkommenheit und Lebendigkeit der Schöpfung bekommen. Wir können eintauchen in ihre Schönheit, in ihre Gesetze und in ihre Mächtigkeit. Die Natur lehrt uns die Grundlagen des Lebens selbst : Dass alles mit allem zusammenhängt, dass alles sich wechselseitig dient, dass das Leben unvorstellbare Vielfalt, Einzigartigkeit und Einheit ist. Mich wahrnehmend auf die Natur einzulassen, kann daher mein Herz öffnen, mich weiten für neue Wahrnehmungen, für neue Erkenntnisse und neue Gemütsverfassungen, die dem Leben und dem Miteinander zuträglicher sind als das bisher Gewohnte. Ich habe die Chance, mich der verbindenden Kraft der Liebe zu öffnen.

In der Hinwendung zum Selbst, zum Du und zum Ganzen, dessen Teil wir sind, können unser Denken und Fühlen von der schrecklichen Einsamkeit gesunden, in die viele von uns sich gestoßen und geworfen fühlen. Wer sich mit dem inneren Gott verbunden weiß, weiß sich verbunden mit der ganzen Schöpfung. Der Strahl der Liebe, der im Innern steigt, nimmt in seinen Glanz alles Geschaffene und zeigt die Schönheit alles Existierenden. Dieses Gefühl des Verbundenseins ist das einzige, das bleibend hilft, die existentielle Einsamkeit, d.h. die Abwesenheit der einigenden Kraft der Liebe, aufzuheben. Solche Verbundenheit ist ein unendlich kostbares und köstliches Gefühl. Manche haben es in ihrem Leben nie erfahren. Manche erinnern sich daran für kurze Momente. Sehr wenige sind fest in ihm gegründet. Doch die Sehnsucht danach haben alle. Es gibt in allen Herzen ein tief verwurzeltes Wissen um die Einheit, aus der wir hervorgegangen sind. Dieses Wissen kann stärker oder schwächer sein. Es kann fast verschüttet sein und doch ist es da.

Worin besteht also die verwandelnde Kraft der Liebe? Wie führt sie aus tiefer Not? Liebe ist die Aktivität der Seele, die im Du sich selbst sieht, Liebe ist die Kraft der Seele, die die eigene Person annimmt und im anderen die Person erkennt, die Schutz, Zuwendung, Bestätigung, Annehmen im So-Sein braucht. Liebe ist die Schönheit der Seele, die ihre kostbarsten Kammern öffnet und dem anderen die Geschmeide schenkt, die in den Stürmen und Nöten des eigenen Lebens als wertvoll erfahren wurden. Liebe ist die einzige Kraft, die den Menschen aus der Einsamkeit befreien kann. Der Weg zu dieser Liebe führt immer über den Weg nach innen zum Du im Außen, zum Mitmenschen. Keiner, der sich selbst liebt, ist fähig, dieses Gefühl für sich zu behalten. Er oder sie wird dafür immer ein Ventil, einen Kanal, eine Bahnung suchen.

Solche Liebe ist expansiv, sie weitet sich aus, sie überschreitet die eigenen Grenzen. Sie erstreckt sich auf Menschen, Pflanzen, Tiere, auf die gesamte belebte und unbelebte Natur. Und letztlich weitet sie sich aus zu einem globalen Bewusstsein, in dem alle und alles ein Recht auf Leben haben. Sie erkennt die großartige Ordnung der Schöpfung und sucht nach Wegen, wie mit dieser in einem Geist der Mitgeschöpflichkeit zusammengearbeitet werden kann. Deswegen ist Liebe, die nicht auf andere Menschen abstrahlt und die die eigenen Interessen gegen die von anderen ausspielt, keine Liebe. Es ist ein Kreisen um das eigene Ich, das über das des anderen gestellt wird. Liebe verbindet, Egozentrik trennt, Liebe baut Brücken, Egozentrik bricht Brücken ab! Liebe öffnet sich zum Du. Egozentrik vermeidet das Du.

Wo Einsamkeit ist, mangelt es an der Kraft der Liebe. Einsamkeit macht sich breit, wenn wir noch nicht erfahren haben, dass jedes Lebewesen in die gesamte Schöpfung eingewoben ist und nie den Kontakt zur Welt der Menschen, Pflanzen und Tiere verlieren kann. Wo in der Einsamkeit ein Panzer um das Ich gebaut wird, entfernen wir uns noch weiter von der Liebe. Rückzug und Ohnmacht oder rücksichtslosen Beherrschen-Wollen sind zwei der Spielarten, mit denen Menschen auf Einsamkeitsempfindungen reagieren. Sie prägen das Gesicht der Gegenwart. Wo die Kraft der Liebe fehlt, wird Macht zur Gewalt. Wo die Kraft der Liebe fehlt, wird das Du zum Objekt, das in seiner Subjekthaftigkeit negiert wird. Wo die Kraft der Liebe fehlt, wächst das Krebsgeschwür der Einsamkeit.

Dank Medien, Satelliten und Kabeln bahnen Menschen sich heute mühsam den Weg zu einem globalen Bewusstsein. Doch dies ist ein anderes globales Bewusstsein, als es im Zuge des ökonomischen Wettrüstens zwischen Wirtschaftsgiganten gefordert wird. Während dort die weitere rücksichtslose Ausbeutung der Erde ansteht, geht es hier um das aufdämmernde Wissen, dass wir Menschen gemeinsam Kinder der Mutter Erde sind. Sie ist es, die uns alle trägt und ernährt und die wir nur um die Gefahr des gemeinsamen Untergangs weiter zerstören können.

Dieses aufkommende Wissen ist von der Erfahrung getragen, dass friedliche Konfliktlösungen letztendlich für alle Beteiligten das Beste sind, dass wir wechselseitig Verantwortung übernehmen müssen und dass das Ganze leidet, wenn ein Teil leidet. Fähig zu Communio werden heißt also, den Raum der liebenden Wahrnehmung und Achtsamkeit immer weiter auszudehnen, bis hin zu einem globalen Bewusstsein, in das alle Aspekte des Lebens eingewoben sind.

Seelisch wachsen

Wie die Kastanie
vor meinem Fenster
sich die Ruhe des
Winters gönnt, um
im Rhythmus des
Frühlings ihre
Knospen zu treiben,

so suche ich die
Ruhe des Herzens,
um im Rhythmus
meiner Seele dem
inneren Wachstum
Raum zu lassen.

So hat also Communio die Qualität der Liebe und schafft Liebe. Communio ereignet sich in der Jetzt-Zeit und braucht den Raum, in dem sie sich entfalten kann, den inneren wie den äußeren Raum. An einem Bild wird dieser Prozess des Wachstums noch deutlicher:

Wenn ein Baum gefällt wird, kommt etwas Wesentliches zum Vorschein: Er ist über die Jahre gewachsen und jedes Jahr hinterlässt sichtbar für unsere Augen die Spur eines Ringens. Was ist das für ein Wachsen? Es vollzieht sich in einem Prozess, bei dem nach außen hin der Baum stirbt. Er verliert alle Blätter, die Äste werden saft- und kraftlos. Es ist, als stürbe der Baum. Wir wissen, dass dies nicht der Fall ist. Der Baum lebt weiter, doch für unsere Augen nicht sichtbar. Das Leben hat sich unter die Erdoberfläche zurückgezogen. Doch sein Leben kehrt zurück. Mit vermehrter Kraft lässt es sich im Frühjahr von der Sonne locken. Dann setzt der Baum einen weiteren Ring an. Dies bedeutet, dass Wachstum sich in Intervallen und Etappen vollzieht, und die Kraft nimmt in diesem Prozess zu. So wächst eine kleine Pflanze im Laufe der Jahrzehnte zu einem kräftigen, schattenspendenden Baum heran.

Nicht anders ist es mit dem menschlichen Leben. Der Mensch entwickelt sich – so lehrt es der asiatische Kulturraum – in unzähligen Verkörperungen seiner Seele. Die Asiaten nennen dies Inkarnationen, wörtlich ‚ins Fleisch gehen'. In jeder dieser Inkarnationen, jeweils einem der Jahresringe des Baumes vergleichbar, macht die Seele unterschiedliche Erfahrungen. Sie wächst, gewinnt Kraft, Stärke, Selbstvertrauen und Reife – gerade auch und besonders, indem sie sich den Herausforderungen des Lebens stellt, so wie der Baum mit Wind und Wetter kämpfen muss. Wenn der Körper stirbt, nimmt die Seele dieses Selbstvertrauen mit in das nächste Leben und baut darauf auf, erprobt sich neu mit anderen Aufgaben, die viel damit zu tun haben, wie der Mensch vorher gelebt hat (die Veden sprechen hier von Karma, dem Gesetz von Ursache und Wirkung, das im ganzen Kosmos und also auch für die menschliche Existenz gilt). Hat die Seele sich bestimmten Lernaufgaben verweigert, so wiederholen sie sich; hat sie Schuld auf sich geladen, so muss sie Schuld abtragen.

Unser aller Existenz ist das Sein hin zu Gott, und unsere Aufgabe im Leben ist, dies zu begreifen und unser Gott-Sein zu verwirklichen. Daher mündet alle Seelenarbeit in dieses eine Ziel ein, den Weg zu Gott, d. h. den Weg zu der unerschöpflichen Liebeskraft, die wir in Wahrheit sind und durch die wir entstanden sind. Dieses Wissen ist nicht leicht zu erwerben, zu leben oder gegen oberflächliche und materialistische Menschen- und Weltbilder zu verteidigen. Dies gilt besonders in unserer Zeit, in der mit Sinnangeboten vor allem Geschäfte gemacht werden und in der Ruhe und Klarheit fehlen, den Weg zu Gott als den Weg anzunehmen, der dem Menschen aufgegebenen ist.

Weil der Mensch den freien Willen hat, sich gegen seine Bestimmung zu stellen, entstehen Leid, Irrungen und Wirrungen. Leben um Leben drücken wir uns um die Erkenntnis des Weges, der uns aufgegeben ist. So müssen wir Ringe um Ringe ansetzen, Existenz um Existenz durchschreiten, bis wir bereit und offen sind, das innere Sehnen nach Einheit zu hören und danach zu leben. Dann sind wir auch offen, Communio in unserem Leben zu verwirklichen, zumindest als Wunsch und Ziel, wenngleich mit Schwächen und Hindernissen. Sind wir jedoch auf diesem Weg der Suche nach Communio, wendet sich Gott uns zu, erleichtert unsere Schritte und lässt uns erfahren, dass das, wonach wir wie Blinde suchen, tatsächlich existiert. Indem wir versuchen, Liebende zu werden, wird Liebe Wirklichkeit.

Was will ich hiermit sagen: Die Suche nach Communio steht nicht in jedem Leben im Vordergrund. Da der Mensch einen freien Willen hat, kann er sich dieser Zielvorstellung verweigern. Doch im Laufe vieler Leben kommt jeder Mensch an die Schwelle, die Einheit mit seinem göttlichen Selbst erfahren zu wollen. Jeder und jede von uns hat die Freiheit und Möglichkeit, damit zu beginnen. Es ist eine Frage unseres freien Entschlusses. Die spirituelle Revolution, die z. Z. stattfindet, ist – trotz aller Auswüchse, die sie zeigt und derer sich Scharlatane und magische Menschen bedienen – ein Zeichen dafür, dass immer mehr Menschen diese Suche aufgenommen haben. So entsteht in einer Gesellschaft, die an der Oberfläche sich immer noch atheistisch gebärdet, ein tiefliegendes Bewusstsein dafür, dass es einer grundlegenden Neuorientierung auf allen Ebenen bedarf.

Kehren wir zum Bild des Baumes zurück: Ein Baum, der sehr alt geworden ist, Schatten, Früchte, Schutz gespendet hat, wird eines Tages gefällt oder stirbt ab. Sehr alte Bäume, deren Lebensalter in die Hunderte oder gar Tausende von Jahren geht, werden als heilige Bäume verehrt. So ist es auch mit Menschen. Mit der Reife der Seele, geläutert und vervollkommnet durch die vielen Erfahrungen aus vielen Leben, gewinnt ein Mensch eine Kraft und Weisheit, die ihm schon in jungen Jahren zu eigen ist und ihn durch sein ganzes Leben begleitet. Man spricht dann von einer alten Seele, möglicherweise sogar von einer großen Seele. So wurde Gandhi „Mahatma" genannt, die große Seele. Doch irgendwann ist der Zustand der Verwirklichung des göttlichen Selbst so erreicht, dass es Gottes Gnade gefällt, die wahre, volle Communio herzustellen, das Eingehen in den göttlichen Urstrom, die Rückkehr ins Licht. Dann gibt es keine Geburt mehr, denn das Besondere ist in die Einheit zurückgekehrt, der Tropfen hat sich wieder mit dem Ozean vereint. Solange dies noch nicht der Fall ist, ist die Sehnsucht nach Communio unser Kompass im Leben und im Sterben. Je genauer wir dem Kompass folgen, desto sicherer führt uns der Weg ins Ziel.

Wer sich auf die Suche nach Communio begibt, um aus dem Gefängnis menschlicher Einsamkeit in das Einheitsbewusstsein zu gelangen, wird spüren, dass die Einheit, in der alle Gegensätze eingeschmolzen sind, das ewige Angebot Gottes darstellt. Wir müssen uns dem nur öffnen, uns auf die Urkraft der Liebe einstellen, sie empfangen, verstärken, sie uns selbst und unserer Mitwelt schenken. In einer gefährdeten Welt, die arm an Liebe und drängend in ihrem Verlangen nach Liebe ist, können wir das tragende Prinzip der Liebe öffentlich machen. Der Weg führt dabei immer über die Selbst-Liebe, über die Communio mit dem inneren Gott, der inneren Göttin. Denn sie macht uns frei, uns dem Nächsten und dem Anderen liebevoll zuzuwenden.

Communio mit Gott, Menschen, Tieren, Pflanzen

Gott suchen

Gott ist um Dich
Gott ist in Dir

nimm den Scheffel fort
lass Gott leben, atmen, leuchten.

Du – Gott – Sein

Communio mit Gott zu erreichen verlangt, dass wir unser Streben und Sehnen auf Gott richten. Dem westlichen Menschen ist diese Haltung heute fremd. Im Gegenteil: Sein Sehnen und Streben richtet sich darauf, sich von allen Gottesvorstellungen zu befreien, um in einer antispirituellen oder atheistischen Welt erfolgreich funktionieren zu können. Wenn im offiziellen Raum Gott zitiert wird, z. B. bei der Amtseinführung eines Staatsoberhauptes, hat dies für viele eher einen schalen Beigeschmack. Es wirkt rituell, nicht wirklich gewollt und authentisch.

Die modernen westlichen Gesellschaften rechnen es sich zu Recht als Erfolg an, die Trennung von Kirche und Staat durchgesetzt zu haben. Die verfassten Kirchen haben Verwüstungen in den Herzen und Seelen und in der Ordnung der Gesellschaft hinterlassen. Doch es ist ein grundlegender Irrtum, zu meinen, der unabdingbar notwendige Dialog mit dem inneren Gott habe direkt etwas mit Kirche zu tun. Gerade führende Persönlichkeiten einer Gesellschaft tragen eine hohe Verantwortung und sind Vorbild für viele. Sie brauchen den steten Kontakt zu ihrem inneren Gott, um die eigene Mitte zu stärken, sich zu orientieren und in ihrem Denken und Tun frei von Furcht zu sein.

Die Kirche ist eine von Menschen geschaffene Institution, deren größte Gefahr der Machtmissbrauch ist. Da sie die Macht über die Herzen anstrebt, steht sie wie wenige andere Institutionen in der Gefahr, genau diese Macht zu missbrauchen. Kirche ist nicht per se schlecht, doch sie lehrt im besten Fall nur den Weg zu Gott. Unsere wirkliche Kraftquelle finden wir im Inneren, in der Communio mit dem wahren Selbst, dem inneren Gott, der innere Göttin, in der mystischen Gotteserfahrung. Unser Herz ist der einzige Meister, von dem wir uns leiten lassen sollen. Ihm zuzuhören, seine Stimme wahrzunehmen, erfordert eine lange Pflege und Reinigung des Herzens.

sanfter Flügelschlag
wiedergefundenes Glück
der inneren Spur

Um die innere Stimme, den inneren Gott hören zu lernen, bedarf es des Sehnens nach dieser Leitung und Führung. Was das bedeutet, lässt sich leicht an der bekannten Radiometapher nachvollziehen. Wenn ich einen bestimmten Sender hören will, werde ich ihn suchen; erst wenn ich ihn genau einstelle, werde ich ihn gut und klar hören können. Die innere Stimme, Gott im Innern zu hören, heißt also, dies zu wollen. Selbst die Rebellischsten unter uns kennen die innere Stimme. Sie kennen sie besonders gut dann, wenn sie sie übergehen und gerade nicht hinhören wollen. Dann macht sich eine leichte Unruhe im Gemüt breit, ein Innehalten, ohne anzuhalten, eine Irritation, ein schlechtes Gewissen, die wir so schnell als möglich zu vergessen suchen.

Wir sind in diesem Vergessen ungeheuer effizient, so erfolgreich, dass wir allmählich immer weniger die innere Stimme hören. Hermann Hesse hat mit der Figur des Siddartha, eines frommen Gottsuchenden in dem gleichnamigen Buch, gezeigt, wie dies gehen kann. Siddartha wollte unbekannte Gefilde beschreiten und begann, die Lust zu erforschen. Da er kein Maß fand¸ geriet seine Seele in Gefahr zu ersticken – so sehr, dass er die innere Stimme fast nicht mehr vernehmen konnte. Erst ein Moment des Aufwachens und die Entscheidung, sich von seiner lustbetonten Lebensform loszusagen, bringen ihn zurück auf den Weg zu sich selbst, zur eigenen göttlichen Wahrheit. Siddartha beschreitet damit einen Weg, der für unser Kollektiv typisch ist: die Erforschung der Lust. Dabei geht es vor allem um die Reizung der Körpersinne, nicht zuletzt mit Hilfe aller Arten von Mediengebrauch. Fast scheint es, dass wir kollektiv den Becher der Lust so bis zur Neige trinken wollen, dass wir am Ende nur noch begreifen können, alles verloren und nichts gewonnen zu haben.

Nehmen wir z.B. den Hörsinn. Der Hörsinn ist neben dem Tast- und Geschmackssinn der Sinn, der höchste Nähe signalisiert. Wir können nicht beliebig weit hören, sondern nur das, was in einer hörbaren Nähe ist. Hören, hinhören, zuhören heißt also, Nähe suchen, Nähe finden, Nähe zulassen. Was machen wir mit diesem Sinn? Wir stumpfen ihn ab, indem wir ihn völlig durch akustische Reize überfordern. Mit Hilfe technischen Geräuschquellen tauchen wir in virtuelle Welten ein und entfernen uns vom menschlichen Gegenüber. Mit dem Walkman im Ohr bewegen sich Menschen wie autistische Monaden. Statt mit sich selbst oder den anderen, mit dem Du, mit der Mitwelt in Communio, in eine Gemeinschaft des Hörens, einzutauchen, stellen wir zwischen uns die Technik, manipulierte Gefühle und die Trennung von uns selbst und vom Du. Wir verlieren uns und das Du in der Sucht, unsere Sinne zu befriedigen.

Im Zustand völliger Lehre und Stille sind wir Gott am nächsten, haben wir die größte Fähigkeit, Gott zuzuhören. Deswegen heißt es, Gott ist Stille, Brahman ist Stille, in der Stille finden wir Gott. Wenn wir also auf die innere Stimme hören möchten, suchen wir die Stille. Wir dürfen uns dem Nicht-Gewussten, dem Nicht-Gedachten, dem Nicht-Erlebten, dem Nicht-Begriffenen zuneigen und uns damit für das öffnen, was größer ist als wir selbst, größer auch als unsere Angst, größer noch als unser Schmerz, größer als alle unsere Fragen, größer als die Antworten, die wir uns ausgedacht haben. Wir öffnen uns für die eine alles umfassende Kraft, die die Liebe ist. Gott ist Liebe. Die Stimme Gottes hören heißt, die Stimme der Liebe hören. Der Stimme Gottes folgen heißt, der Liebe folgen. „Sucht nach Mir und ihr werdet die Liebe finden."

Dies zu glauben, fällt schwer, obwohl wir reiche Gelegenheit haben, Menschen zu erleben, die auf dem Weg zur Verwirklichung ihres Gottesbewusstseins weit vorangeschritten sind und der Menschheit Segen bringen. Was sind die Kräfte eines Martin Luther King, der seine Attentäter zu sich rief und in großer Zahl zur Gewaltlosigkeit brachte? Woher kamen wohl die Kräfte eines Michail Gorbatschow, der die Welt am Rande des Atomkrieges beharrlich aus der Konfrontation führte? Woher gewann Mutter Theresa die Kraft, in den Slums von Kalkutta Licht und Wärme zu verbreiten und ihre Arbeit auf zahlreiche Städte und Länder auszudehnen? Woher stammten die Kräfte eines Nelson Mandela, der die Ausgeburt eines inhumanen Apartheidsystems in eine Richtung lenkte, in der wechselseitige Achtung und Respektierung wieder möglich wurden. Sie alle haben schier Unmögliches geleistet.

Dies sind nur die herausragendsten und bekanntesten Beispiele; es heißt nicht, dass es nur sie sind. Eine aus dem göttlichen Selbst gespeiste Kraft trägt und bewegt viele Menschen in ihrem täglichen Tun, unabhängig davon, ob sie dem den Namen Gott geben. Solche Menschen müssen nicht auffallen. Doch sie sind erkennbar an dem Segen, der sich in ihrem Umfeld ausbreitet: dem Lächeln, das auf einem Gesicht erscheint, der Geborgenheit, die sich in ihrer Nähe einstellt oder auch dem Erschrecken, das sich breit macht ob der Begegnung mit einer Klarheit des Geistes, einer Unabhängigkeit und Unhinterfragbarkeit, die anderen Menschen Raum und Kraft zu sich selbst gibt.

Lebe was Du bist
so erfüllt sich das Geschenk
Deiner Bestimmung

Jede und jeder von uns kann und darf dieses Bewusstsein und diese Macht der eigenen Göttlichkeit entwickeln. Unser wahres Selbst wartet nur darauf. Gott – so lehren die Veden – hat sich von sich getrennt, um sich selbst zu begegnen. Unsere Aufgabe als seine Geschöpfe in diesem Spiel ist, aus freien Stücken zu dem Bewusstsein unseres Ursprungs zu gelangen. In das Gottesbewusstsein einzutreten, ist wie das Lüften eines Nebelschleiers: Solange wir im Nebel gefangen sind, können wir die Sonne nur ahnen; wenn der Schleier dünner wird, wird diese Ahnung intensiver. Doch dann kommt der Moment, in dem sich der Nebel lüftet und die Sonne sich ungehemmt mit uns verbinden kann. Wir sind dann im Licht, werden zu Licht und lassen andere an diesem Licht teilhaben. Das ist Communio mit Gott.

Dabei soll und muss es uns nicht erschrecken, wenn wir uns oft hilflos im Dunkeln wähnen. Solange wir das Wissen um das Licht in uns tragen, solange wir dieses Licht suchen und uns ihm zuwenden, so lange sind wir auf dem Weg zur Communio mit Gott. Wir alle sind unterwegs auf dieser Spur, die einen willentlich und wissend, die anderen ohne Bewusstsein und auf Umwegen. So ist es keine Schande, das eigene Unvollkommene, die eigene Blöße zu spüren, das fehlende Gottesbewusstsein wahrzunehmen. Communio mit Gott ist zu erreichen, sofern wir unser ganzes Sehnen und Streben auf Gott richten. Fangen wir also mit diesem ersten und entscheidenden Schritt an: Suchen wir das Licht der Liebe, drehen uns ihr zu und finden wir sie schließlich in uns selbst als die Kraft, die Berge versetzen kann.

Es gibt nur eine Großmacht auf Erden -
das ist die Liebe!

Pflicht ohne Liebe macht verdrießlich.
Verantwortung ohne Liebe macht rücksichtslos.
Gerechtigkeit ohne Liebe macht hart.
Wahrheit ohne Liebe macht kritisch.
Erziehung ohne Liebe macht widerspruchsvoll.
Klugheit ohne Liebe macht gerissen.
Freundlichkeit ohne Liebe macht heuchlerisch.
Ordnung ohne Liebe macht kleinlich.
Sachkenntnis ohne Liebe macht rechthaberisch.
Macht ohne Liebe macht gewalttätig.
Ehre ohne Liebe macht hochmütig.
Besitz ohne Liebe macht geizig.
Glaube ohne Liebe macht fanatisch

LAOTSE

Die Hinwendung zum wahren Selbst, zu dem, wer ich in Wirklichkeit bin, wird erleichtert, wenn ich mir im Alltag Regeln gebe, mit deren Hilfe ich mich auf Gott ausrichte. Hier sind fünf solcher Regeln:

- Beginne den Tag mit Gott im Herzen und auf den Lippen. Weihe ihm diesen Tag, sprich dein Morgengebet, indem du ihm alle Gedanken, Gefühle, alle Worte und alles Tun zu Füßen legst. Bitte ihn, Dich als Werkzeug seiner Liebe zu nehmen.

- Stelle die Handlungen, die du an diesem speziellen Tag vollbringst, unter seinen besonderen Schutz. Lass das Besondere deines Tuns in besonderem Maß Gott geweiht sein. Halte vorher inne und widme es Gott, so dass es von Gottes Atem, der Liebe ist, durchdrungen wird.
- Suche im Laufe des Tages immer wieder Momente des Innehaltens, der Stille, der Rückbindung an die eigene Mitte, die innere göttliche Stimme in dir. Nimm diese Intervalle der Ruhe und der Einkehr als eine Perlenschnur, die den Tag durchzieht und ihm Glanz und Kraft verleiht.
- Suche nach Möglichkeiten, in jedem Tag, den Gott dir schenkt, Freude und Mitgefühl zu geben. Horte deine Liebe nicht, sondern lass sie fließen. Liebe, die steht und stockt, wird schal und lau. Sie verliert ihre Kraft. Du kannst sie als Licht in der Meditation herausschicken, du kannst sie in Wort und Tat weitergeben. Doch achte darauf, dass sie im Fluss des Lebens bleibt, aus dem sie gespeist wird und den sie nährt.
- Beschließe den Tag so, wie du ihn begonnen hast. Lege Gott alle Gefühle, Gedanken, Worte und Taten zu Füßen. Danke ihm für seine Gnade und seinen Segen und bitte ihn um seine fortwährende Gnade und seinen Schutz.

So eingebettet in die Orientierung auf Gott wird der Tag für mich und andere zum Segen. Auch die Nacht wird hiervon getragen und geprägt und der Schlaf in einer solchen Nacht gibt Kraft und Licht für den kommenden Tag. Wie solcher Segen sich ausbreitet, geht aus den Worten eines unbekannten Dichters hervor:

Achte gut auf diesen Tag,
denn er ist das Leben –
das Leben allen Lebens.
In seinem kurzen Ablauf
Liegt alle Wirklichkeit
Und Wahrheit des Daseins.
Die Wonne des Wachsens,
die Größe der Tat,
die Herrlichkeit der Kraft –
denn das Gestern ist nichts als ein Traum
und das Morgen nur eine Vision.

Das Heute jedoch – recht gelebt –
Macht jedes Gestern
zu einem Traum voller Glück
und jedes Morgen
zu einer Vision voller Hoffnung.

AUS DEM SANSKRIT[52]

Menschen lieben

Communio als Verbundenheit in der Kraft der Liebe, als liebende Gemeinschaft zwischen Menschen, geht einher mit einer *Entwichtigung* des Ich. Im Ich sind wir getrennt. Es gaukelt uns vor, besser, schöner, reicher oder schlechter, dümmer, ärmer als die anderen zu sein. Beschäftigt mit der Differenz, stiehlt es sich aus dem Wissen um die Einheit, die uns alle verbindet. Deswegen sind die Stimmen des Ich in ihre Schranken zu verweisen, wenn wir Communio mit Menschen erleben wollen. In der Liebe betreten wir den Boden des Wir. Was macht die Communio mit Menschen (und im erweiterten Sinne mit Pflanzen und Tieren) aus?

- Communio mit Menschen ist Gottesdienst, Dienst am Göttlichen in jedem Lebewesen.
- Communio mit Menschen ist Selbst-Erfüllung, denn indem ich mich liebend mit einem anderen Menschen verbinde, erfülle ich die tiefsten Bedürfnisse meiner Seele.
- Communio mit Menschen ist unsere Möglichkeit, zu lernen und zu wachsen, denn nichts fällt uns schwerer, als aus dem Ich heraus zum Du zu treten und die eigenen Verletzbarkeiten hintanzustellen.
- Communio am Menschen und mit Menschen ist unverzichtbar, um die Einheit alles Geschaffenen in der Dualität zu spüren. Die Zeit eines rein kontemplativen, in der Einöde sich vollziehenden Weges zu Gott ist nicht mehr beispielhaft für die Gegenwart. Es gilt, das Göttliche in die Materie zu bringen, statt sich aus der Materie zu lösen und von ihr abzuheben. Dafür ist dem Menschen eine materielle Existenz gegeben.

- Communio mit Menschen ist Weg und Erfüllung des Weges. Jede und jeder muss diesen Weg in einer Phase seiner Entwicklung gehen – in jedem Leben, das er oder sie als Mensch lebt.
- Communio mit Menschen ist ein Prozess des schöpferischen Einstimmens, Einklingens, in dem viele Stimmen zu einem vielstimmigen Chor vereint werden. Je reiner die Haltung ist, je mehr der Geist der Liebe das Miteinander bestimmt, desto harmonischer wird der Chor sein.

Lässt sich solche Communio mit Menschen verwirklichen? Und wo und wie findet sie statt? Das größte Hindernis liegt in uns selbst begründet. Wir sind groß, „erwachsen" geworden, indem wir gelernt haben, für unsere eigenen Interessen zu sorgen. Vom Grund her fähig zu lieben und ausgerichtet auf das Bedürfnis nach Liebe und Anerkennung haben wir stattdessen begriffen, dass Durchsetzungsvermögen und materielle Sicherheiten uns weit zu bringen scheinen. Um die eigene Liebeskraft und Liebesbedürftigkeit wurde daher Stück um Stück ein Panzer gebaut. Wichtig für das Überleben in unserer Konkurrenzgesellschaft wurde dagegen Ellenbogenkraft und Vertrauen in die Macht des Geldes und der materiellen Sicherheit.

Nur wenigen Menschen ist es vorbehalten, ihre Seele frei von Angst zu entfalten und ihre Sicherheit im Inneren zu finden. Sie haben gelernt, sich selbst anzunehmen und andere in ihrem jeweiligen So-Sein anzuerkennen. So ist es den meisten von uns aufgegeben, den aus Furcht aufgebauten Panzer Stück für Stück wieder zu öffnen, Vertrauen zu sich selbst und anderen zu gewinnen, um überhaupt fähig zur Communio zu werden. Das Spiel, das es zu durchschauen gilt, ist dabei immer wieder dasselbe: Wir projizieren auf andere unsere Ängste, Aggressionen und Abwehrhaltungen. Wir versuchen, uns selbst zu befreien, indem wir das, was wir an uns selbst als negativ erleben, im Außen bei anderen bekämpfen. Dies ist ein sehr menschlicher Versuch. Doch genau diese Ablehnung des Anderen, hinter der letztlich immer eine Abwehr, ein Nicht-Akzeptieren von sich selbst steht, behindert die Entfaltung von Communio.

Es ist Aufgabe all derer, die fähig zur Communio werden möchten, die eigenen Gefühle zu reinigen, um frei zur Selbstliebe und zur Liebe anderer zu werden. „Das reine Herz ist die Aufgabe aller spirituellen Praxis", so die Aussage von Sathya Sai Baba. Seinen Anhängern hat er die griffige englische Kurzformel „Watch" (**W**atch your **a**ctions, **t**houghts, **c**haracter, **h**eart) gegeben: „Achte auf deine Worte, Handlungen, Gedanken, deinen Charakter und dein Herz“. Als Weghilfen dienen die menschlichen Werte, insbesondere die fünf zentralen Werte Wahrheit (Sathya), Rechtschaffenheit (Dharma), Frieden (Shanti), Liebe (Prema) und Gewaltlosigkeit (Ahimsa).[53]

Er fordert auf, in allem Denken, Fühlen, Reden und Handeln diese Werte zum Leben zu bringen. Die Humanisierung des Menschen ist unabdingbar für die Humanisierung unseres Zusammenlebens und unserer Gesellschaften. An die Stelle von Ausgrenzungen brauchen wir das Einbeziehen des Fremden, und anstelle einer Trennung in Klassen, Rassen, Kasten oder Religionen brauchen wir die Einheit alles Lebendigen, in der jeder und jede seinen/ihren Platz findet, ohne in der eigenen Existenzberechtigung in Frage gestellt zu werden. Die Reinigung der Gefühle von Neid, Missgunst, Misstrauen, Ärger, Aggression, Wut, Hass, Anhaftung und Verzweiflung ist ein mühseliger und schier endloser Prozess und doch ist er der einzig erfolgversprechende, wenn wir fähig zur Communio werden wollen.

Die meisten von uns können auf eine Vielzahl gescheiteter Communio-Erfahrungen zurückblicken. Die Frage ist nur, ob wir daraus den Schluss ziehen, unseren Panzer noch etwas wasser-, sprich gefühlsdichter zu machen, oder den Weg wählen, ihn Stück für Stück aufzubrechen. Wenn wir Letzteres wollen, kann der Dienst am Nächsten, die karitative Nächstenliebe, eine wertvolle Hilfe sein. Communio kann sich jedoch genauso in der Familie, am Arbeitsplatz, in der Freizeit, wo auch immer, entfalten. Es geht letztlich darum, ob wir unser Herz öffnen. In welchem Geist sind wir unterwegs: Ist er auf Liebe oder auf Furcht gegründet, ist er einbeziehend oder ausgrenzend, annehmend oder ablehnend, freudig bejahend oder verneinend?

Je durchlässiger wir für die Liebe sind, als deren Verkörperung uns Gott geschaffen hat, desto fähiger sind wir zur Communio, desto eher können wir unsere tiefe Sehnsucht nach Geborgenheit und Annahme nicht nur für uns selbst, sondern auch für andere leben. Aus diesem Geist entstehen Gemeinschaften, die sich von den hierarchischen, auf Gefolgschaft ausgerichteten Gemeinschaften radikal unterscheiden. Es ist eine Gemeinschaft der Gleichen, gleich nicht im Sinne der Gleichmacherei, sondern gleich in dem Sinne, dass jede und jeder als Gottes Kind gleichen Wert besitzt.

Abb. 2: Tragende Konstruktion aus frei verbundenen Säulen (Graham Brown)

Graham Brown, ein schottischer Architekt und Allround-Künstler, hat dieser neuen Art von Gemeinschaftsbildung architektonischen Ausdruck verliehen: Aus einer Anzahl von mindestens drei Stäben/Balken schafft er eine Struktur, die sich selbst und andere zu tragen versteht. Dabei ist die Mitte freigehalten, offen, doch die Stäbe/Balken, die rund um diese offene Mitte angeordnet sind, ruhen jeweils an einem Punkt so aufeinander, dass jeder Stab trägt und getragen wird.

Dieses im Westen neuartige, jedoch in der Natur vorfindbare Prinzip lässt sich mit geringen Modifikationen auf menschliche Gemeinschaftsbildungen übertragen. Befragt nach den Grundprinzipien, äußert Graham, dass Gemeinschaften vom Geist der Communio getragen sind, wenn folgende zehn Prinzipien der Gemeinschaftsbildung gelten:[54]

- „So wie du gibst, sollst du auch empfangen, d.h., jeder gibt und nimmt; niemand tut nur das eine oder das andere.
- Das Produkt dieser Handlungsweise ist Einheit.
- Diese Einheit kommt aus dem Nichts.
- Die Quelle der Einheit ist das Quantenfeld, das es zu respektieren gilt; die Basis dieses Feldes ist die Liebe.
- Es schafft eine Einheit um eine Leere, um ein Fehlen von Trennung.
- Dies bedeutet allerdings nicht Abwesenheit von Kommunikation, denn diese Leere ist nicht egoistisch. Sie ist die Fülle des Nichts.
- Jedes Mitglied (jeder Stab/Balken) bleibt ein individueller und authentischer Ausdruck seiner Göttlichkeit.
- Der Erfolg der Gemeinschaft oder Struktur hängt von der Wahrhaftigkeit der Mitglieder ab.
- Die Gemeinschaft (Struktur) ist selbst dann tragfähig, wenn einzelne Teile nicht tragfähig sind, solange die Struktur intakt ist (Toleranzgrad).
- Die tragenden Säulen müssen Kontakt untereinander haben; nur so können sie die Struktur tragen. Die Struktur ist nicht hierarchisch."

Solche Gemeinschaftsbildung aus dem Geist der Communio kann bereits im familiären Alltag beginnen; sie kann aber auch viele Hunderte oder Tausende von Menschen umfassen, z.B. dort, wo der Dienst am anderen in den Mittelpunkt der Bemühungen gestellt wird. Wenn Menschen sich aufgerufen fühlen, eine Gemeinschaft neu zu gründen, die vom Geist der Communio getragen sein soll, kann es hilfreich sein, sich an den folgenden sechs Hinweisen zu orientieren:

- Suche dir eine Aufgabe, die eine Antwort/Lösung für einen von dir erkannten Missstand darstellt.
- Bilde einen Kreis mit Vertrauten, die sich mit dir dieser Aufgabe annehmen wollen.
- Stellt euer Gelingen unter einen höheren Schutz und eine höhere Führung.
- Macht die Herzensfreude zum wichtigsten Erfolgsindikator.
- Nehmt Widerstände als Teil des Veränderungsprozesses an.
- Tut die Aufgabe ohne Hoffnung auf persönlichen Nutzen.

„Suche dir eine Aufgabe ...“ Unsere schöpferischen und göttlichen Kräfte sind gefordert und werden von Gott gefördert, damit wir sie zum Wohle der Menschen, Pflanzen, Tiere einsetzen können. Nicht blind und inaktiv, sondern aktiv sollen wir durch das Leben gehen. „Love All, Serve All“ so die Aufforderung von Sathya Sai Baba. Es geht darum, eine Aufgabe zu finden, die mein Herz berührt, mit der ich einen Beitrag zum gesellschaftlichen Wohlergehen leisten kann und die ich unter die göttliche Führung und den göttlichen Schutz stelle.

„Bilde einen Kreis mit Vertrauten ...“ Dieser Satz mag auf den ersten Blick paradox erscheinen. Communio mit Menschen heißt nicht notwendigerweise, dass sie sich im gemeinsamen Tun mit Menschen vollzieht. Wohl jedoch muss der Fokus der Mensch sein – im erweiterten Sinne die Pflanze, das Tier, die ganze Schöpfung. Ein Buch wie dieses entsteht nicht als Prozess des gemeinsamen Schreibens. Obgleich es niemals ohne das Zusammenwirken vieler Menschen entstehen könnte, bin doch ich es, die den Stift alleine führt und bewegt. So ist es ein Werk, das sich an Menschen richtet, für die ich schreibe, und für mich selbst, indem ich dies tue. Nehmen wir dagegen das Beispiel eines Hausbaus, der Gründung einer Schule, der Einrichtung eines Umweltzentrums oder der Schaffung eines Gesprächsforums – das alles sind Werke gemeinschaftlichen Tuns. Für diese ist es zwingend erforderlich, dass das Wirken vieler Menschen zusammenkommt. Der Prozess und das Produkt der Zusammenarbeit sind im besten Fall Communio. Was wir Menschen heute brauchen, ist beides: die Vision von Communio-Projekten und Beispiele, die große Nachfolgeeffekte auslösen, weil sie den Menschen im gemeinschaftlichen Tun Befriedigung verschaffen.

„Stellt euer / unser Gelingen unter einen höheren Schutz und eine höhere Führung.“ Wie entschieden dies geschehen kann, zeigen z. B. die AA, die Anonymen Alkoholiker oder die Al Anon, die Selbsthilfebewegung der Suchtangehörigen. Hier wird in vorbildlicher und nachvollziehbarer Weise die Arbeit unter einen höheren Schutz gestellt. Solange die gemeinschaftliche Arbeit nicht unter Gottes Schutz und Führung gestellt wird, laden wir unseren inneren Gott, die Liebeskraft in uns, nicht mit voller Kraft ein, zu ihrem Gelingen beizutragen. Aus der Liebe erwächst wahre Communio. Wenn wir meinen, auf die Liebeskraft verzichten zu können, berauben wir uns des Wichtigsten, dessen es

zum Erfolg bedarf. Im Bild gesprochen: Wie können wir hoffen, einen Baum großzuziehen, der Schatten spenden soll, wenn wir ihm das Wasser verweigern, das ihn zum Wachsen verhilft? Ganz ebenso ist es mit dem gemeinsamen Tun. Es schafft nur dann Gemeinschaft, wenn es getragen ist vom Geist der Liebe.

Hier mag ein Einwand kommen: Gerade zerstörerische Veranstaltungen wie Kriege stellen Gemeinschaft her. Das stimmt nur zum Teil. Wenn Gesetze des Kampfes – um Brot, Medikamente, Schutz – vorherrschen, ist Communio fern. Im Krieg entsteht eine Communio-Gemeinschaft nur dort, wo Menschen – entgegen den Gesetzen des Krieges – versuchen, sich für das Leben des anderen einzusetzen: wenn Durstige ihr Wasser und Frierende ihren Mantel teilen, wenn Verwundete versuchen, andere Verwundeten zu retten, um sie vor dem Tod zu bewahren. Welch ungeheure Herausforderung stellt sich hierfür in den Schützengräben, angesichts von Zerstörungen und von unendlichem menschlichen Leid. Der Krieg kann eine schmerzliche und machtvolle Einladung sein, Communio zu leben. Doch die Gemeinschaft des Herzens will von Liebe getragen sein. Alles andere ist eine durch Macht oder Unterdrückung zusammengehaltene Zweckgemeinschaft, die nur so lange hält, wie diese Macht und Unterdrückung am Wirken ist.

„Macht die Herzensfreude zum wichtigsten Erfolgsindikator“. Gott ist Freude. Wo Freude sich einstellt, ist Gott am Werk. Freude ist eine Reaktion des Herzens, nicht des Verstandes oder des Willens. Freude ist ein Geschenk des Einklangs mit sich selbst. Freude können wir nicht machen. Es ist ein Geschenk der Communio. Freude ist nicht mit Stolz zu verwechseln. Stolz entspringt dem Ich-Bewusstsein und kann sich auf Inhumanes richten, Stolz ist also kein guter Maßstab. Er hat seinen Ursprung meist in Konzepten, die sich vor die innere Stimme geschoben haben und die von Eltern, Großeltern oder anderen Autoritätspersonen übernommen wurden, ohne etwas mit unserer Herzkraft zu tun zu haben. Darum gilt es, den Stolz als Erfolgsindikator zu meiden und die Freude zu suchen.

„Nehmt Widerstände als Teil des Veränderungsprozesses an.“ Was wäre ein Projekt der Humanisierung ohne Widerstände? Es brauchte nicht auf den Weg gebracht zu werden! Das gilt im Kleinen wie im Großen, im Kollektiven wie im Individuellen, bei Körper, Seele und Geist ebenso wie im ganzen Kosmos.

Doch Gott, der größte Spezialist im Erkennen und Überwinden von Widerständen, hilft sanft über Widerstände hinweg, denn Gott ist Liebe, und einzig und allein Liebe vermag Widerstände zu überwinden. Widerstände zeigen, dass etwas in Bewegung kommt. Nur das Ausmaß, in dem die Widerstände sich in den Weg stellen, variiert. So sind Widerstände – solange wir in der Liebe bleiben – ein Zeichen dafür, dass hier eine Entwicklungschance steckt. Dann ist es gut, den Widerstand zu begrüßen, ihm sogar liebevolle Aufmerksamkeit zuzuwenden.

„Tut die Aufgabe ohne Hoffnung auf persönlichen Nutzen." Wo wir um des persönlichen Nutzens willen handeln, handeln wir aus Ego, aus dem Ich – nicht aus dem göttlichen Selbst. Das Selbst fragt nicht nach einem Ertrag. Es ist sich selbst genug. Liebe ist sich selbst genug. Und da das Selbst Liebe ist, handeln wir nur dann aus seiner Kraft, wenn wir nicht nach Lohn und Ertrag fragen. Da jede Kraft, die wir leben, sich in der Umwelt verstärkt, indem sie nach dem Gesetz der Resonanz dort ähnliche Kräfte zum Schwingen bringt, ist der Lohn der Liebe gleichwohl sicher: Es ist wiederum die Liebe, die nun von außen auf das Innere zurückwirkt. Communio als Intention des Herzens und Communio als Ergebnis des Tuns aus der Kraft des Herzens – das ist Weg und Lohn in einem.

Tiere und Pflanzen ehren

Ich lausche der Natur
und lerne die Sprache
meines Herzens.

Gott und die Natur sind eins. So wie sich in jedem Menschen das Göttliche ausdrückt, so auch in jedem Tautropfen, jedem Kiesel, jedem Farnblatt und in jeder Libelle. Gott hat sich in Abermilliarden Formen begeben, um sich auszudrücken und um sich zu begegnen. Wenn ich die Natur ehre, wenn ich die Natur liebe, wenn ich Mitgefühl mit dem Wirken der Natur in meinem Herzen entwickele, so ehre ich Gott, liebe ich Gott und empfinde Mitgefühl mit der Form, die Gott in seiner Schöpfung angenommen hat. Wir sind alle aus demselben Stoff, der Gott ist, wir sind alle Ausdruck des Einen, das Gott ist, wir und die Natur sind untrennbar eins, denn wir selbst und das uns Umgebende sind Gott.

Warum hat der Mensch, der sich doch Herr der Natur wähnt, keine Ausnahmestellung, die es ihm erlaubt, sich als getrennt von der Natur zu begreifen? Die Natur in all ihrer Vielfalt gibt gerade durch diese Vielfalt den unendlichen Aspekten des schöpferischen Gottes Ausdruck. Wie könnte Gott sich damit begnügen, sich nur in Menschen auszudrücken, da ihm doch alle Weisen des Ausdrucks eigen sind? Warum sollte Er nur leise, kaum hörbare Tiere erschaffen, wenn es auch schön ist, die vielstimmigen Chöre der Vögel zu Gehör zu bringen; warum sollte er nur grün gefiederte Kanarienvögel hervorzaubern, wenn auch die schwarz-weiß gefiederte Elster Ausdruck seiner Schaffenskraft sein kann? Warum nur den mit einem dicken braunen Pelz geschützten Elch der nördlichen Wälder, wenn in der Wüste die goldgelben Tupfen dem Leoparden einen besseren Schutz geben? Und warum sollte Er nicht Freude an den Myriaden unterschiedlicher Blumen empfinden, die den Garten Erde schmücken, an den nicht endenden Reihen immer anders gefiederter Vögel, die ihre Wege über den Globus auf der Suche nach geeigneten Nist- und Ruheplätzen ziehen. Warum sich nicht am Anblick der Flechten und Moose, der Pilze und Beeren laben, die ihr Antlitz in allen Jahreszeiten, die Er werden lässt, wandeln und die den Waldboden in eine Himmelswiese verwandeln können?

Verzweiflungsvolles Sehnen
klinge aus im Ein-Klang
der Natur

Jeder Aspekt der Natur, jedes Rauschen, jedes Donnern, jedes Glitzern und Blinken, jede Spur und jeder Schritt, jeder Stein und jedes Mineral gibt dem vielgestaltigen Gott Ausdruck. Und zu dieser Vielgestalt gehört auch der Mensch. Er ist in sie eingewoben, aus ihr hervorgegangen, könnte ohne sie keine Minute leben. Die unzähligen Mikroorganismen, die in ihm sind, die er sich täglich zuführt, die er aus sich ausscheidet – all dies ist der Humus, von dem und in dem er lebt. Er ist so unverrückbar Teil der Natur, dass es einer völligen Blendung gleichkommt, wenn der Mensch meint, außerhalb stehen zu können. Eine indianische Weisheit *„Gott schläft im Stein, träumt in der Pflanze, fühlt im Tier und erwacht im Menschen“*[55] drückt aus, was die Besonderheit des Menschen im göttlichen Plan ausmacht. Im Gegensatz zu allen anderen Geschöpfen hat der Mensch einen freien Willen. Sein Bewusstsein ist so weit entwickelt, dass er bestimmen kann, was und wie er denkt, fühlt, redet, handelt. Diese Sonderstellung verleiht ihm eine große Macht inmitten der Natur. Doch er hat angefangen, sie gegen die Natur zu verwenden. Damit stellt er sich geistig außerhalb der Communio mit der Natur, von der er doch nie wirklich getrennt sein kann. Mit der Kraft des freien Willens versucht er, die Gemeinschaft zu zerstören, die ihn trägt, belebt, erhält.

Es könnte anders sein, es war anders und es gibt immer noch Orte, Regionen, Landstriche, in denen der Mensch sich als Teil der Natur begreift, sie annimmt, ehrt und achtsam mit ihr umgeht. Doch dies ist nur noch dort der Fall, wo die Herrscherattitüde des weißen, westlichen Menschen nicht ihren Stempel auf die Mitgeschöpflichkeit aufgedrückt hat. Es sind die Landstriche, in denen der Mensch noch ganz nah an der Natur lebt, wie die Romantiker zutreffend ausdrückten, am nährenden „Busen der Natur“. In den hohen Bergregionen, in den kalten und sonnenarmen Landstrichen der nördlichen Hemisphären, in den heißen und trockenen Savannen oder den feuchten Regionen der dichten Wälder wissen Menschen noch um die Kraft Gottes, die sich in der Natur ausdrückt. Sie haben noch nicht verlernt, auf ihre Zeichen, ihre Mahnungen, ihre Geschenke und ihre Überraschungen zu lauschen. Sie wissen, dass die Natur ihr eigenes Gesetz hat, gegen die der Mensch sich nur um den Preis der Selbstgefährdung und Selbstzerstörung auflehnen kann, und sie haben gelernt, mit der Natur wie mit einem Partner umzugehen, der geehrt, geliebt, geachtet und mindestens respektiert sein will.

Selma Lagerlöf, die große Dichterin des schwedischen Nordens, hat dieses Verhältnis in einer Legende von dem Trollkind, jenem wilden Waldwesen, ausgedrückt, um das sich Sagen und Legenden der Skandinavier ranken. Hier eine Zusammenfassung der Geschichte[56]:

Ein reiches Bauernpaar reitet durch den Wald. Als das Pferd der Bäuerin schreckt und durchgeht, fällt der Säugling, den sie im Arm trägt, zu Boden. Die Bäuerin zügelt das Pferd und kehrt in aller Eile zu dem Platz zurück, an dem das Kind zu Boden gekommen ist. Doch sie findet an seiner Stelle ein hässliches, zotteliges, mit Krallen und einem Rachengebiss bewehrtes Troll-

kind vor. Eine Trollin hatte zwischenzeitlich die Kinder in aller Eile ausgetauscht, nachdem sie sich in die Schönheit des glattwangigen, blauäugigen, blonden Menschenkindes verliebt hatte. Nachdem der Sohn nicht auffindbar ist, widersteht die Bäuerin in ihrem unsagbaren Leid der Versuchung, das Trollkind liegen zu lassen; sie weigert sich, es zu schlagen, es verhungern zu lassen, es zu misshandeln oder den Hang der Schlucht hinunterzuwerfen, obwohl es mit seiner Wildheit in den Jahren seiner Jugend Kummer und Leid über den Hof bringt. Schließlich entfremdet sie sich durch ihre Fürsorge für dieses wilde Waldwesen immer mehr von ihrem Gesinde und von ihrem Mann. Eines Tages beschließt der Mann, der seiner Frau herzlich zugetan gewesen war, er könne es nicht länger mit diesem Tierwesen ertragen, und verlässt seine Frau. Obwohl ihr das Herz fast bricht, kann sie dem Trollkind weiterhin kein Leid antun und lässt den Mann ziehen. Auf dem Weg fort von ihr begegnet der Bauer einem hübschen Jungen, der sich bald als sein Sohn herausstellt. Der Bauer erfährt zu seinem Staunen, dass es dem Sohn bei der Trollin gerade so erging, wie dem Trolljungen bei der Bäuerin. Wenn der Trolljunge hungerte, weil er von der Bäuerin keine Kröten und Spinnen zum Fressen erhielt, musste auch der Junge hungern; wenn das Trollkind hingegen von der Bäuerin, zwar mit Widerwillen, aber doch mit vielerlei Gewürm versorgt wurde, erhielt der Bauersohn köstliches Brot und bekömmliche Speise; wenn der Trolljunge geschlagen wurde, schlugen die Trolle den Knaben, wenn der Troll geärgert wurde, jagten ihn die Trolle. Ihre Macht verloren die Trolle über das Menschenkind erst in dem Moment, als die Frau bereit war, ihr Liebstes, ihren Mann ziehen zu lassen, um sich nicht an der Liebe zu dem Trollkind zu versündigen.

Nur wenn der Mensch die Natur liebt, kooperiert sie mit ihm, das ist die Botschaft dieser großen Dichterin. Dann verliert sie ihre grausame, zerstörerische Macht über den Menschen, wird zu seinem Partner, arbeitet mit ihm zusammen. Was der Mensch der Natur antut, tut sie ihm an. Und vor allem, er muss ihre Gesetze beachten und nicht ihr die seinen überstülpen. Als das Trollkind Brot und Kuchen bekommen sollte, erhielt der Junge Spinnen und Schnecken; als der Troll hingegen die ihm gemäße Nahrung von der Bauersfrau erhielt, bekam das Menschenkind von den wilden Trollen Menschennahrung. So geht es um wechselseitige Achtung, wechselseitigen Respekt und das, was der Philosoph Ivan Illich „konvivial", mitgeschöpflich, nennt.

Kern aller Achtsamkeit, die sich der Mitschöpfung gegenüber ausdrückt, ist Liebe. Wer sich selbst achtet, achtet auch andere; wer sich selbst liebt, liebt auch andere. Da alle Hervorbringungen Gottes Liebe sind, ist auch die Natur, nicht nur der aus ihr hervorgegangene Mensch, Ausdruck von Liebe. Die Natur in dieser Qualität wahrzunehmen, gelingt nur der liebenden Seele. Liebe kann nur durch Liebe wahrgenommen werden. Ein achtsamer, mitgeschöpflicher Umgang mit der Natur braucht also ein liebendes Herz, das den Bedürfnissen dessen, den es liebt, lauscht und sie achtsam zu befriedigen sucht. Ein Gärtner, der seinen Pflanzen Raum, Licht, Nahrung gibt, die sie zum Wachstum brauchen, wird reichere Ernte erhalten als einer, der es daran fehlen lässt. Die Natur ist Fülle und Fülle gebiert die Fülle. Doch wo die Fülle sich nicht erfüllen kann, wo ihr Luft und Raum genommen werden, sich zu entfalten, wo die Eingriffe des Menschen, die notwendig sind, um zu einer fruchtbaren Zusammenarbeit zwischen Mensch und Natur zu kommen, zu Missgriffen und Übergriffen werden, da zieht sich die Fülle zurück: das Sterben der Arten beginnt, fruchtbares Land verödet und versteppt, Brände wüten, Stürme verwüsten, Epidemien und Krankheiten breiten sich aus. Wo jedoch Aufmerksamkeit und Liebe am Werk ist, der Wille zur Zusammenarbeit, verschwendet die Natur sich doppelt. Der Paradies- und Gemüsegarten, den die Findhorn-Gemeinschaft im nördlichen kargen Schottland in der Zusammenarbeit mit den Pflanzen gezaubert hat, mutet wie ein modernes Märchen an, wäre es nicht so zweifelsfrei dokumentiert[57]. Auch die Experimente, von denen Joachim E. Behrendt mit Pflanzen berichtet, zeigen, dass Pflanzen auf unterschiedliche Schwingungen unterschiedlich reagieren. Besonders eindrücklich ist ein Experiment mit Tomaten. Tomatenstauden, die öfter besucht und zuwendungsvoll angesprochen worden waren, wurden größer und prächtiger als andere, die diese Behandlung nicht erfahren hatten[58].

Warum sollte es in der Natur anders sein als beim Menschen, der ihr Teil ist? Können wir es nicht täglich erfahren, dass Liebe Liebe weckt, dass Menschen, die in ihrer Entwicklung Liebe erfahren haben, die einen ihrer Seele gemäßen Raum zum Wachsen hatten, fähiger sind als andere, Liebe und Fülle weiterzugeben? Liebe ist eine Schwingung, die das Wachstum fördert, die die Seele beflügelt, die das Beste und Schönste in jedem Lebewesen zum Vorschein lockt. Das gilt für den Menschen ebenso wie für die Welt der Pflanzen und Tiere. Die Natur ist bereit und offen, wie wir tagtäglich sehen können, selbstlos zu dienen. Sie gibt aus der Fülle und tut dies umso bereiter, je mehr wir uns ihr in einer Haltung der liebenden Gemeinschaft, der Communio, nähern und mit ihr zusammen – statt gegen sie zu arbeiten.

Die Erde könnte nicht so viele Menschen ernähren, wenn der Mensch nicht die Fähigkeit zur Communio, zur liebenden Gemeinschaft und zum Geist der Kooperation mit der Natur, besessen und gelebt hätte. Die Bauern mussten, um Erfolg bei ihrer Arbeit zu haben, der Natur ihre Gesetze ablauschen und gemäß diesen Gesetzen den menschlichen Willen einsetzen. Die Jäger konnten Tiere nur dann zuerst erbeuten und später züchten und halten, wenn sie den Tieren und ihrer Art des Lebens auf die Spur kamen, um sie dann zu ihrem Nutzen einzusetzen.

Die Zusammenarbeit hat also funktioniert. Warum ist dann der Wechsel erfolgt, warum ist die Communio von Menschen, Pflanzen, Tieren so weitgehend zerbrochen? Dies geschah und geschieht immer dann, wenn der Mensch beginnt, die Gesetze der Natur zu erlauschen und zu erforschen, um sich die Pflanzen und Tiere zu „unterwerfen", statt zu einem Ausgleich zwischen den wechselseitigen Bedürfnissen zu kommen. Immer dann wird Communio beschädigt. Diese Beschädigung nimmt im Geistigen ihren Ausgang und manifestiert sich anschließend in der Materie. Die Communio ist nicht aufgehoben, der Mensch nimmt sie nur nicht mehr zur Kenntnis und versündigt sich damit an ihr. Die „instrumentelle Vernunft", wie dies die Frankfurter Schule nannte, hat über die auf Gemeinschaftlichkeit gerichtete Vernunft gesiegt. Die Gemeinschaft zerbricht, indem die Natur beginnt, sich gegen den Menschen zu wenden. Sie schlägt zurück. Missachtung weckt Zorn. Wie man hineinruft, so schallt es zurück.

Nirgendwo wird dieser Zyklus deutlicher als in der Haltung der westlichen Industriegesellschaften und ihrer Menschen. Sie betrachten die Natur als Warenlager, in dem man sich beliebig bedienen und bereichern kann. Es ist die Haltung des harten Nehmens, ohne zu geben, die Haltung der fordernden Willkür statt der fördernden Gemeinschaftlichkeit. In Massentierhaltungen werden Tiere unter Extrembedingungen zu Fleischprodukten gezüchtet, völlig unter Absehung der Tatsache, dass Tiere Mitgeschöpfe sind, die eine Seele haben, die fühlen und die leiden. In Gewächshäusern werden Pflanzen mit Nährmittellösungen hochgepäppelt, ihrer natürlichen Umwelt völlig entfremdet, in ihrem Nährwert höchst zweifelhaft stark reduziert und mit chemischen Rückständen belastet, die Menschen krank machen. In Laboratorien wird der Versuch unternommen, nicht nur von der Natur unabhängig zu werden, indem man ihre Stoffe künstlich synthetisiert, sondern auch die Weisheit der Evolution zu übertölpeln, indem man ihr genetische Gesetze aufzwingt, die vordergründig dem Interesse des Menschen dienen, die aber nicht der Weisheit der sich allmählich vollziehenden Evolution folgen. In anderen Labors werden Tiere gemartert und zu Tode gequält, um an sie experimentelle Leiden zu delegieren, die der Mensch von sich abwenden möchte. Damit missachtet der Mensch alles Wissen, das die Natur ihm bei aufmerksamer Beobachtung freiwillig geben würde.

Das Theater der Natur
ist sich Schauspiel genug;
wir sind Statisten mit
untergeordneten Rollen,
die von der Regie auf
ihre Plätze verwiesen werden,
wenn wir meinen, das
Spiel bestimmen zu dürfen.

„Nicht Titel und Beredsamkeit, nicht Sprachkenntnis, nicht die Lektüre zahlreicher Bücher ... sind Erfordernisse eines Arztes, sondern die gründliche Kenntnis der Natur, der Naturgeheimnisse, welche einzig und allein alles andere aufwiegen ...“, äußerte Paracelsus, der berühmte und heute wiederentdeckte Schweizer Arzt in seiner Basler Vorlesung, nachdem er in einer spektakulären Aktion die medizinischen Bücherwerke verbrannt hatte[59]. *„Der Mensch von gestern begriff sich als Kind der Natur und der Erde und musste sich ihren uralten Regeln und Gesetzen unterwerfen. Ihm steht in jedem von uns der Mensch von morgen gegenüber, der Sohn des Prometheus, der sich für den Meister seines Schicksals und des Universums hält“*, so schreibt Jean Marie Pelt.

Gibt es nicht einen Weg dazwischen, einen dritten Weg, eben jenen der Konvivialität? So wie Communicatio und Communio erst die ganze Kommunikation ausmachen, so wie Kommunikation instrumentell und zweckgebunden bleibt, wenn sie nicht von Achtung und Respekt getragen ist, so ist es auch in unserem Verhältnis zur Natur. Wenn wir ihre Gesetze erforschen, um sie zu übertölpeln, um die Gemeinschaft einseitig aufzukündigen und uns gegen die Bedürfnisse der Natur zu wenden, sind wir wie Prometheus. Wenn hingegen die Materie, die Mutter Erde in ihrer Eigengesetzlichkeit, ihrer Eigenbedürftigkeit erfahren und anerkannt werden, sind wir in die Welt der achtsamen Kooperation eingetreten, in die Welt, in der die polaren Kräfte des Herrschens und des Gewährenlassens, des Machens und des Wachsens, des Sollens und des Hinnehmens, des Habens *und* des Seins zu einem fruchtbaren Ausgleich gekommen sind. Statt gegeneinander zu wirken, ergänzen sie sich. Synergetisch verstärken sie sich und dienen dem Menschen ebenso wie den Mitgeschöpfen, den Pflanzen und Tieren.

Die Verwüstungen und Verödungen, die Menschen nicht erst heute, sondern seit Jahrhunderten der Erde angetan haben, sind unumkehrbar. Die Verkarstungen im Mittelmeerraum gehen auf Rodungen der Wälder in der Antike zurück. Die Regenwälder, die Lunge der Erde, die in den letzten Jahrzehnten menschlichem Wüten zum Opfer fielen, lassen sich nicht wieder herzaubern. Sie waren das Produkt eines innigen Zusammenwirkens aller Elemente über einen Jahrhunderte langen Zeitraum. Die Wüsten, die täglich weiter auf dem Globus vordringen, lassen sich nicht einfach wieder in fruchtbare Landschaften verwandeln. Wo alle Kräfte bei der Hervorbringung zusammengewirkt haben, kann der Mensch allein nichts Vergleichbares erschaffen. Er kann nur stören, zerstören oder diesen Kräften wieder den Raum lassen und, soweit es in seiner Macht steht, Raum geben, *damit sie ihr Werk tun.* Die Natur, diese Hervorbringung Gottes, ist ebenso schöpferisch wie der Mensch. Jedes Wesen, das in dieser Natur webt und lebt, hat Teil an diesem Schöpfungsvorgang. Das Biotop, das der Mensch neu anlegt da, wo er es vorher zerstört hat, kann er nicht machen. Er kann nur die Bedingungen neu dafür schaffen, dass es entsteht: einen geschützten Raum, Wasser, einige Samen und Tiere und Zeit für Entwicklung. Daraus entsteht dann etwas, was nicht der Mensch gemacht hat, sondern die Natur in der ihr eigenen Wirkmächtigkeit und Vollkommenheit: ein System ineinandergreifender und zusammenwirkender Kräfte, die dem, was der Mensch sich ausdenken könnte, weit überlegen sind. Communio mit der Natur heißt also nicht nur den Geist der liebenden Achtsamkeit auf die Mitgeschöpflichkeit auszudehnen und in diesem Geist mit ihr zusammenzuwirken. Es heißt auch, zu verstehen und zuzulassen, dass diese Mitgeschöpfe ihren Anteil am Schöpfungswerk aus ihrer eigenen Wirkmächtigkeit heraus tun.

Die Sünden, die der Mensch an der Natur begeht, indem er den Geist der Gemeinschaftlichkeit aufgegeben hat zugunsten einer instrumentellen Vernunft, beziehen sich auf alle ihre Elemente: auf die Pflanzen, die Tiere, auf Feuer, Wasser, Boden und Luft. An allen diesen versündigt er sich. Indem er Pflanzen nach ihrem Nutzwert für den Menschen kategorisiert und manipuliert, versündigt er sich an dem Prinzip, dass jede Pflanze einen Aspekt verkörpert, der für das Ganze wesentlich und nützlich ist und den es deswegen zu bewahren und zu pflegen gilt. Indem er Tiere danach sortiert, ob sie für den Menschen essbar sind, und damit zu Fleischprodukten degradiert, obwohl sie Geschöpfe sind, die Gefühle haben und leiden, wird der Mensch „tierischer", als Tiere selber es je sind. Ein Tier tötet so viel, wie es braucht, um zu überleben. Der Mensch züchtet Tiere, um sie in Schlachtereien oder in Laboratorien zu töten. Was er dabei übersieht, ist, dass die Natur ohne die Welt der Tiere nicht existieren könnte. Sie sind es, die diesen Garten Eden, der unsere Erde immer noch ist, beständig pflegen und erhalten, auf allen Ebenen, in allen Zonen, in allen Arten: Sie tun dies in unseren Körpern ebenso wie im Boden, im Wasser ebenso wie in der Luft. Unermüdlich und ohne Rast sind die Tiere die Gärtner und Gärtnerinnen des Gartens, in den Gott sie gesetzt hat, und dienen damit den Pflanzen, die sie wiederum ernähren, und dem Menschen. So webt sich das „Netz des Lebens" (Capra) emsig fort, ohne dass der Mensch einen Finger krümmt oder ohne dass er in seiner vermeintlichen Allmacht fähig wäre, Gleiches in Szene zu setzen.

An Boden, Wasser, Luft vergeht sich der Mensch, indem er sie als Ressourcenlager und Müllhalde begreift, um sich bedenkenlos eine zweite „Natur" zu schaffen, die glitzernder, aufregender und lukrativer zu sein scheint. Indem er dies tut, vergreift er sich nicht nur an diesen, sondern raubt auch die Lebensgrundlage aller nachfolgenden Generationen. Die Ressourcen verbrauchen oder zumüllen, als gäbe es nur die gegenwärtige Generation, als seien wir nicht Teil eines immerwährenden Prozesses, heißt die Interessen derer missachten, die nach uns kommen.

Und an der Urkraft des Feuers, damit aller Energie, vergeht sich der Mensch, indem er die Energie im Bunde mit Technik für Werke der Selbstzerstörung und der Zerstörung seiner Mitwelt einsetzt.

So muss der Mensch, und das heißt jede und jeder von uns, lernen, zurück zu einer Haltung der Communio mit der Natur zu gelangen, soll das Werk der Zerstörung nicht fortgesetzt werden. Wenn hier von Menschen und nicht nur von Machern, Verantwortlichen, Politikern oder Industriellen die Rede ist, dann deswegen, weil der Geist des instrumentellen, zweckgerichteten Umgangs mit der Natur in uns allen, in allen Schichten und Bevölkerungskreisen lebendig ist. Wo die Sprache des Herzens überhört wird, Egoismus und eine losgelassene instrumentelle Vernunft obsiegen, kann Communio nicht entstehen. Die Natur verlangt aber, ebenso wie unsere Mitmenschen, dass wir uns ihr in dem Zusammenwirken von Communicatio und Communio nähern, dass wir uns ihr zuhörend mitteilen und im gemeinsamen Tun dem gemeinsamen Interesse dienen. Indem der Mensch die Natur liebt, nicht romantisch über sie hinwegfühlend, sondern achtsam ihr zuhörend, und indem er sich ihr mitteilt, eröffnet er sich Wege, um gemeinsam das Netz des Lebens zu knüpfen. Die Natur liebend und achtend liebt und achtet er sich selbst.

Ich glaube…

an einen gütigen Gott
bestehend aus Seele, Geist,
dem Universum und der Liebe;
an Jesus Christus,
der zu uns gekommen ist als
Gottes Verkörperung und Sohn,
der uns als Mensch Frieden,
Heilung, Liebe und Gerechtigkeit brachte,
der für uns gelitten hat,
gestorben ist, uns erlöste
und den wir lieben als
einen Menschen.
Ich glaube an den heiligen Geist,
den Geist der Liebe,
der in den Winden singt,
in den Bächen rauscht
und in der Erde lebt,
er gibt uns Ruhe und Freude
in schlechten Zeiten immer,
wenn wir ihn suchen.
Ich glaube an
die Freundschaft der Menschen,
Vergebung der Sünden,
Auferstehung der Toten
und das ewige Leben.

ANONYMA

Grenzen und Stufen der Communio

Communio oder Gemeinschaft?

Warum wird hier der sperrige Begriff der Communio und nicht der Begriff der Gemeinschaft verwendet? Der Grund ist einfach und gewichtig zugleich. Gemeinschaften können sich auf alle Arten von gemeinschaftsbildenden Gefühlen und Einstellungen gründen. Es kann regelrechte Hassgemeinschaften oder verbrecherische Gemeinschaften geben. Communio hingegen ist die von Liebe inspirierte Gemeinschaft.

Wo höchste Liebe, Gottesliebe, am Werk ist, haben wir die höchste Form von Communio. Sie existiert unter Menschen kaum. Wenn die Liebeskraft eines Menschen alles und jedes umgreift, haben wir Heilige vor uns, die von der Gottesliebe beseelt sind. Sie leben sie so, dass sich in ihrem Umfeld liebende Gemeinschaft herstellt. Doch die Sehnsucht nach Communio ist jedem Menschen eingegeben, kommen wir doch alle aus der Einheit und sehnen uns nach ihr zurück. So kann man letztlich alle Arten von Gemeinschaftsbildungen als Versuch begreifen, zur Einheit alles Lebendigen zurückzukehren. Das Ausmaß, in dem Gemeinschaften vom Geist der Liebe beseelt werden, macht ihre Nähe oder Ferne zur verwirklichten Gemeinschaft mit Gott aus. Stellt man sich die Polarität von Liebe und Furcht vor, so wird ein von Liebe inspiriertes Bewusstsein Communio suchen. Ein von Furcht und Machtwünschen geprägtes Bewusstsein hingegen wird eine Gemeinschaft eingehen, die den Halt nach innen durch Furcht, Ausgrenzung und Unterdrückung im Außen zu sichern versucht.

So ist es hilfreich, sich ein Kontinuum unterschiedlicher Gemeinschaftsbildungen vorzustellen, dass von verwirklichter Communio bis zur verbrecherischen Gemeinschaft reicht (vgl. Tab. 1). Auf diesem Kontinuum gibt es viele Zwischenstufen, viele Schattierungen, die sich jedoch alle zwischen den Polen Liebe und Furcht verorten lassen. Eine Ehe kann eine reine *Zweckgemeinschaft* sein, was vermutlich erhebliches Leid verursacht. Es kann aber auch eine *spirituelle Gemeinschaft* sein, in der der Partner/die Partnerin als Gottes Geschöpf geachtet und respektiert wird. Ein Mangel an Liebe, wie er sich zwischen Menschen immer wieder einschleicht, kann dann in der Liebe zu Gott aufgehoben werden. Wo eine Organisation oder ein Unternehmen eine Gemeinschaft der Mitarbeitenden herstellt, kann dies geschehen, um den Markt mit kriegerischer Rücksichtslosigkeit zu erobern, oder in dem Bemühen, mit dem Unternehmen der Gesellschaft und dem Leben zu dienen. Selbst *religiöse Gemeinschaften* können mehr oder weniger von Communio gekennzeichnet sein. Religionen ziehen ihre Kraft für den Alltag von Menschen daraus, dass sie Gemeinschaftlichkeit durch einen bestimmten Kanon von Regeln und Vorschriften religiöser Art herstellen. Sie markieren, jede auf ihre Weise, einen bestimmten Weg zu Gott, egal, ob es sich nun um die christliche, die buddhistische, jüdische, mohammedanische, animistische Religion oder um eine sogenannten „Sekte" handelt. Sie verpflichten auf „ihren" Gott oder „ihre" Götter, und das heißt zugleich, dass die Anhänger anderer Religionen von ihrer speziellen Gemeinschaft ausgeschlossen, ausgegrenzt werden. Die Tatsache, dass früher ein katholischer Ehepartner, sofern er/sie ein Mitglied der protestantischen Kirche heiratete, exkommuniziert wurde, ist hierfür ein besonders drastisches Beispiel. Sekten, ein Begriff, der vor allem von den christlichen Kirchen als Kampfbegriff gegen alle religiösen oder spirituellen Gemeinschaften verwendet wird, die nicht das Christentum zur alleinigen Glaubensgrundlage machen, lassen sich weder eindeutig dem einen noch dem anderen Gemeinschaftstypus zuordnen. Es gibt „Sekten", die den Charakter von Religionen haben, z.B. Wodoo, ebenso wie es Sekten gibt, die den Charakter von verbrecherischen Gemeinschaften haben, z.B. die AUM-Sekte, die Mitglieder zu Massenvernichtungen in Japan angeleitet hat.

Gerade junge Menschen wenden sich heute vom Dogmatismus der Kirchen und Religionen ab, die für sich in Anspruch nehmen, allein seligmachend zu sein. Sie mögen sich hingezogen fühlen zu spirituellen Werten, nicht jedoch zu religiösen Gemeinschaften oder Dogmen. In Gesellschaften, in denen Kirchen das spirituelle Monopol zu beanspruchen scheinen, bleibt für Spiritualität im Bewusstsein der Menschen wenig Raum. Die derzeitige Entzauberung der Kirchen im Westen geht jedoch einher mit einer breiten spirituellen Erweckung, die sich der Liebe Gottes öffnet – frei von allen Einschränkungen von kirchlichen und religiösen Regeln und Hierarchien. Viele *Spirituelle Gemeinschaften* sind daher transreligiös. Transreligiös meint, dass alle Wege zu Gott gleichermaßen legitim sind, dass ausnahmslos alle Menschen Kinder Gottes sind und vor Gott gleich sind, eine Auffassung, die auch Christus lehrte. Angehörige unterschiedlicher Religionen werden daher zugelassen und das Gebot „Liebe deinen Nächsten wie dich selbst" auf alle Religionen, Rassen, Kasten, Bekenntnisse ausgedehnt. Die Christin Mutter Theresa war insofern mit ihrem Liebeswerk in den Slums von Kalkutta ebenso der Mittelpunkt einer spirituellen Gemeinschaft wie Frère Roger im französischen Taizé oder die Sri-Sathya-Sai-Bewegung um den indischen Avatar Sathya Sai Baba. Hierhin gehören auch die Findhorn Foundation im Schottischen Norden, das von Karlfried Graf Dürckheim und Maria Hippius Gräfin Dürckheim gegründete Zentrum für Existenzial-psychologische Begegnung in Rütte / Schwarzwald oder die vielen, weltweit verstreuten spirituellen und vielfach ökologisch orientierten Lebensgemeinschaften, die neue Formen und Inhalte des Zusammenlebens beispielhaft ausprobieren.

Die am weitesten verbreitete Form der Gemeinschaftsbildung ist die *Zweckgemeinschaft*. Ihre Mitglieder verfolgen ein gemeinsames politisches, ökonomisches, militärisches oder auch soziales Ziel. In der Polarität von Liebe und Furcht dominiert hier eher die Furcht, d. h., die Zweckgemeinschaft mobilisiert ihre Energien gegen vermeintliche Widersacher, um den gesetzten Zweck zu erreichen. Nicht die gemeinschaftsbildende Kraft der Liebe steht im Vordergrund, sondern das dem Zweck Dienliche: Konkurrenz, Durchsetzungsvermögen, Effektivität – oft egal, um welchen Preis. Eine Zweckgemeinschaft wird erst dann Aspekte von Communio leben, wenn der Zweck und die Mittel zu seiner Verfolgung moralisch-ethischen Standards entsprechen. In der indischen Tradition spricht man dann von Dharma im Sinne von Rechtschaffenheit, von einer Übereinstimmung mit der gottgewollten Ordnung. Sind Ziel und Weg von Rechtschaffenheit geprägt, dann steht unternehmerisches oder organisatorisches Handeln nicht im Widerspruch mit spirituellen Prinzipien, sondern gehen im besten Fall eine Synthese mit diesen ein. Solche Zweckgemeinschaften können einen Beitrag zur Humanisierung unseres Zusammenlebens und unserer Gesellschaft leisten, egal, ob es sich um wirtschaftliche, politische, soziale oder private Zweckgemeinschaften handelt.

Die beiden Pole der Gemeinschaftsbildung (vgl. Tab. 1) sind durch die Unio Mystica (verwirklichte Communio) und durch die verbrecherische Gemeinschaft gekennzeichnet. *Die verbrecherische Gemeinschaft* basiert auf der Furcht, die mit dem Mittel der Macht über andere beherrscht werden soll.

Der nationalsozialistische Faschismus liefert hierfür einen Prototyp. In seinem Inneren galten Beziehungen von Befehl und Gehorsam und von striktester Unterordnung unter eine autoritäre Führung. Diese nahm für sich in Anspruch, zwischen Freund und Feind, Lebenswertem und Unwertem unterscheiden zu können und zu dürfen, und kämpfte für den Sieg der „Herrenrasse“ über die „Untermenschen“. Mittels der Vernichtung „lebensunwerten“ Lebens bzw. des „Feindes“ schlechthin sollte Sicherheit in einer von Bedrohung und Unsicherheit gekennzeichneten Gegenwart garantiert werden. Im Kleinen finden sich solche Gemeinschaftsbildungen heute in der rechtsradikalen oder linksterroristischen Szene oder in einigen Sekten. Verbrecherische Gemeinschaften können sich auch um den Erwerb materieller Werte und Sicherheiten bilden, wofür die Mafia das deutlichste Beispiel ist. Entstanden im bitterarmen italienischen Süden, garantierte und garantiert die Mitgliedschaft in der Mafia finanzielle Sicherheit und Macht um den Preis, alles mit Vernichtung zu bedrohen, was sich diesem Ziel in den Weg stellt.

Die *Unio Mystica* (verwirklichte Communio) ist der andere äußerste Pol zu jener Gemeinschaftsbildung, in der die Schattenkräfte des Menschen die Oberhand gewonnen haben. In der Unio Mystica hat der Mensch sich selbst entgrenzt. Sein Bewusstsein ist eingegangen in die Einheit alles Lebendigen. Es gibt keine Trennung mehr, auch keine Trennung mehr von Gott. Er ist All-Eins; er hat sich selbst als schöpferisches Gottesprinzip begriffen und weiß, dass alles, was in der Schöpfung geschieht, auch in ihm geschieht. „Sein – Bewusstsein – Glückseligkeit“ nennen die Inder dieses Bewusstsein jenseits der Dualität. Im „sat – chit – ananda“ wird alle Trennung als Täuschung begriffen, denn alles und jedes erweist sich in dieser letzten Wahrheit als Ausdruck Gottes. So wie Gott Liebe ist, ist der Mensch Liebe und in dieser Liebe ist alles „Eins, ohne ein Zweites“, so die Formel der Veden.

Tab. 1: TYPEN VON GEMEINSCHAFTEN
Eigenes Modell©

	verwirklichte Communio	spirituelle Gemeinschaft	religiöse Gemeinschaft	Zweck-gemeinschaft	verbrecherische Gemeinschaft
Bewusstsein / Zugehörigkeit	Unio Mystica Verschmelzung mit Gott Erleuchtung	Gemeinschaft der Kinder Gottes	Gemeinschaft definiert sich über Religionszugehörigkeit	Gemeinschaft definiert sich über den Zweck; Parteien, Verbände, Unternehmen	Gemeinschaft definiert sich über verbrecherische Ziele; Kampf; Verfolgung; Vernichtung der Gegner/Feinde; Mafia, Faschismus
Focus der Gemeinschaft	das All-Eine	Liebe; universelle Kindschaft Gottes	der allein selig machende Weg zu Gott; kodifizierte Glaubenssätze	Zweck	Furcht Kampf Macht
Verhältnis zum Du	Es gibt kein Du	einbeziehend	partiell einbeziehend	partiell einbeziehend	Dominanz, Gefolgschaft
Verhältnis zur Umwelt	Glückseligkeit aller als Ziel; Advaita – Non-Dualität	liebende Hingabe; Kooperation	religiös fundiertes Gruppenverhalten zwischen Ausgrenzung und tätiger Nächstenliebe	zweckgebundener Gruppenegoismus, Konkurrenz, Kooperation auf der Basis von Zwecken	Unterdrückung, Manipulation, Beherrschung, Vernichtung
Zentraler Glaube	das Eine ohne ein Zweites	Wir sind alle Kinder Gottes	Religion definiert den Weg zu Gott; Regeln, Kodizes, religiöser Dogmatismus	der Zweck heiligt die Mittel, Pragmatismus	Trennung in „wertes“ und „unwertes“ Leben, Vernichten „unwerten“ Lebens
Zentraler Wert	mit Gott eins sein	Gottes Diener sein	gottgefälliges, „richtiges Leben“ gemäß der religiösen Regeln	Zweck/Ziel erfolgreich durchsetzen	Herrschaft Gefolgschaft
Seinsweise	die Fülle des Nichts; sat-chit-ananda Sein – Bewusstsein – Glückseligkeit	ich liebe	Gott liebt mich als Mitglied meiner Religion	ich verlange, erwarte, fordere, erreiche	ich beherrsche ich folge

Grenzen erfahren, Grenzen setzen

Vor meinem indischen Apartmenthaus ist nächtlicher Auflauf. Zu später Stunde stehen Arbeiter auf der kleinen Sackgasse und treffen Vorbereitungen, um eine Mauer hochzuziehen. Sie soll die Grundstücksgrenze meines Hauses weit in die Straße hinein vorverlegen. Mächtige, meterhohe Steinplatten stehen bereit, um unmissverständlich den rechtlichen Anspruch meines Hausbesitzers zu demonstrieren. Wo bisher Gewohnheitsrecht vorherrschte, ist er nun entschlossen, sein verbrieftes Grundstücksrecht in Anspruch zu nehmen, den Garten des Hauses auszudehnen und den gegenüberliegenden Häusern, einem renommierten Hotel und einem anderen Appartementhaus, nicht mehr als einen Zugang zu ihren Häusern zu lassen.

Die Aktion scheint ihre Wirkung zu zeigen. Polizei erscheint. Man tritt in Verhandlungen ein. Die Rechtslage ist unstrittig. Mein Hausbesitzer ist bereit, Land, das ihm rechtlich zusteht, den Nachbarn zu überlassen. Da schaltet die Gegenseite plötzlich auf stur. Um weitere 5 Fuß geht der Streit, 5 Fuß zusätzlich zu dem ohnehin durch Entgegenkommen überlassenen Stück. Doch der Bogen ist überspannt. Sturheit ruft Sturheit hervor. Nun werden drastischere Methoden ergriffen. Statt Raum freiwillig abzutreten, wird der ganze Raum beansprucht. Steinplatten werden aufgezogen, die Sackgasse komplett mit hohen Granitplatten verbarrikadiert. Das Hotel ist eingeschlossen und muss noch in der Nacht einen Durchbruch in die Mauer zur seitlichen Straße machen. Am Morgen ragen die Steinplatten als unübersehbares Zeichen anhaltender Entschlossenheit hervor: Entweder man einigt sich gütlich oder die Grenzen des Zumutbaren sind klar gezogen.

Eine Geschichte aus dem Alltag. Es gibt nicht überall Gemeinschaft, schon gar nicht liebende. Egoismus, Neid, Missgunst, Hass, Eifersucht beherrschen uns und unsere Beziehungen. Wie soll da Communio entstehen, die von Liebe inspirierte Gemeinschaft? Wie können wir ohne Grenzen auskommen, uns entgrenzen, wenn uns die Verhältnisse tagtäglich im Alltag lehren, dass wir ohne Grenzen und Grenzziehungen nicht leben können. Wie heißt es doch so schön: „*Es kann der Frömmste nicht in Frieden leben, wenn es dem bösen Nachbarn nicht gefällt.*“

In der Tat: Grenzen gehören zum Leben dazu. Jede Form oder, wie die Systemtheoretiker heute sagen, jedes System markiert eine Grenze. Auch der Mensch ist ein System. Die Haut stellt eine Grenze dar zwischen dem Körper und der Luft, die den Körper umgibt. Doch mit jedem Atemzug nehmen wir Luft auf, was nichts anderes heißt, als dass die Grenzen des ‚Systems' Körper durchlässig sind. Er ist begrenzt und ist es doch wieder nicht – um seines Überlebens willen. Für ein solches Wechselspiel von Begrenzung und Entgrenzung gibt es weitere Beispiele. Wie wir heute wissen, haben wir nicht nur den Körper, den wir als solches bezeichnen, sondern der Mensch besteht aus vielen Körperhüllen, von denen die grobstoffliche die ist, die wir mit den Augen sehen und mit den Händen fühlen können.[60] Die Kirlianphotographie zeigt ebenso wie Erfahrungen von aurasichtigen oder feinfühligen Menschen, dass um diesen grobstofflichen Körper eine Aura liegt, ein Energiekörper, über den alte Weisheitssysteme ebenso wie moderne Forscher festgestellt haben, dass er mehrschichtig ist und in seinen äußeren Hüllen in einer höheren Frequenz schwingt.[61] Der ‚Atem', der durch sie fließt und bis in den grobstofflichen Körper dringt, heißt im Chinesischen Qi, im Indischen Prana, und könnte mit Äther übersetzt werden. Diese Energien werden durch sogenannten Chakras im Körper aufgenommen und abgegeben[62]. Mit diesen Körpern sind wir mit dem uns umgebenden Formlosen, dem Äther, verbunden. Auch hier zeigt sich also: Grenzen sind da und doch nicht da. Sie markieren ein Hier und Dort und heben es doch auch wieder auf. Begrenzendes und Entgrenzendes scheinen in einem merkwürdigen Gleichgewicht zu existieren, gerade so, wie die Erde durch das Gleichgewicht zwischen zentrifugalen und zentripetalen Kräften gehalten wird. Die moderne Physik lehrt uns, dass im Kosmos alles mit allem verbunden ist, dass es keine begrenzte Materie gibt, sondern nur einen einzigen kosmischen Reigen, in dem alles belebt ist und sich austauscht, selbst der Stein oder der härteste Kristall, bei dem man annehmen müsste, hier seien die Grenzen wirklich klar[63]. Ganz deutlich wird dies an den sogenannten lebenden Steinen, den Moqui Marbles, die an einem geheim-gehaltenen Ort in einem Indianerreservat in den USA zu finden sind. Sie treten immer in Paaren auf und haben einen Härtegrad, der dem von Diamanten gleicht; doch sie reagieren intensiv auf ihre Umwelt. Sie scheinen sich ‚wohlzufühlen' in der Nähe anderer Halbedelsteine; auch menschliche Nähe scheint ihnen zu ‚gefallen'; doch wenn sie vernachlässigt werden, zerfallen sie innerhalb kürzester Zeit, zerbröseln, lösen sich auf in Staub[64].

Aus der Natur können wir also lernen, dass es Grenzen gibt und dass diese doch wiederum entgrenzt werden. Was heißt das nun bezogen auf den Menschen? Der Mensch ist Körper, Materie. Als solcher braucht er nicht nur Nahrung, sondern auch Kleidung und Behausung, um seine Grundbedürfnisse zu befriedigen – auch, indem Grenzen gegenüber anderen gezogen werden. Dazu hat er seinen Verstand und die Kraft des Egos. Doch der Mensch ist nicht nur Körper, sondern er ist belebte Materie, belebt durch die Seele, oder wie es in dem indischen Vedanta heißt, durch Atman, den göttlichen Funken in jedem von uns. Diese Seele, auch Höheres Selbst oder kurz Selbst (mit großem S) genannt, ist grenzenlos. Sie ist formlos, reine Energie. Sie ist jedoch mit der Form, dem Körper, verbunden, in ihn eingeschlossen. Dieses Selbst ist immer bereit und willig, Grenzen aufzubrechen und aufzulösen. Da es keine Materie ist, muss es keine Grenzen setzen, sich auch nichts Materielles einverleiben, um zu existieren. Es ist einfach da und möchte die Grenze der Form so weit wie möglich sprengen. Als göttliche Energie ist es reine Liebesenergie, jederzeit bereit, sich zu verschwenden, sich zu entgrenzen.

Während also das „Ich" Grenzen aufbauen muss, die aus der Furcht erwachsen, die mit der Materie, dem Körperbewusstsein einhergehen, ist das Selbst frei aller Grenzziehungen. Sofern sich das „Ich" dem Selbst unterordnet, hat es die geistige Kraft, genauer die Liebeskraft, alle Grenzen oder Mauern und alles Trennende, die das „Ich" aufgerichtet hat, einzureißen.

Je mehr das Ich-Bewusstsein unter die Führung des göttlichen Selbst gerät, desto geringer wird die Furcht, die aus dem Körperbewusstsein resultiert, desto größer wird das Gottvertrauen, desto freier kann die Liebeskraft fließen und die Verpanzerung im Inneren wie in den Beziehungen im Außen aufbrechen. Das Bedürfnis nach Grenzen schwindet und an seine Stelle tritt das Wissen darum, dass wir alle Teil einer größeren Einheit sind, die uns umgreift und in der wir aufgehoben sind. Und die erstaunliche Erfahrung derer, die völlig im Gottvertrauen leben, ist, dass auch für ihre körperlichen Bedürfnisse gesorgt wird. Da Liebe, die nun frei fließen kann, immer Liebe anzieht, wird diesen Menschen auch Liebe entgegengebracht.

Können wir also auf Grenzen verzichten, unsere Nachbarn, Kollegen, Familienangehörigen, Konkurrenten, ja sogar Feinde schalten und walten lassen, wie sie wollen – ganz gemäß der Weisung von Christus: „Wenn einer deine Backe schlägt, dann halte ihm die andere hin"? Wohl sicherlich nicht. Wären wir alle im Zustand frei fließender Liebe, so wäre es möglich, sich auf ein solches Abenteuer einzulassen, doch davon ist die Welt weit entfernt. Der vorangehende Blick auf die unterschiedlichen Arten von Gemeinschaftsbildungen zeigt dies in aller Deutlichkeit. Doch nicht nur das: Die christliche These von der Erbsünde besagt nichts anderes, als dass der Mensch aus dem Gottesbewusstsein gefallen ist, dass er mit der Geburt und der Existenz als Körper ein „Ich" entwickelt, das geradezu auf dem Bewusstsein der Trennung, der Notwendigkeit, Grenzen zu ziehen, aufbaut.

Ausgestattet mit der Freiheit des Geistes, können wir Menschen mit dem Bedürfnis, Grenzen zu ziehen, auch frei umgehen. Die Frage ist also, warum und wieso ziehen wir Grenzen? Wenn wir genau hinsehen, so gibt es zwei grundsätzlich verschiedene Weisen, Grenzen zu ziehen:

Tab. 2: GRENZEN ZIEHEN UND GRENZEN ERFAHREN
Eigenes Modell©

Grundgefühl	**lenkende Instanz**	**ausführende Instanz**	**Richtung**	**Communio**
Furcht Körperbewusstsein	Ego/ich	ich	gegen	verhindernd
Liebe und Vergebung Einheitsbewusstsein	Selbst	Ich	für	ermöglichend

Zum einen gibt es die aus der Furcht geborene Weise, Grenzen zu ziehen. Wir können sie schon bei kleinen Kindern beobachten: die Angst um das eigene Spielzeug, die sich in lautem Schreien und handfesten Balgereien entlädt. Erwachsene, insbesondere, wenn sie keine körperliche Not leiden, machen es eleganter, weniger auffällig. Dennoch: Neid, Konkurrenz, Habgier, sie alle sind Ausdruck der Furcht, nicht genug zu bekommen. Wir wollen *haben*, um uns gesichert zu fühlen: Geld, Besitz, Arbeit, Familie, Beziehung, Ansehen, Haus, Wertpapiere, Schmuck, Auto. Wir gehen *gegen* andere vor, um für uns selbst zu sorgen. Das muss sich gar nicht auf Materielles beschränken. Die Haltung des Habenwollens kann sich durchaus auf Immaterielles erstrecken.

Neiden wir z.B. jemandem seinen Erfolg oder guten Ruf, so ist es ein Leichtes, ihn oder sie zu schädigen, indem wir sie vor den Augen und Ohren der Welt schlecht reden. Sind wir eifersüchtig auf Harmonie, Verstehen, Zuwendung, Liebesbeweise zwischen Menschen, kann es uns einfallen, Zwietracht und Streit zu sähen, sie gegenüber anderen zu verunglimpfen und uns selbst vorzutäuschen, wir seien besser.

Doch es gibt auch eine Weise, Grenzen zu setzen, die nicht aus dem Ego, sondern aus dem Selbst kommt. Sie tritt dann auf, wenn wir aus Liebe zu uns selbst oder zu anderen Grenzen markieren, die einen lieblosen Umgang mit uns oder anderen verhindern helfen. Das fängt im Allerkleinsten an. Eine Mutter, die nicht für sich sorgt und ihrem Kind keine Grenzen zu setzen vermag, wird bald gezwungen sein, Grenzen *gegen* das Kind statt *für* sich *und* das Kind zu ziehen. Würde die Mutter besser für sich sorgen, könnte das Kind leichter lernen, die eigenen Bedürfnisse zu leben und zugleich Rücksicht auf die Bedürfnisse der anderen zu nehmen. Auch Erwachsene müssen lernen, Grenzen zu ziehen. Ständig bewegen wir uns in Beziehungen, bei denen es um das Ausloten von Grenzen geht: Wer spricht zuerst? Wer bestimmt über was? Wer erhält einen Platz in Bus und Bahn? Wer bekommt die Arbeitsstelle, das größte Stück Kuchen? Wer erhält Vortritt, wer den zweiten, dritten oder vierten Platz? Wer wird gehört, wer ist auf die Rolle des Zuhörenden verwiesen? Wer lässt die Abgase in die Luft, wer produziert Müllberge und wer muss den Gestank einatmen und die verseuchte Umwelt ertragen? Wer gehört zu den Privilegierten und wer steht auf der Schattenseite? Zwischen ihnen allen werden Grenzen ausgehandelt und bei diesen Grenzaushandlungen gibt es – im Sinne der Selbstachtung und der Achtsamkeit sich und anderen gegenüber – das Recht auf Widerstand. Das gilt umso mehr, wenn in Beziehungen willentlich oder unabsichtlich Missbrauch mit Macht betrieben wird. Das Kind, das geschlagen, die Frau, die missbraucht, Mitarbeitende, die ausgenutzt werden, müssen und dürfen für sich einstehen, indem sie denen, die sie missachten oder quälen, Grenzen setzen. Liebe und Achtsamkeit können sich nur entfalten, wenn sie Raum haben. Wo dieser Raum beschnitten wird, besteht das Recht auf Widerstand. Es ist zwar ein Widerstand gegen etwas, aber er ist geboren aus dem Geist der Selbstliebe und der Achtsamkeit gegenüber allem Lebendigen.

Welch ungeheure Kraft in dieser Art, Grenzen zu ziehen, steckt, hat in unserer Zeit wie kaum ein anderer Mahatma Gandhi gezeigt. Seine Kampagne

‚sathyagraha' für die Befreiung Indiens von einer unmoralischen Fremdherrschaft war von Liebe getragen. Es war der lang anhaltende Kampf *gegen* die englische Herrschaft und *für* die Befreiung seines Volkes. Doch der Geist der Achtsamkeit, den Gandhi für Indien und seine Menschen forderte, erstreckte sich gleichermaßen auf die Vertreter der englischen Herrschaft, denen er – trotz aller Grenzziehung – immer bereit war, die Hand zu reichen. So ist das deutlichste Zeichen einer vom Geist der Liebe getragenen Grenzziehung die Fähigkeit, zu vergeben. Wo vergeben wird, kann neue Gemeinschaft entstehen, kann erneut erfahren werden, dass wir alle Kinder des Einen sind und dass es darum zwischen uns letztlich nichts Trennendes geben kann. Die Macht, zu verzeihen, und die Macht, zu lieben, sind Geschwister. Sie sind die wichtigsten Grundpfeiler, wenn es darum geht, in einer Welt der Missgunst und des Neides Gemeinschaftlichkeit selbst dann zu ermöglichen und zu erfahren, wenn dies nicht ohne Grenzziehungen möglich ist.

Wenn wir hingegen Furcht und Misstrauen zur Richtschnur machen, verbarrikadieren und verpanzern wir uns. Dieser Panzer, der sich körperlich, seelisch und geistig niederschlägt[65], schließt uns wie in einen Turm ein, macht uns einsam und letztlich hilflos – selbst dann, wenn wir unsere Umwelt zu beherrschen versuchen. In jedem Leben lässt sich erfahren, dass der Turm des Egos uns in letzter Konsequenz keinen Schutz gegen die Welt zu geben vermag. Im Gegenteil, seine Mauern halten vom Leben ab und zerstören uns im Inneren, um die vermeintliche Zerstörung oder Gefahr im Außen abzuwehren. So kennen alle Menschen Erfahrungen, in denen der Turm des Egos aufzubrechen droht oder in der Tat aufbricht: durch eine freud- und lieblose Partnerschaft, durch den schmerzlichen Verlust eines geliebten Menschen, durch eine schwere Krankheit, durch große materielle Not, durch tiefsten Unfrieden – sie alle können so an den seelischen Mauerfesten rütteln, dass die expansive Kraft der Liebe wieder zum Vorschein kommt, zumindest die Sehnsucht danach. Doch die einen reagieren auf solche Schicksalsschläge mit umso eifrigerer Befestigung des seelischen Turms bis hin zu einer vertieften Einsamkeit und Isolierung; die anderen suchen fortan die Macht dieses Gefängnisses zu brechen und der Liebe wieder Raum in ihrem Leben zu geben. Wo dies geschieht, ist der Weg der Heilung nicht dadurch gefunden, dass man meint, auf das ‚Ich' verzichten zu können. Wir brauchen es in der Welt. Doch das ‚Ich' kann unter die Führung des Herzens gestellt werden und sich damit an die Liebeskraft anschließen. Grenzen müssen weiterhin gezogen werden. Doch nun sind es weit mehr Grenzziehungen, die aus der Selbstliebe geboren werden und die zur Liebe und Achtsamkeit gegenüber dem anderen befreien. Solche Art Grenzziehung befreit zum Leben und ermöglicht Communio, die von der Liebe inspirierte Gemeinschaft.

Was also können wir tun in einer Welt der Grenzen und der notwendigen Grenzziehungen? Wir können uns immer dann, wenn wir eine Grenze ziehen, fragen, aus welchem Geist dies geschieht: aus dem Geist der Achtsamkeit und Liebe oder dem Geist der Furcht; aus dem Selbst oder aus dem Ego? Wenn wir dies tun und auf so manche Zementierung unseres Sicherheitsturmes verzichten, stellen wir überrascht fest, dass viele der Grenzziehungen, die wir vorgenommen haben oder auszuführen planten, ganz überflüssig waren und sind. Wenn wir im anderen nicht immer gleich den Feind, den bösen Nachbarn, den arroganten Geschäftspartner oder die hartherzige Kollegin, Mutter, Nachbarin sehen, sondern ihnen mit Achtsamkeit für uns selbst und ihnen gegenüber begegnen, lösen sich viele unüberwindlich scheinende Konflikte in Luft auf. Es brauchen dann keine alten Grenzen zementiert oder neue gezogen werden. Die Mauer in unseren Köpfen lässt sich – so wir diesem Weg folgen – durch die expansive Kraft in unserem Herzen abtragen und der Weg für mehr Mitmenschlichkeit, Gemeinschaftlichkeit, Communio wird frei.

Dabei ist es egal, ob es nun unsere Familie, unsere nächsten Verwandten und Freunde betrifft, die Nachbarn oder die Kollegen und Kolleginnen am Arbeitsplatz oder die Vorgesetzten. Den Ego-Turm abzubauen, auf die Sicherheit der Grenzziehung aus dem Ego zu verzichten, stattdessen zu verstehen, zu vergeben und sich auf Grenzziehungen zu beschränken, die aus Selbstliebe und Respekt für sich und andere erwachsen, fällt uns Menschen schwer. Doch wenn wir es tun, ist der Lohn köstlich, denn es stellt sich ein klares Gefühl im Inneren ein, auf dem richtigen Weg zu sein. Vielfach ist es Freude, Dankbarkeit, tiefes Verstehen. Die Befreiung einer nun freier fließenden Liebe und das Echo im anderen wärmen unser Herz. Die Befreiung aus dem Ego-Sicherheits-Turm erweist sich als Befreiung zum Leben, zur Liebe und zur Communio.

Stufen der Liebe

Wenn hier von Communio als der von Liebe inspirierten Gemeinschaft die Rede ist, kann leicht der Einwand kommen: Liebe, das ist doch weit hergeholt! Was hat Liebe in meinem Alltag zu suchen, es sei denn in meinen engsten Beziehungen? Liebe ist etwas so Exklusives, dass es außerhalb meiner vier Wände keinen Platz hat! Ist es der Unglaube oder Unwille, zu erkennen, dass wir alle liebesfähig sind und in der Tat auch lieben – und das nicht nur im privaten Alltag? Von Birgit Williamsen stammt ein Satz, der immer wieder Nelson Mandela zugeschrieben wird:

Unsere größte Angst ist nicht,
unzulänglich zu sein.
Unsere größte Angst ist,
grenzenlos mächtig zu sein.
Unser Licht,
nicht unsere Dunkelheit
ängstigen uns am meisten.

BIRGIT WILLIAMSEN

Wir machen uns unnötig klein, wenn wir unsere Liebeskraft nicht wahrnehmen. Oft sind es kleine, unmerkliche Zeichen der Fürsorglichkeit und Aufmerksamkeit gegenüber anderen: Eine freundliche Geste, ein warmes Lächeln, ein Zurücktreten hinter den anderen, ein kleines Geschenk, ein fürsorglicher Gedanke, ein mitfühlendes Fragen, ein Verzichten auf Anspruch, Recht, Gewohnheit, ein Gefühl der Dankbarkeit und der Freude. Die Gesichter der Liebe sind unendlich, die Situationen, in denen sie aufscheinen, ohne Zahl und die Objekte, auf die sie sich richtet, unbegrenzt. Liebe ist eine Kraft, die so im Übermaß vorhanden ist, dass sie gar nicht anders kann, als sich zu zeigen, denn sie ist dem Menschen eingeboren.

Und dennoch gibt es Stufen der Liebe; es gibt unterschiedliche Grade der Liebe. Es gibt die Liebe, die sich nur im Kleinen zeigt, und Liebe, die der ganzen Fülle eines bedingungslos liebenden Wesens entspringt und sich vorbehaltlos ausbreitet. Aus dem Griechischen ist die Unterscheidung zwischen Eros und Agape bekannt; der menschlichen Liebe und der Gottesliebe. Im Folgenden beziehe ich mich auf sechs Landschaften der Liebe, zwischen denen Jack Hawley in einem Buch über die Wiedererweckung der Spiritualität in der Arbeit unterscheidet[66]. Sie geht über die griechische Differenzierung hinaus und orientiert sich stärker an der Weisheitslehre des Vedanta:

Die *erste* Stufe der Liebe verdient diesen Namen nicht zu Recht, denn es ist eigentlich *Verlangen*, der Wunsch, etwas zu besitzen. Dieser Wunsch entspringt nicht der Fülle des Herzens, zu geben, sondern dem Empfinden des Mangels. Es ist ein Verlangen, geboren aus der Furcht, nicht genug zu bekommen, geboren aus dem Bewusstsein der Trennung und Isolierung. Um dieses Gefühl zu überwinden, versucht der Mensch sich alles Mögliche – materiell wie immateriell – einzuverleiben: Besitztümer aller Art, Zuneigung, Anerkennung, Auszeichnung. Es ist die Haltung des Habenwollens, die nie zur Befriedigung führt, denn hinter jedem erfüllen Wunsch taucht der nächste auf, der nach Erfüllung verlangt. In der indischen Philosophie wird darum auf dem Weg zur Entfaltung der Liebeskraft verlangt, dass der Mensch lernt, seine Wünsche loszulassen. Sathya Sai Baba hat daher ein Programm zur „Begrenzung der Wünsche" ins Leben gerufen. Seine Aussage: *„Leben + Wünsche = Mensch, Leben ohne Wünsche = Gott"*. Diese erste Stufe der sogenannten Liebe erweist sich also in Wirklichkeit als der wichtigste Stolperstein auf dem Weg, Liebende zu werden. In den heutigen Industriegesellschaften baut das ganze Wirtschaftssystem auf der beständigen Erzeugung von Wünschen auf und unterstützt dies mit suggestiven werblichen Maßnahmen. Die Überwindung dieser Stufe ist daher besonders schwierig geworden.

Die *zweite* Stufe, die Jack Hawley beschreibt, deckt sich mit dem bekanntesten Ausdruck von Liebe, mit Liebe als *Gefühl*. Wenn wir Liebe spüren, wenn wir uns intensiv zu einem Menschen, einer Landschaft, einer Pflanze, einem Tier oder auch zu Gott hingezogen fühlen, so treten wir ein in einen Zustand der Hoch-Stimmung, in der jeder Nerv, jeder Moment mit zusätzlicher Gefühlsenergie geladen zu sein scheint. Weil wir das Gefühl kennen und um seine Köstlichkeit wissen, sehnen wir uns so sehr danach, es wieder und wieder zu erleben. Dabei vergessen wir vielfach, dass zu lieben wichtiger ist, als geliebt zu werden, denn es ist das Gefühl, selbst zu lieben, das uns im wahrsten Sinne des Wortes erhebt, hoch stimmt.

In der *dritten* Stufe wird Liebe sichtbar, denn sie äußert sich als *Handlung*. Wir beziehen uns auf ein anderes Wesen, dem wir Aufmerksamkeit, Zuwendung, Fürsorge, Hilfe oder Unterstützung geben. Alle Arten von tätiger Nächstenliebe gehören hierzu ebenso wie die fürsorgliche Unterstützung – von wem auch immer – Kollegen, Familienangehörigen, Nachbarn oder Freunden.

Tab. 3: STUFEN / LANDSCHAFTEN DER LIEBE
Auf der Basis eines Modells von Jack Hawley[67]

Art der Liebe	Liebe als Wunsch Liebe wollen	Liebe als Gefühl emotionale Liebe	Liebe als Handlung im Handeln Liebe ausdrücken	Liebe als Geben selbstlose Liebe	Liebe als Energie ermächtigende Liebe	Liebe als Geist Einheit
Basis dieser Art von Liebe	Unzufriedenheit, Gefühl der Isolation	Gefühl zwischen Menschen	Handlung, die sich auf Menschen bezieht	Selbstlosigkeit	inneres Drängen nach Einheit	Einheit Furchtlosigkeit
Erscheinungsform	Wunsch, Gier, Neid, Mein-Dein, Sorge, Ärger, Eifersucht	nicht sichtbar, zwischenmenschlich, Freundlichkeit, Ernsthaftigkeit, Selbstverpflichtung, Loyalität, tiefe Zuneigung, starke Anziehung, Mitgefühl	sichtbar, fürsorglich, helfend, kooperativ, teilend, verstehend	einseitige Liebe, ideale Mutterliebe, sich mit höheren Kräften verbindend	Energie, die die verschiedenen Formen der Liebe bewegt, Liebe als Wille, absichtslose Liebe, innerer Antrieb, die Bewegung hin zur persönlichen Vervollkommnung	unpersönlich, ganz, vollständig, ohne Anhaftung, bedürfnislos, die Liebe, von der wir herkommen

In der vierten Stufe wird diese Fähigkeit, Liebe auszudrücken, um eine besondere Dimension bereichert, um die Kraft, keinerlei Lohn für die geäußerte Liebe empfangen zu wollen. Es ist die *selbstlose Liebe*, die gibt um des Gebens willen. Es ist die Weise zu lieben, für die gilt: Liebe ist sich selbst genug; sie fragt nicht nach Lohn, sie braucht keinen Dank, sie verströmt sich, weil das Herz voll ist. Als ich mir eines Tages gewahr wurde, dass ich Dank als Antwort auf meine Zeichen der Liebe erwartete und mich intensiv fragte, was mich an einer bedingungslosen Liebe hindert, erhielt ich eine überraschende Antwort: Es war und ist mangelndes Gottvertrauen. Wenn ich aus reinem Herzen und freien Stücken etwas schenke und es ganz Gott überlasse, wie dieses Geschenk aufgenommen wird und was daraus wird, dann brauche ich auch keinen Dank mehr, dann kann ich bedingungslos schenken, so wie wir dies in reinster Form von der Mutterliebe oder von Gott erwarten und erhoffen. Doch in dem Moment, in dem ich mir die Ergebnisse meines Geschenks zurechnen möchte, erwarte ich etwas zurück, und wenn es nur ein Dank ist. Dazu eine Geschichte:

Es war einmal eine junge Frau. Sie hatte wunderschönen Schmuck, Juwelen, Ketten, Ringe, Broschen. Sie hatte diese von ihrer Mutter geerbt, die sie sehr geliebt und verehrt hatte und die sie nun nach ihrem Tod ebenso sehr vermisste. So konnte sie sich an ihren Schätzen nicht freuen. Im Gegenteil, sie weinte schmerzliche Tränen, um den Verlust zu betrauern. Dieser Schmerz putzte allmählich ihr Herz so rein, so funkelnd klar, dass es wie ein Diamant aus all dem Kummer wieder zum Vorschein trat, leuchtend und strahlend.

An den Dingen dieser Welt hatte die junge Frau kein Interesse mehr, denn in der Phase des Schmerzes hatte sie Zuflucht bei Gott gesucht und gefunden. So konnte sie sich auch nicht mehr an den Juwelen freuen, wusste jedoch, dass sie anderen damit eine Freude bereiten konnte. Sie wusste, dass sie nicht nur etwas Wertvolles im weltlichen Sinne besaß, sondern auch einen Freudenbringer, etwas Wertvolles im geistigen Sinne.

So ging sie die Frage, wem und wie sie die Geschenke verteilen sollte, mit großer Sorgfalt und Liebe an. Als Erstes fiel ihr ihre jüngere Schwester ein. An ihr hatte sie längst Mutterstelle eingenommen. Als diese in das Alter einer jungen Frau kam, die sich schmücken konnte und durfte, schenkte ihr die Frau einen Teil der Juwelen. Das Mädchen war überglücklich, hatte es doch das Gefühl, mit dem Schmuck einen Teil der Mutterliebe auf ihrer Haut spüren zu dürfen. So wähnte sie die Mutter nun immer bei sich und freute sich von Herzen an diesem Geschenk. Die zweite Person, die der Besitzerin des Schmucks in den Sinn kam, war ihre Haushälterin, die Frau, die gewohnt war, nach den beiden Frauen zu sehen und für ihr Wohlergehen zu sorgen.

Sie tat dies aufopferungsvoll seit vielen Jahrzehnten. Beide Mädchen, die sie durch all die Jahre im Auftrag ihrer Herrin begleitet hatte, waren ihr lieb und wert. Als sie nun eine wertvolle Brosche erhielt, barst ihr Herz fast vor Dankbarkeit und Freude. Es schien ihr die Krönung ihres langen Bemühens, so – über ihren Stand hinaus – Zuwendung und Liebe erhalten zu haben, die sich in dem Schmuckstück äußerten.

Dann gab es noch ein kleines Mädchen, zu dem die Frau, die ihren Schmuck verschenkte, eine zärtliche Zuneigung gefasst hatte. Es war verwildert, lebte auf der Straße, ging nicht zur Schule und machte sich und den Eltern Kummer. Es hatte sich eine Art des lieblosen Umgangs angewöhnt, der es für alle zum Problem werden ließ. Die Frau glaubte dennoch an dieses Kind. Und da sie dem ein Zeichen, einen Ausdruck geben wollte, beschloss sie, ihm wider alle Vernunft ein wertvolles Geschenk in Form eines Brillantringes zu machen. Das Mädchen sah das glitzernde Ding, war verwundert, und lief, ohne sich zu bedanken, mit ihm davon. Kurze Zeit später hatte es den Ring verloren. Die Frau war darüber traurig, doch da sie Gott vertraute, wusste sie, dass es richtig gewesen war, ihrem Herzensimpuls zu folgen. So vergaß sie nach kurzer Zeit die Episode und fuhr fort, ihre Geschenke in liebevoller Weise Menschen zukommen zu lassen.

Das kleine Mädchen wuchs heran und lernte in kurzer Zeit den Wert des Schmuckstückes begreifen, den es so achtlos verloren hatte. Es begann darüber nachzusinnen, warum es damit so schlecht umgegangen war, und ärgerte sich über den Verlust, denn es war sehr arm, fühlte die Armut bitter und wusste nun, dass der Ring ihr Erleichterung gebracht hätte. So setzte es seinen Weg fort, danach Ausschau haltend, ob ihr Ähnliches noch einmal widerfahre. Da merkte es, dass es weniger der Ring war, wonach sie Ausschau halten müsse, als ein Mensch, der die besondere Qualität jener Frau besaß, die ihr damals dieses Geschenk gemacht hatte. Doch sie fand keinen vergleichbaren Menschen mehr. Das machte sie sehr traurig. Und allmählich verwandelte sich ihr Sehnen nach dem Ring in ein Sehnen nach jener besonderen Güte, die sie damals erfahren hatte. Es war ein sehr langer Weg, den das junge Mädchen gehen musste. Er führte sie von dem krassesten Egoismus, der aus der inneren und äußeren Not geboren war, hin zu einer Haltung selbstlosen Dienens, wie er ihr damals in der Frau begegnet war. Ohne das Bild dieser Frau in ihrem Herzen aufzurichten und als Stern der Orientierung zu erleben, hätte sie niemals diesen Weg beschreiten können. Doch er führte sie zu jenem Brillianten in ihrem Herzen, den sie einst achtlos fortgeworfen hatte und den ihr nun niemand mehr nehmen konnte.

Die Frau aber, die von all dem nie etwas erfuhr, war davon gänzlich unberührt. Sie wusste, dass sie mit dem Geschenk an das Kind Gottes Willen erfüllt hatte. Dies war Dank und Bestätigung genug.

Auf der *fünften* Stufe wird Liebe als *bewegende Kraft* spürbar und wirksam. Es ist die Kraft, die uns dazu drängt, uns selbst zu vervollkommnen. Es ist die Kraft, die uns antreibt und anfeuert, uns mit der Liebesenergie in uns und in unserem Umfeld, ja im Universum zu verbinden. Liebe ist hier der Beweger hin zur Einheit, aus der wir gekommen sind. Diese Liebesenergie ist auch unsere Triebfeder, fühlende, handelnde und selbstlose Liebe zu leben. Sie bewegt uns, Liebe auf vielfältige Weise auszudrücken.

Auf der *sechsten* und letzten Stufe finden wir die *absolute Liebe*, die Liebe, aus der wir hervorgegangen sind: Spirit, Atman, Gott. Die Namen hierfür sind vielfältig. Wenn Jack Hawley sein Buch: „Reawakening the Spirit in Work / Die Wiederbelebung des Geistes in der Arbeit" nennt, dann meint er damit, dass wir uns auch in der Arbeit wieder an die göttliche Liebeskraft anschließen können. Wir können aus ihr Energie (5. Stufe) schöpfen und ihr vielfältigen Ausdruck (2.-4. Stufe) geben.

Liebende zu sein, fällt uns schwer. Zu hermetisch haben wir uns ein- und abgeschlossen in unsere Türme des Zweifels, des Schutzes und der vermeintlichen Sicherheit. Doch ohne den Zweifel an der Berge versetzenden Kraft der Liebe zu überwinden, ist es nicht möglich zu lieben. Die Zweifel mögen vielfältige Ursachen haben und vielfältiger Natur sein. Doch der Zweifel ist immer eine Gegenkraft zur Liebe. Der Zweifel ist aus der Furcht geboren; aus der Furcht, nicht geliebt zu werden und deswegen für den anderen kein Liebesgeschenk sein zu können, nicht respektiert zu sein und deswegen auch keinen Respekt entgegenbringen zu wollen, nicht geachtet zu sein und deswegen nicht zu achten, nicht gesehen und wahrgenommen zu sein und deswegen auch nicht sehen und wahrnehmen zu sollen, über den anderen zu stehen und deswegen Liebe nicht nötig zu haben, sich sicher zu fühlen und deswegen zu meinen, Liebe sei überflüssig, verzichtbar, ja sogar fehl am Platz. Die Liste der Gründe, warum wir uns und anderen Liebe verbieten, ist endlos. Es tun sich immer wieder Gründe und Möglichkeiten auf, warum wir im Zweifel, in der Zweiheit, bleiben, statt in die Liebe, in die Ein-heit zu gehen. Dem zu entkommen, gelingt nur durch die Kraft des Willens, nicht den Willen zum Ich, sondern den Willen zum Selbst, zur entgrenzenden Kraft des Selbst, jener auf Einheit und Verschmelzung angelegten göttlichen Kraft in uns, die fähig ist, alle Mauern einzureißen und uns zur Liebe zu uns selbst und anderen zu befreien. Der Wille, sich dieser Kraft hinzugeben, anheimzugeben, ist Gottvertrauen, und da das Selbst Gott ist, ist es zugleich Selbst-Vertrauen, das Vertrauen in die Liebeskraft in jedem von uns.

Auf welcher Stufe der Liebe wir uns bewegen, hängt von unserer bisherigen Seelenentwicklung, der Ernsthaftigkeit und Entschiedenheit unseres Willens zur Liebe und von der Gnade Gottes ab. Teresa von Avila hatte eine Gottesvision, in der sie die Stufen der Liebe in einem Kristallpalast mit sieben Häusern bzw. in einer Seelenburg sah[68]. Die Burg ist von einer Mauer umgeben, in der sich all die aufhalten, die sich nicht auf den Weg der Liebe begeben. Sie erfahren Trennung von der Liebeskraft, die im Innern der Burg ihre Wohnstatt hat. Im innersten Raum ist Gott selbst, die Verkörperung des Lichts und der Liebe. Die einzelnen Räume oder Häuser:

Im *ersten* Haus halten sich die Menschen auf, deren Sehnen noch sehr auf das Weltliche gerichtet ist. Nur lange spirituelle Disziplin hilft ihnen, einen Fortschritt zu machen. Die Liebeskraft erreicht sie nur in einer schwachen und diffusen Form.

Im *zweiten* Haus entwickelt die Seele ein größeres Bedürfnis, weiterzugehen. Sie beginnt, sich mit spirituellen Gedanken zu befassen, Menschen um sich zu haben, die Gott suchen. Es ist ein Haus der Gebete und der regelmäßigen spirituellen Disziplin. Dennoch wird der Sog des Weltlichen von außerhalb des Hofes, der den Kristallpalast umgibt, noch gespürt. Aber die Widerstandskraft ist so angewachsen, dass Wärme und Licht sich stärker ausbreiten.

Im *dritten* Haus stehen die Seelen in der Gefahr, ihrer eigenen Stärke und ihren eigenen Tugenden zu vertrauen, statt Vertrauen in Gott als der bewegenden Kraft zu entwickeln. Sie können zurückfallen in ihrer Fähigkeit zu lieben, doch Disziplin, Dienst am Nächsten, Klugheit und Unterscheidungsvermögen helfen ihnen weiter auf dem Weg in das Innere des Kristallpalastes, obwohl Seelen auf dieser Stufe noch nicht die volle Kraft der Liebe erfahren haben.

Im *vierten* Haus erleben Seelen erste mystische Erfahrungen, und während es bisher vor allem die Anstrengung der Seele zu Gott war, beginnt Gott sich nun stärker der Seele zuzuwenden und ihr auf ihrem Weg zu helfen. Sie erfährt eine „spirituelle Tröstung" und tritt ein in das „Gebet der Stille", ein Gebet ohne Worte, ein unmittelbares Sichnähern Gottes. Die Liebe hat in diesem Haus ihre Züge der unterwürfigen Angst verloren. Die Seele hat die innere Bindung an das Weltliche aufgegeben, die den Fortschritt hemmten. Furchtlos kann sie nun voranschreiten und im Gebet rasch zwischen einfachem Gebet und tiefem Eintauchen in Gott hin- und hergehen.

Im *fünften* Haus, nach Teresa von Avila dem Haus der spirituellen Verlobung, darf die Seele in tiefer Kontemplation Einheit mit Gott erfahren und erfahren, dass der Geist sich so beruhigt, dass er zu schlafen beginnt. Dieses Haus zu erreichen, ist ein Geschenk Gottes.

Im *sechsten* Haus ist das wechselseitige Gelöbnis des fünften Hauses in Erfüllung gegangen. Die Seele (der Liebhaber) und Gott (der Geliebte) erfahren lange Perioden der Einheit. Um diese Nähe zu ertragen, durchläuft die Seele viele Arten von Erfahrungen und Herausforderungen: Höhen der Ekstase, der Gottesnähe, ebenso wie schmerzlichste Tiefen. Sie können von Krankheit über Verfolgung, Verunglimpfung bis zur spirituellen Depressionen reichen. Doch die Seele ist nicht mehr zu erschüttern, sondern sehnt sich nur noch danach, in das Innerste des Palastes, in das siebte Haus, einzutreten.

Das *siebte* Haus ist der letzte Schritt auf der langen Stufenleiter der Liebe. Es ist der Eintritt in die völlige Einheit mit Gott, in das Liebesbewusstsein, in die Liebeskraft, in die Gottesliebe selbst. Zwei getrennte Kerzen vereinen sich zu einem Licht; der Tropfen versinkt im Ozean. Ein höherer Zustand ist nicht möglich.

Das Innere der Burg zu betreten, ist immer nur einzelnen vergönnt. Sie werden von uns als Heilige und Weise verehrt. Doch auf den Weg in das Innere können wir uns alle begeben. Es ist eine Frage des Willens zur Liebe, des Willens, das eigene Herz wider alle Ängste zu öffnen und langsam zu spüren, wie uns mit der Liebe das Leben durchflutet. Liebe befreit zum Leben. Ein Leben ohne Liebe ist wie ein trostloser Turm in einer öden, wüsten, leeren Landschaft. Das größte Leid, das wir uns antun können, ist, die zarten Pflänzchen unserer eigenen Liebeskraft zu übersehen, zu zertrampeln und zu missachten, statt ihnen die Sorgfalt, Zuwendung, Aufmerksamkeit und Achtsamkeit zu geben, die sie für ihr Wachstum brauchen. Tun wir dies, so kann die Pflanze der Liebe wachsen, sich entfalten, Kraft und Schönheit gewinnen und ihre süßen Früchte denen geben, die sie aufsuchen.

Stufen des Bewusstseins

Der Weg zur allumfassenden bedingungslosen Liebe ist der Weg einer allmählichen Transformation des Bewusstseins. In der Regel nehmen wir die Welt nicht so wahr, wie sie ist, sondern so, wie unser Bewusstsein sie sich erschaffen hat. Es ist die individuelle Brille, die meinen Blick prägt. „The scene is outside, the seer is inside“ (Die Szene ist außen, der Sehende ist innen), so die Kurzformel des indischen Gelehrten Anil Kumar. Dies gilt auch für unsere Kraft und Fähigkeit, zu lieben. Nicht das Objekt der Liebe ist entscheidend dafür, ob unsere Liebeskraft immer umfassender und bedingungsloser wird. Es hängt von unserem Bewusstsein ab: Erweitert es sich so, dass wir in allem und jedem Gott wahrnehmen können und uns mit ihm in der gemeinsamen Liebeswurzel eins wissen? Wer eingetaucht ist ins Gottesbewusstsein, findet den gesuchten Buddha – wie die berühmte Geschichte erzählt – selbst im räudigen Hund.

Die vedantische Philosophie vertritt die Auffassung, dass beim Menschen der göttliche Funke in fünf Körperhüllen eingeschlossen ist (vgl. Tab. 4)[69]. Je nachdem, mit welcher der fünf Körperhüllen ich mich in meinem Bewusstsein identifiziere, sehe ich die Welt.

Die *erste* Körperhülle – anamayakosha – ist der grobstoffliche Körper, der sich nach indischer Auffassung aus den fünf Elementen Erde, Feuer, Wasser, Luft und Äther zusammensetzt. Er baut sich aus Nahrung auf und erhält sich über Nahrung. Er drückt Liebe im Handeln aus.

Die *zweite* Körperhülle, die Vitalhülle – pranamayakosha – wird durch die Luft aktiviert und gesättigt; zu ihr gehören auch alle aufsteigenden und absteigenden Säfte und Energien (Blut, Stoffwechsel etc.) sowie die Sinne. Sie zeigt Liebe im Fühlen.

Die *dritte* Körperhülle – manomayakosha – ist der Sitz des Denkvermögens und der Gefühle. Sie äußert Liebe in Gedanken, Worten und Gefühlen.

Die *vierte* Körperhülle, die Intelligenzhülle – vijnanamayakosha – verbindet mich mit der Höheren Intelligenz, der Intuition, der inneren Weisheit. Sie transzendiert die menschlichen Grenzen und eröffnet dem Menschen den Zugang zur Transzendenz. Mit den beiden vorangehenden Hüllen bildet sie den feinstofflichen Körper. In ihr lebt Liebe als Kraft der Intuition.

Die *fünfte* und letzte Hülle ist Ort des Glücksbewusstseins – anandamayakosha – die Körperhülle, mit der der Mensch am Überbewusstsein teilhaben und sich mit dem Universalbewusstsein vereinen kann. Sie wird auch Kausalkörper genannt. In ihr wird Liebe als umfassendes Verstehen wirksam.[70]

Eine besondere Bedeutung haben die *dritte und die vierte* Körperhülle. Die dritte Körperhülle, der Sitz des Verstandes und Denkens, hat eine Scharnierfunktion in zwei Richtungen. Als Bürger zweier Welten, der Immanenz und der Transzendenz, haben wir die Wahl, mit was wir uns stärker identifizieren wollen, mit Materie oder mit Geist. Dies ist bedeutsam, denn worauf sich der Geist richtet, das wird wirkmächtig. Richtet er sich auf das Göttliche, Absolute, die Transzendenz, das Tao, so eröffnet sich uns diese Dimension des Seins. Verharrt er im Körperbewusstsein, so identifiziert sich der Geist mit dem, was im Bewusstsein Trennung und Absonderung hervorruft.

Die vierte Körperhülle, Sitz der Höheren Intelligenz und Intuition, hat in diesem Prozess die Aufgabe, zu prüfen, wohin mich der Impuls meiner Sinne und Gedanken führen will, und fordert mich auf, meine Wahl auf der Basis dieses Unterscheidungsvermögens zu treffen.

So lehren es die vedantischen Weisheitsschriften. Und sie sagen zugleich, dass der Weg dorthin nicht einfach sei. Für jede der Körperhüllen gibt es Anregungen, wie sie so rein gehalten werden können, dass sie das Bewusstsein nicht verdunkeln. Der grobstoffliche Körper braucht reine Nahrung. Der Vitalkörper lässt sich durch gleichmäßiges tiefes Atmen reinigen. Dies ist zugleich der beste Weg, um Gedanken und Sinne in der dritten Körperhülle zu zügeln. Die Kontrolle der Sinne wiederum fällt leichter, wenn wir uns heiligen Gedanken zuwenden, die nicht durch Gefühle und Sinne, Freud und Leid beeinflusst werden. Wo schließlich in Gedanken und Gefühlen Ruhe einkehrt, werden wir durchlässiger für die höhere Intelligenz, was wiederum durch Kontemplation unterstützt werden kann. Die Öffnung für das reine Glücksbewusstsein entzieht sich menschlichem Zugriff, wie auch schon die Durchlässigkeit für die Höhere Intelligenz die Möglichkeiten des Menschen überschreitet. Doch die Freiheit von Wünschen gilt als die wichtigste Voraussetzung, um in den Zustand des Allbewusstseins einzutauchen.

Tab. 4: KÖRPERHÜLLEN UND BEWUSSTSEINSBILDUNG
nach vedantischer Philosophie
Eigenes Modell©

Hülle/ Schicht	**Anna mayakosha**	**Prana mayakosha**	**Mana mayakosha**	**Vijna mayakosha**	**Ananda mayakosha**	
Hülle/ Schicht umfasst …	Körper geformt aus den fünf Elementen	vegetative Lebensfunk- tionen Sinne	Verstand mentale Schicht logisches Denk- vermögen Welt der Gefühle	Intuition Intelligenz höhere Weis- heit Buddhi Zeugen- bewusstsein	reines Bewusstsein Sitz höchster Glückselig- keit das eigentli- che Sein, das zur Erfahrung der höchsten Glückselig- keit fähig ist	UNIVERSELLES BEWUSSTSEIN
Identifikation mit dieser Hülle schafft …	gewöhnliches (Körper) Bewusstsein	Vitalität	Verstand Gefühlen	höhere Intel- ligenz	Überbewusst- sein ➔	
Reinigung durch …	gesunde Ernährung	gleichmäßi- ges Atmen	heilige Gedanken und Gefühle, die nicht von den Sinnen oder von Freud und Leid beeinflusst werden	Kontemp- lation über die absolute Wirklichkeit	Eintauchen in beglückende Gottes- kenntnis (Samadhi) als Geistes- haltung, frei von Reaktionen, Wünschen, Wollen und Verlangen	
Hülle gehört zu …	grobstoff- lichem Körper	feinstofflichem Körper			Kausalkörper	

Übertragen wir nun dieses Weisheitssystem auf unser Thema der Liebe, auf die 'Kunst zu lieben', wie dies Erich Fromm nannte: Wenn ich lieben möchte, wenn ich meine Liebeskraft immer mehr erweitern möchte, wenn ich schließlich bedingungslos alle und alles lieben möchte, brauche ich unbedingte Hingabe an den Prozess der Transformation meiner selbst. Die vedantische Philosophie ist nicht die einzige, die den Weg der Transformation beschreibt. Doch mit ihrem Wissen über den Körper, über seine subtilen Funktionsweisen, mit ihrem Konzept der Reinigung der Körperhüllen und der Hilfen auf dem Weg hierzu überschreitet sie bei weitem das, was in unserem Kulturkreis bekannt ist.

Erst allmählich erschließen wir uns diese Quellen, sei es durch ayurvedische Ernährungslehre, sei es durch Meditation als eine Technik, um den Geist zu beruhigen. Nicht, dass es solche Traditionen nicht auch im Christentum gegeben hätte. Doch die Quellen sind fast bis zur Unkenntlichkeit verschüttet, sind auf das Konzept von Fastentagen und '7 Wochen ohne' geschrumpft, ohne dass ihr transformatorischer Gehalt noch ausreichend im Bewusstsein wäre. Für die vedantische Philosophie und Spiritualität ist es die Aufgabe des Menschen, d.h. seiner Seele, sich in vielen Inkarnationen dem Gottesbewusstsein und damit der allumfassenden Liebe zu öffnen. In letzter Konsequenz soll der Mensch erkennen, dass er Gott ist, wie die Pflanze auch, das Tier und alles Geschaffene. Je mehr der Mensch in seinen vielen Leben und Erfahrungen lernt, das Göttliche in allem und jedem zu erkennen, desto umfassender wird er lieben können.

Wie Kommunikation gelingt

Gott ist Beziehung

Wo immer Kommunikation Communio entstehen lässt, wo immer eine Verbundenheit entsteht, die aus der Liebeskraft erwächst, bedarf es eines Menschen, der diese Kraft bereits lebt und andere mit ihr berührt. Dieser Kraft haben Menschen viele Namen gegeben: Gott, Atman, Allah, TAO, Großer Geist. Sie ist unveränderbar und doch bewegt sie alles. Wer sich an sie anschließt, öffnet sich einem Energiefluss hin zur Inneren Wahrheit, Rechtschaffenheit, Furchtlosigkeit, Gewaltlosigkeit und zur Liebe in ihren vielen Schattierungen. Die Beziehung zwischen Menschen wird dabei auf eine neue Ebene gehoben. Wo vorher Gefühle der Trennung vorherrschten, gewinnen nun Vorstellungen von Gemeinsamkeit Raum, die den einzelnen aus seiner Vereinzelung lösen. Ein Wissen um die Einheit alles Geschaffenen dämmert auf.

Der Mensch ist einzigartig und individuell. In einer Verbundenheit, die vom Geist der Communio geprägt ist, verliert er sich nicht. Communio entspringt dem Geist der Achtsamkeit vor jeder individuellen Ausprägung des Göttlichen. Dies schenkt dem Einzelnen Würde. Doch die Einzigartigkeit und Verschiedenheit ist aufgehoben in der Einheit all dessen, was existiert. Beziehung stellt sich dann nicht her zwischen Getrenntem, sondern sie drückt die Vielfalt und Verwobenheit des Einen aus.

Zu allen Zeiten hat es begnadete Menschen gegeben, die die Botschaft der Liebe beispielhaft gelebt haben. Sie schufen Verbundenheit selbst dort, wo Missgunst, Zwietracht, Neid, Egoismus, Zorn und Aggression herrschten. Sie besaßen die Kraft, einen Bewusstseinsschub und Bewusstseinswandel bei ihren Mitmenschen auszulösen, Inseln der Eintracht und des Friedens zu schaffen und punktuell dem Licht Kraft über die Mächte des Dunkeln zu geben. Zu ihnen gehören Menschen, die das Gottesbewusstsein voll verwirklicht haben, wie Christus, Buddha, Mohammed, Zoroaster oder Sathya Sai Baba. Zu nennen sind auch die vielen Heiligen und Vorbilder, deren Leben und Wirken so beispielhaft waren, dass sie bis heute verehrt werden: Franz von Assisi, Teresa von Avila, Hildegard von Bingen, Albert Schweitzer oder Martin-Luther King. Doch wenn wir noch genauer hinsehen, entdecken wir auch im ganz normalen Alltag Menschen, die eine heilende, verbindende Kraft besitzen. Es mag die einfache Marktfrau sein, die nie ohne ein freundliches Wort oder Lächeln das Gespräch enden lässt, die verehrte Lehrerin, die in den Schülern und Schülerinnen den Geist der Freude und des Enthusiasmus entfacht, oder der Arbeitskollege, dessen Aufrichtigkeit und Respekt eine Atmosphäre des Vertrauens und der Verbundenheit dort herstellt, wo sonst trister Alltag vorherrscht. Kennen wir sie nicht auch in der Familie und im Freundeskreis – jene Menschen, die das Herz erwärmen, wenn wir ihnen begegnen, und die jede Begegnung, jedes Gespräch zu einem Ereignis werden lassen, weil das Herz berührt wird?

Die folgenden Geschichten aus dem wirklichen Leben sind daher Geschichten von Menschen, die in sich die Kraft zur Communio beispielhaft verwirklicht haben. Drei Arten von Geschichten werden dies sein: Im ersten Fall stehen *Personen* im Vordergrund; im zweiten werden bestimmte beispielhafte *Situationen* geschildert und im dritten Fall geht es um *Organisationen*, in denen Communio strukturgebend geworden ist. Doch immer waren es einzelne Menschen, die den Impuls zur Communio gesetzt haben. Während Erleuchtete, die im Gottesbewusstsein lebten, für ihre jeweilige Zeit und Epoche in ihrem Wirkungsradius unbegrenzt zu sein scheinen, ist der Radius bei Menschen wie du und ich eingeschränkter. Doch die Substanz ist immer dieselbe. Es ist die Brücken bauende und Trennung überwindende Kraft der Liebe, die Communio schafft. Sie bewirkt eine Kultur der Verbundenheit, die sich in der Beziehung untereinander bewährt und bewähren muss. Kein noch so ausgefeiltes Projekt der Kommunikationsverbesserung – egal, ob mit oder ohne technische Mittel – kann diese Qualität der Communio herstellen, solange es an der Liebe fehlt.

Herausragende Persönlichkeiten

Sri Sathya Sai Baba

In Indien lebte zwischen 1926 und 2011 ein Mensch, den Millionen Menschen weltweit als den Poornavatar[71] unserer Zeit verehrt haben und verehren. Zu seinen Lebzeiten strömten alljährlich Hunderttausende in einen kleinen Ort mit Namen Puttaparthi im südindischen Staat Andra Pradesh. Dort ist der Geburtsort und dort befindet sich auch sein Ashram, das, was wir im Westen als Kloster bezeichnen würden. Es sind Menschen aus aller Welt, aller Hautfarben, aller religiösen Bekenntnisse, aller Schichten und Klassen, aller Bildungsgrade und aller Einstellungen und Verhaltensweisen. Nach seinem Ableben im Frühjahr 2011 entwickelt sich der Ort zu einem großen Pilgerplatz. Die Menschen kommen nun, um an seinem Grab zu meditieren und den Segen dieser großen Seele zu empfangen.

Was machte und macht den Zauber dieses Menschen aus, der mit übernatürlichen Kräften ausgestattet war und der weltweit durch Wunder, wie sie den Christen aus der Bibel geläufig sind, Aufsehen erregte. Moderne Menschen legen sich kaum noch Rechenschaft darüber ab, ob diese Wunder tatsächlich möglich waren und ob Christus tatsächlich eine Menschwerdung des Göttlichen ist. Sathya Sai Baba jedenfalls nahm dies für sich in Anspruch. In unzähligen Wundern hat er seine Allwissenheit, Allmacht und Allpräsenz gezeigt. Von sich sagte er, er sei die Verkörperung reiner Liebe und Glückseligkeit. „Liebe ist meine Form“ (Love is my form), und „Mein Leben ist meine Botschaft“ (My life is my message). Gekommen sei er, um die Menschheit wieder auf den Weg der Rechtschaffenheit, des Dharma, zurückzuführen. Von seinen Anhängern erwartete er, dass sie sich als Verkörperungen der göttlichen Liebe begreifen und dass sie lernen, diese Liebe insbesondere durch den Dienst an ihren Mitmenschen zu leben. Seine Aufforderung war: „Liebe alle – diene allen“ (Love all – Serve all). So hat er der Aussage: „Mein Leben ist meine Botschaft“ die Aussage hinzugefügt: „Dein Leben ist meine Botschaft“. Wer sich ihm anvertraut, ist aufgerufen, die Liebe, den göttlichen Funken in sich selbst zu entdecken, zum Leuchten zu bringen und damit das Licht der Liebe in eine von Zerstörung bedrohte Welt zu tragen. Was dies erfordert, verglich er gerne mit der Arbeit eines Goldschmiedes. Wenn dieser aus einem Stück Gold und einem rohen Diamanten ein schönes Geschmeide hervorbringen will, bedarf es des aufwendigen Schmelzens, Schmiedens, Hämmerns, Schleifens und Polierens. Nur so kann ein Geschmeide entstehen, dass der Schönheit des Ursprungsmaterials Ausdruck gibt, ihm Kraft und Form verleiht und von bleibendem Wert ist.

Die Kraft des Egos zu brechen, das Herz zu reinigen und die schlechten Gewohnheiten, wie Lust, Gier, Anhaftung. Ärger, Hass, Zorn, Stolz, Neid, Eifersucht, abzulegen, ist die Goldschmiedearbeit, die Sai Baba an seinen Anhängern vollzieht. Sie kamen und kommen und lernen: die Mühsal des Ashrams zu ertragen, die Rangeleien um gute Plätze und Aufmerksamkeit, das lange Warten, die Beschwernis von Krankheiten, den Kontakt mit den Ärmsten und Verachteten. Sie lernen, jeder und jede auf ihrem jeweiligen Entwicklungsstand, mit einer in zahllosen Büchern in allen Einzelheiten dargestellten Präzision ihr je individuelles Lernprogramm, mit dem der Kern der Liebesfähigkeit freigelegt wird. Die einen tun dies schneller, die anderen langsamer, die einen williger, die anderen mit größeren Widerständen – genau in dem Ausmaß, in dem die Seele in diesen Prozess einwilligt.

„Tue einen Schritt auf Gott zu und er kommt dir tausend Schritte entgegen", ist die Erfahrung, die viele teilen, die sich Sai Baba anvertraut haben. Was heißt es nun, sich anzuvertrauen? Es heißt, sich selbst einzugestehen, dass die Seele in Not geraten ist, weil sie die Liebe, die in jedem Menschen ruht und zum Leben kommen will, mit einer Mauer aus Furcht, Stolz, Trotz und Abwehr umgeben hat. Aus diesem Eingeständnis erwächst die „Kraft der Sehnsucht" (Eurich), die Sehnsucht zur Umkehr hin zum (Liebes)Ursprung, aus dem wir gekommen sind und zu dem wir den Weg zurückfinden wollen. Sai Baba gibt seinen Anhängern das Versprechen, dass er ihnen hilft, sie zu dem Brunnen zurückzuführen, der allein in ihnen selbst, in keinem anderen Menschen, in keinem Guru, auch nicht in ihm zu finden sei. „Ich bin Gott, ihr seid auch Gott, doch ihr wisst noch nicht, dass ihr Gott seid."[72]

So verlangt er in letzter Konsequenz, dass sich seine Anhänger und Anhängerinnen von seiner Form lösen, eine Aufgabe, die mit seinem Mahasamadhi im Jahr 2011, dem Verlassen des Körpers, eine neue Intensität bekommen hat. Als göttliche Inkarnation wirkte er als täglich sichtbares Vorbild liebenden

Tuns. Er gab den Menschen seine Aufmerksamkeit auf allen nur möglichen Wegen, rief sie zum Interview, hörte ihnen zu, nahm ihre Briefe und Fragen entgegen, beriet sie, schickte ihnen Hilfe, beschenkte sie und korrigierte sie mit sanfter Macht. Indem er dies tat, zeigte er, dass in allen Menschen die Fähigkeit, zu lieben, verborgen ist. In der Liebe zu ihm sollten und sollen die Menschen lernen, selbst Liebende zu werden und ihre eigene Göttlichkeit zu erkennen. So soll die Verehrung und Hingabe letztlich zu der bewussten Erfahrung führen, dass Gott niemals auf die Form eines Menschen reduziert werden kann, sondern dass die ganze Schöpfung der Ausdruck des All-Einen Gottes ist.

„Das Wissen, das durch den Verstand entsteht und die Sinne benutzt, ist immer unvollkommen, aber das Wissen, dass durch die höhere Intelligenz oder durch den Intellekt, der von Atman erleuchtet ist, ist vollständig, befreiend und offenbart die Wahrheit. Das erste wird Wissen des Verstandes (Manojnana) und das zweite atmisches Wissen (Atmajnana) genannt. Verstandeswissen sagt dir, dass du von anderen verschieden bist, dass Gott Kailas, Tirupathi oder Kashi ist oder Prashanti Nilayam[73]. Aber die Namen, Formen und Tempel sind nur für das Kindergarten-Stadium.“ [74]

Sai Baba sagte von sich, er sei die Wiedergeburt des Heiligen Shirdi Baba, der – von Hindus und Moslems gleichermaßen verehrt – in der Nähe von Mumbai bis in die zwanziger Jahre des vorigen Jahrhunderts gelebt hat. Er hat vorhergesagt, dass er nach seinem Ableben noch ein drittes Mal als Prema Sai Baba geboren wird. Nimmt man die vorhergesagte Spanne dieser drei Leben, so wird dieser Gottmensch insgesamt rund dreihundert Jahre die Menschheit begleiten, um sie aus der Dunkelheit des Kali Yugas[75] auf eine neue Stufe ihrer Entwicklung zu führen.

Diese für den westlichen Menschen kaum nachvollziehbaren Begriffe und Worte, die gleichwohl der indischen Kultur und Spiritualität wohl vertraut sind, übersetzen sich für die Anhänger Sai Babas in tägliche Kleinstarbeit. Das neue Bewusstsein einer neuen Zeit fällt nicht wie ein Geschenk vom Himmel. Es will erworben werden. Sri Aurobindo, der große indische Heilige, hat dem mit dem Begriff des Integralen Yoga Ausdruck gegeben[76]. Er spricht von der Herabkunft des Göttlichen, zu dem sich der Mensch herauf entwickeln müsse.

An die Stelle der alten Yogatradition des Aussteigens aus der Welt tritt hier ein modernes Yoga-Verständnis[77]: Gott muss in der Materie lebendig werden. In der jüdischen Tradition ist diese Verbindung von Mensch und Gott im Stern symbolisiert. Er besteht aus zwei Dreiecken, dem einen, das mit der Spitze nach unten gerichtet, das Göttliche repräsentiert, und dem anderen, das mit der Spitze nach oben den Menschen verkörpert. Der Stern „geht auf", wenn beide sich durchdringen.

Für die Anhänger Sai Babas, die wie die Vogelschwärme aus allen Erdteilen der Welt in den Ashram eingeflogen sind, um sich dort ihrer Seele zuzuwenden und der bedingungslosen Liebe zu begegnen, bedeutet es, sich immer wieder dem Schock der eigenen Untiefen auszusetzen. Das ist schmerzlich und heilsam zugleich. Das Göttliche erfahren wir, indem wir selbst zutiefst menschlich werden. Zurückgekehrt nach Hause, ohne den Schutzraum des Ashrams, sehen sie sich mit der Aufforderung konfrontiert, die menschlichen Werte zu leben, die Sathya Sai Baba lehrt[78]: Wahrheit (Sathya), Rechtschaffenheit (Dharma), Friede (Shanti), Liebe (Prema), Gewaltlosigkeit (Ahimsa). So bedeutet, den Himmel auf Erden zu bringen, harte Transformationsarbeit an sich selbst. „Das reine Herz ist das Ziel aller spirituellen Praktiken"[79]. Dies heißt: die dunklen Seiten in der eigenen Psyche erkennen, sich selbst trotzdem liebend annehmen und sich von den schlechten Gefühlen wie Stolz, Angst, Neid, Hass, Eifersucht, Gier reinigen und befreien. Im Anerkennen der eigenen Schattenseiten, im liebenden Verzeihen sich selbst gegenüber wird die Seele frei, den anderen, trotz seiner Verschiedenheit und trotz seiner Schatten, anzunehmen und ihm mit Achtsamkeit und Respekt zu begegnen.

„Der einzige Weg, um Einheit
in all der Verschiedenheit zu erreichen,
ist durch Spiritualität."

SATHYA SAI BABA

Die Kraft zur Communio und zum Bewusstsein der Einheit alles Lebendigen erwächst aus der Spiritualität, aus dem Verschmelzen des individuellen Bewusstseins mit dem kosmischen Bewusstsein. „Gemeinschaft ist nicht genug, ihr müsst Einheit haben" („Community is not enough, you have to have unity"), so seine Worte. „Unity" könnte hier verstanden werden als verwirklichte Communio, als Einheit aus dem Geist der Liebe. Zu seinen Lebzeiten gab er seinen Anhängern reiche Möglichkeiten, dies zu lernen. Im Ashram regte er die Besucher aller auswärtigen Nationalitäten an, sich rund um ihr eigenes Herkunftsland zu sammeln und kleinere Gruppen zu bilden, die miteinander singen, meditieren, sprechen und sich helfen. So fanden sich Christen neben Hindus, Buddhisten neben Moslems, Atheisten neben Gottesgläubigen. Er setzt unter den Wartenden Russen neben Chinesen, Iraner neben Iraker, Pakistani neben Inder, Reiche neben Arme, Kranke neben Gesunde, Gebildete neben Analphabeten. Manch innerer Widerstand, manche Abwehr galt es dabei zu überwinden. Niemand wurde ausgegrenzt und niemand konnte an der Notwendigkeit vorbeigehen, den anderen als wertvoll anzuerkennen. Indem ganz offensichtlich alle Anwesenden durch die Kraft seiner Liebe angenommen wurden, war jede und jeder gleichermaßen aufgerufen, ihm darin nachzufolgen. Nach seinem Ableben werden diese Grundregeln des Ashramlebens mit großer Sorgfalt aufrechterhalten.

Einheit einzuüben ist auch Aufgabe der zahllosen Projekte, mit denen Bedürftigen geholfen wird: Akuthilfe für Opfer von Naturkatastrophen, Unterstützung der Ärmsten mit Dingen des täglichen Lebens, Krankenpflege, Wasserprojekte. Karitative Aufgaben werden auch überall dort wahrgenommen, wo sich Anhänger in Gruppen oder Zentren zusammenfinden. So lernen seine Anhänger, wo immer sie sind, Toleranz, Achtung, Respekt und tätige Nächstenliebe. Mir selbst ist unvergesslich, dass ich eines Tages im Ashram eine fürstlich gekleidete und aussehende Inderin hinter dem ärmlichen Gitter des damaligen Brotgeschäftes sitzen sah. Sie, die offensichtlicht gewohnt war, ohne Mühe täglich Tausende von Rupien auszugeben, hatte sich die Aufgabe gestellt, den Ashrambesuchern Brot und Kuchen zu verkaufen, deren Preise nur wenige Rupien zählten. Es war offensichtlich eine Einübung in dienende Demut, die die Barriere von Kaste und Klasse zusammenschmelzen ließ.

So macht Sai Baba für seine Anhänger die ganze Welt zu einem Übungsort, in dem der Geist des „Diene deinem Nächsten" gelebt und praktiziert wird. Der Ashram ist nur der erste dieser Orte, an dem täglich bis heute unzählige Menschen durch freiwilligen Dienst empfangen, untergebracht, bewirtet und betreut werden. Doch indem hier jährlich Hunderttausende Erfahrungen solcher Art machen, sind sie aufgerufen – nach ihrer Rückkehr an ihre jeweiligen

Orte – in winzig kleinen Schritten die Botschaft der Liebe zu leben und zum Ausdruck zu bringen, dass sie selbst Verkörperung der Liebe sind.

Mahatma Gandhi

Mahatma Gandhi, die „große Seele“ Indiens, verkörperte wie kaum ein anderer eine Kraft, die notwendig ist, wenn Communio hergestellt werden soll: die Kraft der Furchtlosigkeit. Furchtlosigkeit ist nicht zu verwechseln mit Tapferkeit oder Mut. Furchtlos ist nur, wer keine Angst vor dem Tod hat. Furchtlosigkeit ist die Frucht der Gottesliebe, die auf alles Lebendige ausgedehnt wird und die sich ohne jegliche Furcht für das eigene Leben für die innere Wahrheit einsetzt.

Der Glaube in die erobernde Kraft
von Liebe und Wahrheit
haben mein ganzes inneres Wesen bestimmt
und nichts in diesem Universum
kann mir jemals diesen Glauben nehmen.

MAHATMA GANDHI [80]

Gandhi brachte es mit dieser Haltung des Herzens in einer großen Kraftanstrengung fertig, ein ganzes Volk, damals rund 300 Millionen Inder, in dem gemeinschaftlichen Ziel zu einen, Indien von der britischen Herrschaft zu befreien. Sollte diese Befreiung ein Werk der Liebe sein und sich in Übereinstimmung mit den göttlichen Gesetzen vollziehen, so musste dies nach Gandhis tiefster Überzeugung gewaltlos geschehen. Seine Kampagnen für gewaltfreie Nicht-Kooperation („non-violent non-cooperation“) stellte er in diesem Sinne unter das Prinzip „sathya-graha“, das Festhalten an einem als wahr anerkannten Ziel.

Gandhi war kein Politiker, er war Rechtsanwalt[81]. Vor allem aber war er Gottesmann, der unter bescheidensten Verhältnissen in einem von ihm gegründeten Ashram einer spirituellen Gemeinschaft vorstand. Sein Leben weihte er Gott und seinem Volk. Als Gottesmann verteidigte er mit brennendem Herzen die in der hinduistischen Kultur und Spiritualität tief eingeschriebenen Werte Sathya (Wahrheit), Dharma (Rechtschaffenheit) und Ahimsa (Gewaltlosigkeit). Er wurde zum Politiker, weil die Politik fundamental gegen diese Prinzipien verstieß. Als spiritueller Führer mit weltweiter Ausstrahlung beherrschte er für mehrere Jahrzehnte die politische Bühne Indiens. 1948, ein Jahr, nachdem Indien seine Unabhängigkeit von der britischen Krone erlangte hatte, wurde er von einem fanatischen Hindu ermordet, der ihm Paktieren mit den Moslems vorwarf.

Die ersten Schritte in die Politik machte Gandhi in Südafrika, wohin er mit seiner Familie ausgewandert war. Hier brachte ihn das schreiende Unrecht der Apartheidpolitik gegen die indische Bevölkerung auf. Endgültig zurückgekehrt nach Indien, bereiste er das Land und stellte dort ähnlich katastrophale Verhältnisse fest. In Indien erregte ihn die Menschenverachtung, die der Kaste der Unberührbaren entgegengebracht wurde, ebenso wie die religiösen und sozialen Fanatismen und Schismen zwischen Hindus und Moslems und die amoralische Unterdrückung und Ausbeutung der indischen Bevölkerung durch die britische Kolonialherrschaft.

Es war nicht die britische Herrschaft, die Gandhi ablehnte, es war die Art der Herrschaft. In einem Brief an den Vizekönig schrieb er: *„Ich kann weder Respekt noch Zuneigung für eine Regierung aufbringen, die sich von Falschem zu Falschem bewegt, um ihre Unmoralität zu verteidigen."*[82] Zutiefst verpflichtet gegenüber den Werten seines Volkes, dem Dharma, einem Handeln gemäß der gottgewollten Ordnung, begehrte er auf gegen eine Fremdherrschaft, die die Würde der Nation und jedes einzelnen zu untergraben schien. Solches Aufbegehren blieb nur darum keine private Angelegenheit oder ein kurzes publizistisches oder politisches Strohfeuer, weil Gandhi sich mit seiner ganzen Persönlichkeit für das einsetzte, was er forderte. Letztlich besaß er nichts anderes als die Kraft seiner moralischen Integrität, gegründet auf seinem absoluten Gottvertrauen, seiner Liebe und seiner Furchtlosigkeit. Mit dieser einzigartigen Persönlichkeit vermochte er die Massen in einer für alle kaum nachvollziehbaren Weise hinter sich zu scharen. *„Die spirituelle Autorität unserer unbewaffneten Männer gegenüber großen Massen ist für sich genommen wundervoll, aber wenn dieser Mensch nicht nur der Gewalt abschwört und seinen Feinden in Not hilft, sondern auch seine eigenen menschlichen Schwächen anerkennt, dann verdient er unfraglich die Bewunderung der ganzen Welt."*[83]

Das brachte ihn jedoch nicht in Gefahr, die Macht, die er über Menschen besaß, zu missbrauchen. Im Gegenteil, wo sein erklärtes Ziel der Gewaltlosigkeit in Gefahr geriet, zog er immer wieder härtere persönliche Konsequenzen, um die Massen umzustimmen. Als es zum Beispiel im Februar 1922 anlässlich einer Kampagne für gewaltfreie Nicht-Kooperation gegenüber der britischen Vizeregierung in Chauri Caura zu einem Gewaltausbruch auf den Straßen kam, brach er die Kampagne umgehend ab und äußerte: *„Die drastische Umkehr von praktisch dem ganzen aggressiven Programm mag politisch unklug und unweise sein...doch es gibt keinen Zweifel, dass es unter religiösen Gesichtspunkt angemessen ist... Es ist millionenfach besser, gegenüber der Welt unehrlich zu erscheinen, als sich selbst gegenüber unehrlich zu werden.“* [84]

Welche ungeheure Einigungsleistung dieser Mann vollbrachte, wird deutlich, wenn man sich vergegenwärtigt, in welchem Land er wirkte: Die Menschen in Indien, damals rund 300 Millionen, lebten überwiegend in kleinsten Dörfern. Die Kommunikation war durch unzählige Sprachen, unterentwickelte Infrastrukturen, kastenmäßige Barrieren und das religiöse Schisma zwischen Hindus und Moslems alles andere als günstig für einen gewaltlosen Widerstand. Dass Gandhi dennoch für einen kurzen, entscheidenden Zeitraum eine Communio zwischen all diesen unterschiedlichen Kräften zustande bringen konnte, ist jener besonderen Mischung aus Furchtlosigkeit und Herzenswärme zu verdanken, die die Menschen zu glühender Verehrung für ihn anfeuerte. Alles, was ihm widerfuhr, verbreitete sich wie ein Lauffeuer in den Dörfern; jedes Fasten und jede Todesgefahr, in die er sich damit begab, ließen ihn zu einer moralischen Instanz werden, der sich letztlich alle beugten: die britische Krone, die politischen Antagonisten in Indien und die Massen.

Wie stark diese Kraft war, lässt sich bezeichnenderweise gerade dort verfolgen, wo Gandhi noch nicht einmal zu Hause war: bei den britischen Textilarbeitern. Gandhis Kampagne zur Selbstversorgung des baumwollreichen Indiens mit Textilien hatte zu einer Bewegung des Heimspinnens geführt und damit die britischen Textilarbeiter und Arbeiterinnen in Lancashire arbeitslos gemacht. Als er auf einer seiner Englandreisen, bekleidet mit nicht mehr als einem selbstgesponnenen, klassischen, weißen indischen Männergewand, diese Region besuchte, äußerte einer der Arbeitslosen: *„Ich bin einer der Arbeitslosen, aber wenn ich in Indien wäre, würde ich dieselben Dinge wie*

Herr Gandhi sagen."[85] Bilder strahlender Frauen aus den Textilwerkstätten mit Gandhi in ihrer Mitte bestätigen, dass dies keine Einzelstimme war[86]. Er selbst zeigte die Größe und Toleranz seiner Seele, als er zurückkehrend von Europa äußert: *„Ich bin mir keiner einzigen Erfahrung während dieses dreimonatigen Aufenthalts in England bewusst, die mir die Erfahrung gegeben hätte, dass letztlich der Osten der Osten und der Westen der Westen ist. Im Gegenteil, ich habe mich davon mehr denn je überzeugt, dass die menschliche Natur überall dieselbe ist, egal, in welchem Klima sie erblüht, und dass du, wenn du Menschen mit Vertrauen und Zuneigung begegnest, zehnfaches Vertrauen und tausendfache Zuneigung zurückerhältst."*[87]

Genau diese Zuneigung ist es, die Gandhi nicht nur in Europa in einer ihm gegenüber ursprünglich feindlich eingestellten Umgebung erfuhr, sondern auch in Indien. Als er 1930 seinen legendären 241 Meilen langen Fußmarsch an die Meeresküste bei Dandi antrat, an deren Ende er eine symbolische Handvoll Salz vom Meeresufer aufhob und damit das Verbot der Salzgewinnung seitens der britischen Regierung brach und zugleich den Armen zu ihrem Recht verhalf, weckte er auf seinem Weg Begeisterung, wohin er auch kam.[88] Die Menschen konnten sich mit ihm identifizieren, konnten sein Eintreten für rechtschaffene Politik und für Gewaltlosigkeit mittragen und ihre Herzen an seinem Vorbild erwärmen. Gandhi selbst war für sie die personifizierte Verkörperung von Dharma, Sathya und Ahimsa, von Rechtschaffenheit, Wahrheit und Gewaltlosigkeit. Er war beseelt von der Liebe zu Gott: *„Es scheint als sei Gott entthront worden"*, sagte er, als er eine seiner Fastenzeiten ankündigte, *„lasst ihn uns in unseren Herzen wieder einsetzen."*[89]

Mit dieser in der Liebe gegründeten Furchtlosigkeit gelang ihm das Unmögliche, ein ganzes Volk hinter sich zu einen. Dass nach dem Erfolg der Bewegung die indischen politischen Führer die Teilung des Landes in einen muslimischen Staat (Pakistan) und einen überwiegend hinduistischen Staat (Indien) betrieben, war gegen seinen entschiedenen Willen. Seine Ermordung durch einen militanten Hindu zeigt ebenso wie die Millionen Opfer, die diese Teilung verursachte, dass Gandhis Projekt seine Grenzen in den Realitäten einer Menschheit findet, die von allem anderen als vom Geist der Liebe und Gewaltlosigkeit beseelt ist. Dennoch ist es ihm wie wohl keiner anderen politischen Gestalt der Moderne gelungen, die Kraft der Liebe mit dem Kampf für Wahrheit und Gerechtigkeit zu verbinden und die Massen hinter sich zu scharen.

Ist es nun gerechtfertigt, hier von Communio zu reden, von einer vom Geist der Liebe inspirierten Gemeinschaft? War es nicht vielmehr politischer Pragmatismus und das geschickte Ausnutzen einer weltpolitischen Situation, in der das britische Empire durch die kriegerischen Auseinandersetzungen mit Nazi-Deutschland geschwächt war? Wenn man die Verehrung betrachtet, die Gandhi, die große Seele (Mahatma), in Indien genoss, die unbedingte moralische Instanz, die er für die Höchsten wie die Niedrigsten darstellte, so ist es unstrittig, dass hier die Kraft des Herzens zu einem politischen Umschwung geführt hat, der von den Massen der Bevölkerung getragen war. Pandit Jawaharlal Nehru, sein politischer und spiritueller Zögling und jahrelanger Vertrauter, äußerte am 2. Februar 1948 vor der Konstituierenden Versammlung in Delhi: *„Dieser Mann mit dem göttlichen Feuer brachte es während seines Lebens fertig, in Millionen und Millionen von Herzen seinen Ehrenplatz zu finden, so dass wir alle ein wenig zu dem Stoff wurden, aus dem er gemacht war, wenngleich in einem unendlich viel geringeren Ausmaß."*[90]

Communio herzustellen, so lehrt diese große Seele, ist in einer Welt der Antagonismen, der Ängste, der Macht- und Herrschaftsansprüche letztlich ohne eine Furchtlosigkeit, die in der Liebe gegründet ist, nicht möglich. Sie muss so stark sein, dass sie die Furcht der Menschen verwandelt und zur Gewaltlosigkeit und Gemeinschaft befreit. Noguchi hat in einem Beitrag über Gandhis spirituelle Autorität mit Recht darauf hingewiesen, dass dies niemals gelänge, wenn dabei nicht in den Herzen der „Feinde" genau jene Liebeskraft angesprochen würde, die Gandhi selbst so beispielhaft verkörperte: *„Er ist ein Führer, dem Millionen Menschen gehorchen, nicht weil sie ihn fürchten, sondern, weil sie ihn lieben; nicht als ein Meister des Geldes, der Geheimpolizei oder der Maschinengewehre, sondern weil er jene spirituelle Autorität verkörpert, die – wenn sie einmal wagt sich zu zeigen – die Werte der materiellen Welt scheinbar zur Bedeutungslosigkeit schrumpfen lässt. Ich sage scheinbar, denn gegen rein materielle Kräfte, die von Gewissen oder Mitleid unberührt sind, wäre sie hilflos. Sie gewinnt die Schlacht nur wegen ihres geheimen Appells an das spirituelle Element in ihren Feinden, jenes menschliche Element, von dem der Mensch in seinem äußersten Versuch, brutal zu sein, sich letztlich nicht wirklich befreien kann."*[91]

Eine große Seele wie Gandhi konnte dies beispielhaft für eine ganze Nation und Epoche vorleben. Doch wer immer versucht, Communio gegen den

Geist der Furcht und der Abwehr herzustellen, und wenn es nur im kleinsten Maßstab ist, erfährt an sich, dass er oder sie Furchtlosigkeit braucht. Furcht ist die Abwesenheit von Liebe, Furcht ist die Ursache aller Trennungen. Wo Trennungen überwunden werden sollen, bedarf es daher der Furchtlosigkeit, um der verbindenden Kraft der Liebe Raum zu geben. Gandhi hat viele moralische politische Kämpfe gekämpft und dabei versucht, Communio herzustellen, zuerst für die Rechte der indischen Minderheit im südafrikanischen Apartheidsystem, dann in Indien für die Rechte der Unberührbaren, für die Versöhnung von Hindus und Moslems, für den Wiederaufbau der Dörfer und letztlich für die Unabhängigkeit Indiens von einer unmoralischen Fremdherrschaft. Damit hat er ein Zeichen gesetzt, welches Ausmaß von Communio selbst im politischen Raum menschenmöglich ist, wenn eine aus der Liebe geborene Furchtlosigkeit am Werke ist.

Ingrid Riedel

Große Seelen leben Communio beispielhaft vor und heben ganze Nationen und Epochen auf eine neue Stufe. Doch es gibt auch Menschen, denen wir im unserem Alltag begegnen mit dieser besonderen Qualität. Sie finden sich überall, nicht nur in Indien mit seinen ungebrochenen spirituellen Traditionen, sondern genauso in unseren Kulturkreisen. Einem solchen Menschen begegnen wir in Ingrid Riedel.

Es ist mucksmäuschenstill im Saal; man könnte eine Stecknadel fallen hören. Über mir steigt das Amphitheater mit seinen rund 400 Plätzen an. Ich bin im Haus der Technik in Essen. Es ist Kirchentag und nur mit Mühe habe ich noch einen Platz in dem bis zum letzten Platz besetzten Saal bekommen können. Am Pult steht eine unscheinbar wirkende Frau. „Träume von der Heilung der Erde“ ist ihr Thema. Soeben hat sie den Vortrag beendet und lädt nun ihr Publikum ein, ihr mit Fragen und Erfahrungen zu begegnen. Da geschieht etwas für mich kaum Fassbares: Eine nach Köpfen kaum zählbare Menge von Menschen tritt ein in einen Dialog mit dieser Frau. Es sind überwiegend junge Menschen, die am Abend eines langen Tages zu ihr gefunden haben, die ihren Bildern und Ausführungen gelauscht haben und die sichtlich be-

wegt nun sitzenbleiben und nicht in Scharen den Saal verlassen. Nichts rührt sich. Die erste Frage kommt. Sie findet ihr Echo in dieser Frau. Die zweite folgt, auch sie wird mit dem ganzen Wesen auf- und angenommen. Die dritte und vierte stellen sich ein, und so setzt sich der Reigen fort – ein Geben und Nehmen, ein Tragen und Getragenwerden, ein Äußern und Aufnehmen, ein sich Anvertrauen und bergendes Antworten.

Was ist es nur, was diesen Zauber auslöst? Sicher, die Technik in dem Saal kommt zur Hilfe – an jedem der rd. 400 Plätze steht ein Mikrophon, niemand braucht aufzustehen, keine Unruhe entsteht. Doch das kann es nicht allein sein. Es muss mehr sein, etwas, was in dieser Person begründet ist, die dort vorne am Pult steht, etwas, was diese Frau ausstrahlt und womit sie die Menschen in dem Raum so berührt und anrührt, dass sie bleiben und das Spiel der Fragen und Antworten fortsetzen. Eines ist unstrittig: Hier steht ein Mensch, eine Therapeutin, die die Menschen liebt und nicht nur sie, sondern die ganze Schöpfung: Das ist ihr eigentliches Thema hinter dem Thema. Hier drückt sich nicht nur eine liebende Hinwendung zu den verdrängten Heilungsvisionen ihrer Klienten und Klientinnen aus, hier tritt Liebe in vielerlei Gestalt in Aktion: Im liebendem Annehmen dieser Träume erhalten sie den Rang und die Würde, heilkräftig für die bedrohte Erde zu sein; im behutsamen und respektvollen Öffentlichmachen wird die schlummernde Liebeskraft in jedem einzelnen im Raum angesprochen, die Sehnsucht danach, mit der Mitgeschöpflichkeit respektvoller, liebevoller umzugehen; in der Weise des Zuhörens und Antwortens, mit denen diese Frau unmissverständlich zeigt, dass sie wirklich lebt, worüber sie berichtet: die heilende Kraft der Liebe, die sich auf Menschen, Pflanzen und Tiere gleichermaßen richtet. Als die vorgerückte Stunde schließlich keine andere Wahl mehr lässt, wird der Bann gebrochen. Die Menschen verlassen den Saal, sichtlich berührt, sichtlich im tiefen Inneren angesprochen.

Dies war keine Veranstaltung wie jede andere auch, auch keine, wie sie die Kirchentage immer wieder möglich machen, hier war noch etwas mehr als das schon Unübliche geschehen. Hier hatte sich Communio eingestellt, eine Gemeinschaft von Menschen, deren Aufmerksamkeit von dem unsichtbaren Prinzip der Liebe gebündelt und belebt worden war. Ein Gefühl der Einheit hatte sich eingestellt, das die Seelen für eine kleine Weile aus der Vereinzelung und Hoffnungslosigkeit angesichts der Verwüstungen riss, die wir Menschen auf der Mutter Erde angerichtet haben. Wer war, wer ist diese Frau, deren Ausstrahlung dies zuwege gebracht hatte?

Ingrid Riedel ist Theologin und Psychotherapeutin mit doppeltem Doktortitel und Lehranalytikerin am Züricher C.G. Jung-Institut. Sie ist alles andere als ein Mensch der Bücher und des trockenen Intellekts. Schon äußerlich eher an eine weise Norne erinnernd, strahlt sie vor allem eine Wärme des Herzens aus, die allem Menschlichen mit mütterlicher Aufgeschlossenheit und einem Geist des Annehmens begegnet. Ingrid Riedel ist der strahlende Mittelpunkt ihrer selbst, ihres Lächelns, ihres Staunens, ihres Nachdenkens, ihres Zuhörens, ihres Sicheinlassens. Völlig in sich ruhend, kann sie sich dem Gegenüber weit öffnen. Unberührt von den Aufgeregtheiten der Gegenwart scheint sie ihren Blick auf das Dahinter, Darüber, Danach zu richten, scheint ein wenig weiter als die anderen zu sehen und sie so in ihrem kurzatmigen und kurzsichtigen Aufgeregtheiten abzufedern und aufzufangen.

Dabei ist sie zugleich eine Frau des Geistes, des scharfen analytischen Verstandes, einer großen Klarheit des Denkens, doch nie, ohne sich mit dem Herzen zu verbinden. Wo die westliche Tradition den Verstand von den „Verwirrungen“ der Gefühle zu reinigen versucht, hat sie stattdessen ihrem Denken eine Kultur der Gefühle vorgelagert. Es ist eine Herzenskultur, die ihr Denken anleitet, eine Kultur der Achtsamkeit sich selbst und anderen gegenüber. So wie die Pflanzen sich nach der Sonne strecken, deren wärmende Strahlen die Knospen öffnet, so berührt diese Achtsamkeit die Menschen, die Ingrid Riedel begegnen: Verschlossene emotionale Türen werden geöffnet, Tiefenschichten angesprochen und ungeahnte Kräfte geweckt: Achtsamkeit, Güte, Respekt.

Was für einen Wirkungskreis sucht und schafft sich ein solcher Mensch? Wo und wie setzt sie ihre Impulse? Wo hat die heilende Kraft dieser Liebe ihren Raum? Ingrid Riedel ist Therapeutin, Dozentin, Autorin und war jahrelang eine von zwei wissenschaftlichen Leitern der Internationalen Gesellschaft für Tiefenpsychologie. In dieser Funktion war sie das Herz dieser Gesellschaft. Was sie über Jahrzehnte beispielhaft ins Leben brachte, war und ist – nach ihrem Ausscheiden aus diesem Amt – ein jährlich stattfindendes Kommunikationsereignis. Es ist eine einwöchige Tagung, die die Qualität der Communio hat, wie ich sie an jenem Kirchentagsabend das erste Mal erleben durfte. Dies ist wohl vor allem dieser Frau und ihrem großen Herzen zu verdanken. In der Zeit ihrer Leitung hat sie es fertiggebracht, einmal im Jahr jeweils rund

900 Menschen in das kleine Lindau am Bodensee zu holen. Die Programme trugen in hohem Maße ihre Handschrift. Unbedingtes Vertrauen in die Kraft der Persönlichkeit – das ist es, was sie ihren Referenten und Referentinnen entgegenbrachte. Sie wählte Menschen und gab ihnen Raum für ihr So-Sein und für ihre Botschaft. Sicher – es mussten Personen sein, die gezeigt hatten, dass sie etwas zu sagen haben. Doch wer meint heute nicht, er oder sie habe etwas zu sagen? Da diese Frau mit dem Herzen denkt und sucht, fand sie mehr und anderes. Sie fand Persönlichkeiten, die die vielen Hundert im Saal berühren konnten, weil sie mit sich selbst in Berührung sind, die bewegen, weil sie selbst in Bewegung sind, die die „Kraft der Sehnsucht" (Eurich) wecken, weil sie selbst Sehnende sind.

Dabei kannte sie keine Grenzen und keine Dogmen, weder solche der Disziplinen noch solche der Bekenntnisse, der Lebensweisen oder der Glaubensvorstellungen. Sie öffnete die Bühne, gab Raum, lud ein, sich zu entfalten, und das Neue, Überraschende, das jedem schöpferischen Prozess innewohnt, konnte sich ereignen. Immer waren es Themen, die zutiefst das Humane berühren, die zwar von der Mitglicdergesellschaft vorgeschlagen wurden, die jedoch ihr unverwechselbares Profil durch die Herzenshandschrift dieser Frau erhielten. Einige der Titel, die jeweils in den Schriften der Internationalen Gesellschaft für Tiefenpsychologie veröffentlicht wurden: *„Abschiedlich leben"; „Tier Pflanze Mensch. Eingebundenheit und Verantwortung"; „Das Eigene und das Fremde"; „Lebensübergänge oder Der Aufenthalt im Werden"; „Leidenschaft und Rituale. Was Leben gelingen lässt"*. Solche Themen können auch als trockene Kopf-zu-Kopf-Veranstaltungen daher kommen und Leib und Seele unberührt lassen. Hier war es anders: In einer großartigen Synthese von Geist und Spiritualität, von Verstand und Herz setzte diese Frau eine Tradition fort, die in den ursprünglichen Namen der „Gesellschaft für Arzt und Seelsorger" eingeschrieben war. Und das, was sie mit ihren vielen Helfern und Helferinnen auf allen Ebenen zuwege brachte, war eine Erfahrung von Communio, die jeweils Impulse setzte für das ganze Jahr, Impulse, die beleben, anregen, anstoßen, das gute Leben auch im eigenen Alltag zu suchen.

Situationen

Wenden wir uns nun Situationen zu, in denen Communio durch die Kraft der Liebe lebendig wird.

Graduiertenkolleg

Es ist Sitzung des Graduiertenkollegs der Deutschen Forschungsgemeinschaft. Die Kollegiatinnen, rund zwanzig an der Zahl, kommen in den Seminarraum und verteilen sich auf ihre Plätze. Ich selbst bin unruhig und innerlich aufs Äußerste angespannt. Die vorangehende Sitzung des Forschungskolloquiums hatte mich nicht losgelassen. Immer wieder waren in meinem Bewusstsein Empfindungen der Blockade und der Spannung aufgetaucht. Ich wusste nicht, warum, aber ich hatte das Gefühl, etwas stimme fundamental nicht in der Gruppe, als habe eine Haltung der Verweigerung um sich gegriffen, deren Ursache und Kern ich nicht kannte, die ich aber nicht bereit war hinzunehmen.

Die jungen Frauen, sämtliche zwischen Mitte 20 und 40 Jahre alt, waren eine erlesene Auswahl. Sie standen in dem Ruf, die Besten unter den Besten zu sein, waren ausgewählt worden in einem aufwändigen, leistungsorientierten Verfahren, an dem acht Professorinnen teilgenommen hatten. Sie hatten sich in allen Richtungen erproben müssen, schriftlich, mündlich, sozial. Sie hatten diese Hürde genommen, die sie nun in den Status hochangesehener Doktorandinnen im damals einzigen Graduiertenkolleg Deutschlands zum Thema des Geschlechterverhältnisses gemacht hatten. Hier, im Forschungskolloquium, war das Herz des Graduiertenkollegs. Es war die Veranstaltung, in der sich die Kollegiatinnen mit ihren Projekten vorstellen, ihre Fragen und Anliegen vorbringen und sich Rat von allen Seiten holen konnten. Wir Professorinnen wechselten uns in der Betreuung des Kolloquiums ab und ich hatte erst kürzlich in diesem Semester mit einer Kollegin diesen Part übernommen, nachdem ich zuvor einige Semester pausiert hatte.

Als Begrüßungsritual hatte ich eingeführt, dass jede Kollegiatin sich mit kurzen Worten einbringt. Was bewegt sie nicht nur gedanklich, sondern auch emotional, welches Anliegen hat sie für diese konkrete Sitzung? Ich wusste, dass üblicherweise drei bis vier Kollegiatinnen ihre Projekte an diesem Tag vortragen würden, doch ich wollte sicherstellen, dass auch die vielen kleinen Anliegen – hier eine Publikation, dort ein arbeitsorganisatorisches Problem oder eine Schreibblockade – zur Sprache kommen würden. Die Spanne zwischen den Sitzungen war lang und so erschien es mir immer zwingend notwendig, ein gutes Gleichgewicht zwischen kleinen und großen Anliegen herzustellen. Was mich in der vorangehenden Sitzung beunruhigt hatte: Die Kollegiatinnen wollten nur noch die kleinen Anliegen vorbringen; ihre eigenen Projekte vorzustellen, scheuten sie sich dagegen ganz offensichtlich.

Die Einstiegsrunde kommt zum Ende. Als letzte bin ich an der Reihe; meine Kollegin war wegen Krankheit ausgefallen. So habe ich allein die Aufgabe, dieses Knäuel mir nicht verständlicher Verweigerung zu entwirren. Ich weiß, dass mich nur absolute Ehrlichkeit durch diese Situation hindurchtragen wird; die Frauen sind anspruchsvoll, hochgescheit, haben gelernt, selbstbewusst aufzutreten, und mit einem erhobenen Zeigefinger werde ich nicht weiterkommen. Ein „du musst" würde die Verweigerungshaltung mit Sicherheit nicht auflösen, eher verstärken. Ich beginne, ohne Selbstzensur, schildere meine Unruhe, meine Fragen, mein Nicht-Verstehen, entwickle das Konzept, wie ich mir das Forschungskolloquium vorstelle: als Schonraum, in dem solidarischer Austausch und wohlwollende Beratung stattfinden, in dem die gebündelte Intelligenz und Bereitschaft vieler unterschiedlicher Kompetenzen zum Ausdruck gebracht und für die jeweilige Kollegiatin fruchtbar gemacht werden können. Ich gebe meine Fragen in den Raum, zeige meine Hilflosigkeit des Nicht-Begreifens und lade dazu ein, mitzuteilen, was die Ursache sein könnte.

Nach einer kurzen Weile des Schweigens bricht sich der Bann. Etwas kommt in Bewegung. Der Wunsch, sich auszutauschen, wird spürbar und sichtbar wird großes Leid: Es habe sich eine Haltung der Konkurrenz und der Aggression eingestellt; man fühle sich an die Wand gestellt, kritisiert, vorgeführt, heruntergemacht. Von Unterstützung sei keine Spur mehr zu spüren. Im Gegenteil, Lieblinge und Wortführerinnen hätten sich herausgebildet; man fürchte, öffentlich heruntergeputzt zu werden, wenn man vortrage und eine Präsentation im Forschungskolloquium sei inzwischen eine Tortur, die wochenlang ihre Schatten vorauswerfe und alle andere Arbeit blockiere. Was ich hier höre, verblüfft mich nicht; es ist sofort nachvollziehbar, ist doch die ganze Universität vom Geist der Konkurrenz und des Neides geprägt. Doch dieses Kolleg hatte nach meiner Kenntnis davon bislang eine Ausnahme gebildet. Waren es die Frauen, ihre andere Umgangsweise untereinander, die dies möglich gemacht hatten? Jetzt jedenfalls wurde mir klar, dass davon nicht mehr viel übrig geblieben war: „Business as usual" hatte sich eingestellt, und das bedeutete: Leistungsdruck auf allen Ebenen; gedankliches Brillieren ist gefragt; menschliche Qualitäten stehen hintan. „Pack dich warm ein, damit du das überstehst" als unterschwelliger Slogan in einer Atmosphäre, in der jegliche menschliche Wärme verloren gegangen war. Man kommuniziert von Kopf zu Kopf, macht Mitteilungen, aber wehe, wenn mehr gezeigt wird, dann kann es passieren, dass alte oder neue Wunden aufbrechen, von denen sich die Seele so schnell nicht erholt.

Doch nun erfuhr ich auch, dass sich bei den Frauen erste Selbstheilungskräfte bemerkbar gemacht hatten. Eine Gruppe hatte getagt und Ideen gesammelt, wie diese Haltung verändert werden konnte. Es bedurfte nur eines Raumes des Austausches, des ernsthaften Ringens, der klaren Definition der jeweiligen Rollen und schon zeichnete sich eine Absichtserklärung ab: absoluter wechselseitiger Respekt, Geist der Solidarität, klare Rollentrennung von Professorinnen und Kollegiatinnen, Einführung einer Mentorin aus dem Kreis der Kollegiatinnen, die der jeweiligen Vortragenden und ihrem Anliegen unterstützend zur Seite treten sollte. Sofern die betreuende Professorin nicht anwesend sein konnte, wurde ihr eine Transparenz der Beratung zugesichert. Außerdem wurden klare Modalitäten zu Rhythmus, Zeitraum und Dauer der jeweiligen Präsentationen vereinbart.

Die Sitzung hatte zwei Stunden gedauert, doch die Atmosphäre im Raum hatte sich völlig verwandelt. Die Gesichter entspannten sich, die Freude am gemeinsamen Anliegen kehrte zurück. Ein anderer Geist hatte sich eingestellt, eine Atmosphäre der Kooperation dort, wo vorher Konkurrenz geherrscht hatte, der Verständigung dort, wo Verweigerung spürbar gewesen war, und ein Miteinander dort, wo sich ein Gegeneinander breitgemacht hatte. Die nachfolgende Präsentation bewies es; sie lebte von diesem Geist. Obwohl es sich um einen extrem schwierigen Beratungsfall handelte, obwohl in seinem Verlauf ein dreijähriges Arbeitsprodukt zur Disposition gestellt wurde, zeigten die abschließenden Rückmeldungen, dass ein Durchbruch gelungen war: Die Vortragende und die anderen Kollegiatinnen waren gleichermaßen beglückt. Ich selbst spürte die fröhliche Leichtigkeit, die sich einstellt, wenn Herz und Verstand miteinander in Harmonie sind.

Was wir erarbeitet hatten, sollte nicht auf dieses Mal beschränkt bleiben: Die Kolleginnen griffen die vereinbarte Absichtserklärung mit Freuden auf. Die nachfolgenden Semester zeigten, dass sich eine Kontinuität einstellte. Nicht zuletzt hatten die Kollegiatinnen eine wichtige Erfahrung gemacht, auf die sie in ihren späteren beruflichen Situationen würden zurückgreifen können. Wann immer der unselige Geist der Konkurrenz jegliche produktive und humane Gemeinschaftlichkeit zerstörte, würden sie sich daran erinnern, dass es auch anders gehen kann. Sie wussten nun, wie eine von Aggression oder Gleichgültigkeit geprägte Kommunikation durch den Geist der Communio in etwas transformiert werden kann, was den Beteiligten auf allen Ebenen zuträglich ist – geistig, seelisch, ja sogar körperlich.

Business for Life Conference

Die Konferenz ist voll im Gange. Es ist der Abend des dritten Tages. Er gilt alten Konferenzhasen immer als besonders wichtig für einen geglückten oder missglückten Konferenzverlauf. An diesem Tag verdichten sich die Energien und es kann zu überraschenden Entwicklungen kommen, die dem weiteren Geschehen ihren Stempel aufdrücken.

Für den heutigen Abend ist Ellen Hayakawa angesagt. Sie war mir vorher bereits aufgefallen. Trotz eines unscheinbaren Äußeren bewegt sie sich frei zwischen den VIPs der Konferenz, den Referenten und Referentinnen ebenso wie den Organisatoren und Organisatorinnen. Nun entdeckte ich zu meiner Überraschung, dass diese junge, zierliche, kleine Frau mit dem asiatischen Gesicht selbst Referentin ist. „Spiritualität an den Arbeitsplatz bringen" ist ihr Thema, Sie folgt als Rednerin auf eine Reihe hervorragender Referenten und Referentinnen: John Porrit, einer der Matadoren der Umweltbewegung in England, Richard Barnett, der eine Wertediskussion in der Weltbank in Gang gesetzt hat, Glen Saunders von der Triadosbank, der gezeigt hat, das ethisch verantwortliches Bankiershandeln möglich ist, der Managementberater Jack Hawley, der sich nicht gescheut hat, über die Kraft der Liebe zu sprechen, und Danah Zohar, die als Naturwissenschaftlerin über die Quantenphysik referiert und damit gezeigt hat, dass für uns alle ein Bewusstseinssprung ansteht. Es sind glänzende Beiträge gewesen, die die Messlatte der Qualität sehr hoch gelegt haben und die den rund 200 aus aller Welt angereisten Teilnehmern und Teilnehmerinnen Nahrung zum Denken und Fühlen gegeben haben. Das Thema der Konferenz „Business for Life: Reconserating your Work“ (Business für das Leben. Die Arbeit erneut heiligen)[92] *gewann damit immer mehr Gestalt.*

Nun haben sich wieder alle im Saal der Findhorn Foundation in Schottland versammelt, jenem Pentagon, von dem es heißt, wer dort sprechen könne, könne überall sprechen. Entweder bestehe man den Test, der durch die hohe energetische Schwingung dieses Kraftortes erzeugt werde, oder man bestehe ihn nicht. Die Scheidelinie zwischen beiden sei, ob die vortragende Person mit der Kraft des Herzens spreche oder dem Publikum nur eine Hülle biete – eine gedankliche, soziale, weltliche oder welche auch immer.

Nach der üblichen Einstimmung mit einem Moment gemeinsamer Stille und einer musikalischen Zentrierung der Energien im Raum, ergreift die zierliche Frau das Wort. Sie hat einen kurz geschorenen Bubikopf, einen schlichten Hosenanzug an und bewegt sich frei auf der gesamten Mittelfläche, von der aus Emporen zu drei Seiten ansteigen. Auf dem Pult hat sie Requisiten deponiert, die ihr offenbar wichtig sind: eine Feder und einen Stein. Sie erinnern an die Symbole von Schamanen und Schamaninnen.

Sie beginnt zu erzählen, dass sie schon als Kind mit Tieren und Pflanzen gesprochen habe und dass sie nun im kanadischen Umweltministerium arbeite. Sie tut dies in einer Weise, die mein Staunen erregt: Diese im Alltag kaum auffallende Frau verbreitet nun, da alle Augen auf sie gerichtet sind, ein merkwürdiges Strahlen, ja Leuchten: Die Freude spricht aus ihr, jeder Nerv, jeder Muskel scheint von guter Spannung gefüllt zu sein. Über sich selbst lachend, fast wie ein kleiner Clown sich amüsierend, berichtet sie von dem Auf und Ab ihres noch jungen Lebens, bis ihr eines Tages eine Gotteserfahrung zuteil geworden sei. Nach stundenlangem Skifahren mit Kollegen in tiefster Nacht im kanadischen Winter hat sie – so berichtet sie – eine Lichterfahrung. Ihr wird von Stund an klar, dass sie von nun an ihr ganzes Leben in den Dienst Gottes stellen will und muss. Als sie dies erzählt, kommen Tränen in Gesicht und Stimme. Dann gewinnen jugendlicher Charme und Schalk erneut die Oberhand und fügen dem Ernst des Gesagten eine Leichtigkeit hinzu, die herzerwärmend ist.

Sie schildert in kurzen Etappen, was sich danach ereignet hat: dass sie zu ihrem Chef gegangen sei und ihm verkündet habe, es gehe darum, Spiritualität in die Arbeit zu bringen (To bring Spirit to the Workplace), dass dies Verwunderung und Ablehnung hervorgerufen habe und dass sie dann, wie durch ein Wunder, kurze Zeit später vor hohen Entscheidungsträgern genau darüber habe reden müssen. Sie berichtet, wie dann Schritt um Schritt eine kleine Lawine in Gang gesetzt wurde, die dem Thema zunehmend Raum und Gehör verschafften; wie sie selbst sich kaum als Handelnde, vielmehr als Ausführende begriff; und wie ihr auf eine für sie kaum fassbare Weise die Hilfe zuwuchs, die nötig war, um diesem Thema Gewicht und Gehör zu verschaffen.

Als sie endet, hat sich etwas im Saal verändert. Die Menschen stehen auf und klatschen frenetisch Beifall. Hatte sie nicht nur erzählt? Was war es denn gewesen? Ein Bericht aus dem Leben einer jungen Frau? Nicht mehr! Und doch war es mehr. Es hatte etwas berührt, in jedem einzelnen von uns. Als der Beifall verklingt und die Menschen beginnen, den Saal zu verlassen, beobachte ich etwas Merkwürdiges. Es bildet sich eine lange Schlange von Teilnehmern und Teilnehmerinnen, die diese kleine Frau umarmen wollen. Meist ohne ein Wort, nur mit einem Dankeschön auf den Lippen, warten sie geduldig, bis sie selbst an die Reihe kommen, um diesen Menschen, den sie nie vorher gesehen haben, einmal kurz zu umarmen. Auch ich reihe mich ein und fühle mich auf irgendeine Weise gesegnet.

Am nächsten Morgen treffen wir uns in meiner Kleingruppe. Ich war ihr zu Konferenzbeginn zugewiesen worden, eine ruhige Insel in dem geschäftigen Getriebe der Konferenz. Ellen Hayakawa, unsere Rednerin vom Vorabend, ist, so merke ich, präsent – nicht körperlich, nein; seelisch-geistig. Erstaunliches passiert: Einer nach dem anderen in der Runde öffnet sein Herz, zeigt sich, bringt ein, was bislang unter einer tiefen Schutzschicht verborgen war und hebt es ans Licht. Die Menschen in der Runde sind berührt, tragen die Öffnung jedes einzelnen mit, geben Schutz und Raum. Sie sind von jener Liebe berührt, die diese Frau am Abend vorher ausgestrahlt hat. Ihre Aufforderung, Herz und Verstand in der Arbeit zu verbinden, scheint wider alle Erwartungen doch möglich zu sein. Wir alle kommen an den Punkt, an dem wir uns aufgerufen fühlen, mehr „Spiritualität an den Arbeitsplatz“ zu bringen.

Der Fortgang der Konferenz zeigt es: Hier hat eine Öffnung stattgefunden, die von der Liebeskraft einer Person ausging. Es war eine Öffnung nach innen ebenso wie eine Öffnung nach außen. Am nächsten Tag sehe ich neben mir einen Konferenzteilnehmer, mit dem ich mich unterhalten wollte. Er hat gerade ein Handy am Ohr, bedeutet mir jedoch, ich solle mich neben ihn setzen. So höre ich einem Gespräch mit wachsendem Staunen zu. Mein Nachbar, ein schwedischer Börsenmakler, telefoniert mit seinem Händler und gibt ihm folgende Nachricht durch:

„Ich, B., werde den Geist der Liebe zurück zur Börse bringen, zu all der Furcht, den Ängsten, der Gier, dem Neid usw. Und stattdessen ein Beispiel geben, dass ich und jeder andere den Geist Gottes, göttliche Liebe und Reinheit einladen kann und diesen Geist mit Freude, Vertrauen, Glauben in Investitionsgeschäften mit Menschen, Produkten und Organisationen spielen lassen kann und auf diese Weise das Potenzial der Liebe freilegen kann." [93]

Die Wende hatte sich ereignet, hin zu einer Tiefe und Qualität der Communio, die für jeden von uns in dieser Frau sichtbar geworden war und die mit der Kraft ihres Herzens unsere Herzen angesprochen und geöffnet hatte.

Alltagssituationen

Kennen wir es nicht alle? Eine Gruppe unbeteiligter Fremder hält sich an einem Ort auf. Keiner hat miteinander etwas zu tun. Man ist sich fremd und bleibt sich fremd. Kein Anlass, dem anderen mit einem Lächeln oder einem Wort zu begegnen – Situationen, wie wir sie täglich in Aufzug, Bus, Bahn, an der Haltestelle, im Geschäft oder Restaurant erleben können. Und dann taucht plötzlich ein Kind auf, sehr jung noch, an der Hand oder auf dem Arm seiner Mutter. Es kennt noch keine Grenzen, handelt aus völligem Vertrauen, streckt die Ärmchen nach dem Nächststehenden aus, strahlt ihn an, plappert etwas Unverständliches, und plötzlich geschieht etwas: Das Eis schmilzt. Jeder taut auf, fühlt sich berührt von diesem kleinen Wesen, bezieht sich darauf, vielleicht mit einem Lächeln, einem Ausstrecken der eigenen Hände als Antwort auf das Kind, vielleicht mit einem Wort, ja sogar dem Versuch, in der Kindersprache auf das Kind einzugehen. Die Veränderung erfasst die Umstehenden wie eine Welle. Plötzlich sind sie nicht mehr allein, nicht mehr getrennt nur auf sich bezogen. Plötzlich haben sie etwas Gemeinsames, etwas, was sie angerührt hat, und schüchtern, versteckt nehmen sie auch untereinander Kontakt auf, tauschen hier und da ein Wort und ein Lächeln aus, sind einander nicht mehr nur Fremde.

Was ist hier geschehen? Ein Kind, das der Sprache kaum mächtig ist, hat auf machtvolle Weise kommuniziert. Nicht mit Worten, nein, es hat sich mitgeteilt, grenzenlos, aus einem nicht der Kontrolle unterworfenen inneren Impuls. Und genau mit dieser aus dem Herzen kommenden Qualität hat es alle anderen in ihrer eigenen Herzkammer berührt und eingeladen, sich selbst ein Stück weit zu öffnen.

Richard Barrett, ehemals leitender Mitarbeiter der World Bank, berichtet, was geschieht, wenn man das morgendliche Begrüßungsritual „How are you?" „Fine!" durchbricht[94]. Statt mit „fine!" zu antworten, einer Formel, hinter der sich alles und nichts verbirgt, die aber vor allem die Fassade aufrechterhält, hat er es mit einer ganz anderen Antwort versucht „Mir geht es fast phantastisch" (I am bordering on the phantastic), eine Antwort, die er als Person auch tatsächlich auszustrahlen vermag. Nach seiner Aussage ist der Effekt ungeheuer: Menschen tauen auf, antworten auf das Strahlen, das sich in dieser Antwort mitteilt, und beginnen den Tag mit einem belebenden und sie verbindenden Impuls. Ein anderer berichtet: Wenn es ihm nicht gut geht, geht er morgens in den Aufzug, lächelt die anderen an und kann dann sicher sein, dass es ihm danach sehr viel besser geht – so viele gute Gefühle bekomme er zurück.

Ich erinnere mich an eine Zugfahrt, bei der ich im Speisewagen die lange Reisezeit verkürzen wollte. Einzelne unterhielten sich, doch es herrschte jene leicht frostige Atmosphäre, die wir alle von öffentlichen, anonymen Orten her gut kennen. Da kommt der Schaffner, um zu kontrollieren, allerdings kein gewöhnlicher Schaffner. Er ist voller Vitalität; sie springt ihm quasi aus allen Knopflöchern seiner Uniform. Warme Ausstrahlung, volltönende Stimme, nicht zu überhören! Er geht von Fahrgast zu Fahrgast, so als wäre jeder einzelne von ihnen eine höchst wichtige Persönlichkeit, der er höchstpersönlich seinen Dienst erweisen möchte, und er tut dies in aller Wärme und Bestimmtheit. An dem Schauspiel, das sich hier vollzieht, lässt sich nicht vorbeigehen. Jeder merkt auf, beobachtet, hört zu. Ein leichtes Lächeln schleicht sich auf viele Gesichter. Der Schaffner ist fertig, verlässt den Raum, geht in das nächste Abteil.

Doch die Atmosphäre im Speisewagen hat sich gründlich verwandelt. Sie ist lebendiger, leichter, freundlicher geworden, die Menschen sind sich nähergekommen, vertrauter, weniger fremd; es fühlt sich einfach besser an. Es ist, als sei der Geist der Communio einmal durch den Wagon gestreift und habe alle kurz berührt.

Es gibt auch andere Erfahrungen, die schmerzen, weil sich der Geist der Communio nicht einstellen will: Wenn der Konflikt mit dem Nächsten/Liebsten außer Kontrolle gerät, wenn ein Wort das andere gibt und der Graben immer tiefer wird, wenn Trennung, Fremdheit und Ablehnung im Raum stehen und keine Brücke der Verständigung mehr erkennbar ist. In solchen Momenten bräuchten wir den Mut, um die Situation aus der Unschuld des Herzens heraus zu ändern – jener Unschuld, die so mächtig ist, dass sie alle und alles umzustimmen vermag.

Ich erinnere mich an eine Situation in der Universität, die mir noch Wochen später nachgegangen ist. Als Lehrende bemühte ich mich, meine Kritik an studentischem Arbeiten so zu dosieren, dass sie den Studierenden ein Ansporn ist, ihre Möglichkeiten zu erproben und ein wenig zu erweitern. Das gelang mir mal recht, mal schlecht. Ich begriff mich in diesem Punkt selbst als Lernende, wusste ich doch, dass ich den Ruf hatte, anspruchsvoll und streng zu sein. In einer Seminarsitzung trugen zwei Studierende vor, was sie zuvor erarbeitet hatten. Sie waren vorher mehrfach bei mir gewesen und ich hatte den Eindruck gewonnen, dass sie sich um ein gutes Referat bemüht hatten. Umso erstaunter, ja zunehmend fassungsloser war ich, als den Anwesenden und mir ein unstrukturierter, sprachlich schlampiger und in der Sache völlig unzureichender Vortrag geboten wurde. Ich merkte, wie in mir Ärger, Zorn, ja fast Wut hochstiegen. Besonders schlimm für mich: Sie berichteten in dieser Sitzung ausgerechnet über einen zentralen Gedanken, den ich publiziert hatte. Ich hatte den Eindruck einer Verballhornung und fühlte mich gründlich missachtet. Zugleich war mir klar, dass ich diese Emotionen nicht einfach wegstecken und freundlich lächelnd zur Tagesordnung würde übergehen können. Unzweifelhaft würde sich die Verletzung und Verärgerung unterschwellig in allem, was folgen würde, niederschlagen.

So machte ich aus meinem Herzen keine Mördergrube, sondern ließ heraus, was dort rumorte. Es muss vernichtend gewesen sein, denn bleierne Schwere legte sich über den Raum. Ich spürte sofort, ich war zu weit gegangen, hatte unnötig verletzt, hatte die Macht, die ich qua Position über Menschen habe, missbraucht. Wie ich dies reparieren sollte, ahnte ich nicht. So versuchte ich, quasi nachdem ich Dampf abgelassen hatte, zur Tagesordnung überzugehen.

Die bleierne Schwere blieb. Da kam mir und uns allen etwas Unerwartetes zu Hilfe. In dem Seminar saß eine ältere Studentin, die mir schon mehrfach durch große Naivität und gleichzeitige Beharrlichkeit aufgefallen war. Sie stellte ungewöhnliche Fragen, Fragen, die andere vermieden, weil sie sie für unangemessen oder uninformiert gehalten hätten. Doch sie scheute sich weder, solche Fragen zu stellen noch auf ihre Beantwortung zu dringen. Und genau so geschah es jetzt wieder. Ich erinnere die Formulierung nicht mehr genau, aber sinngemäß fragte sie in einem völlig unschuldigen Ton: „Was fanden sie denn so schlimm an dem Vortrag?" Bei dieser ersten Frage wollte ich auf diese unbequeme Bezugnahme auf meine Attacke nicht eingehen. Mit knappen Worten wiederholte ich, was ich gesagt hatte, dieses Mal mit voller Kontrolle über mich selbst, um dann endlich zur inhaltlichen Tagesordnung überzugehen. Doch ich hatte meine Rechnung ohne sie gemacht: Warum ich denn dann so heftig reagiert hätte, war ihre erneute unschuldig gestellte Frage. Meine Reaktion war, als piekse man in einen aufgeblasenen Luftballon. Ich atmete tief aus, denn nun hatte sie mich im Inneren berührt und ich versuchte zu vermitteln, was sich in mir abgespielt hatte: ein Gefühl der Missachtung, eine Ungleichgewicht von Geben und Nehmen zwischen den Studierenden und mir als Lehrender, mangelnde Sorgfalt in der Sache und mir gegenüber.

Ich hatte meinen Panzer geöffnet und Verantwortung für meine Gefühle übernommen. Die Luft war gereinigt. Das Seminar nahm seinen Fortgang, die Gesprächsbrücke zu den beiden Vortragenden war wieder hergestellt und in mehreren Sprechstunden danach haben wir uns bemüht, mit den entstandenen Verletzungen umzugehen. Das Entscheidende war geschehen, als jene Frau die einfache Frage öffentlich gemacht hatte, die das Herz bewegte. Damit bereitete sie den Weg, der das Herz öffnet, in diesem Fall mein Herz, und der die Kraft freisetzte, Verletzungen anzusehen und zu heilen – in mir und in anderen.

Communio, wenn sie fehlt, vermissen wir schmerzlich, vielfach ohne dass uns dies bewusst ist. Doch wenn sie dann möglich wird, wenn sie sich plötzlich ereignet, können wir einen Akt der Befreiung spüren. Es ist die Kraft des Herzens, die plötzlich in der Kommunikation lebendig geworden ist und die das Trennende in uns und zu unseren Mitmenschen aufzuheben vermag.

Organisationen

Organisationen strukturieren die Aktivitäten einer Gesellschaft und helfen die Alltagsdinge zu regeln. Sie sind unverzichtbar. In den letzten Jahren sind die Kommunikationsbeziehungen in Organisationen mit Hilfe von Informations- und Kommunikationstechnik grundlegend optimiert worden. Dagegen ist prinzipiell nichts zu sagen. Technik erleichtert Menschen das Leben, sofern sie verantwortungsbewusst gegenüber dem einzelnen und gegenüber dem Ganzen eingesetzt wird. Doch dies ist vielfach nicht der Fall. Dies wird an einer Analogie deutlich:

Eine Institution ist wie ein Haus. Es hat viele Stockwerke, Zimmer, Flure und Türen, Treppenhäuser, Wasserhähne und ein Dach. Ein solches Haus bietet zuallererst einmal Schutz, z.B. vor den Unbilden des Wetters. Sodann schafft es Raum für vielfältige Aktivitäten. So wird viel dafür getan, das Haus optimal funktionsfähig zu machen. Je größer ein Haus ist, desto wichtiger wird es, dass die vielen Verbindungswege die Arbeit möglichst gut unterstützen: Verbindungen zwischen den Stockwerken, zwischen den Zimmern, zwischen den Türen. Doch solch sichtbare Verbindungen sind nicht alles: Es gibt unsichtbare Verbindungen, die für das Wohlergehen einer Institution wesentlich wichtiger sind als alle räumlichen Verbindungen: die Verbindungen zwischen den Menschen. Wer begegnet wem, wie, in welchem Geiste? Wer sucht wen, wozu, mit welcher inneren Haltung und Einstellung auf? Wer hört wen, mit welcher Aufmerksamkeit und Geneigtheit? Wer spricht mit wem, wann und mit welcher Absicht? Das sind die eigentlichen Fragen, die in einem Haus, einer Institution zu klären sind. Und was für das Haus nach innen gilt, gilt genauso für Kontakte der Häuser bzw. der Organisationen untereinander.

Wenn Organisationen fieberhaft nach Lösungen suchen, wie sie die Verbindungen zwischen Räumen, Fluren, Stockwerken und Häusern verbessern können, denken sie vor allem in technischen Kategorien. Dem westlichen materiellen Paradigma entsprechend, wollen die Verantwortlichen Begrenzungen der Kommunikation in Raum und Zeit mit technischen Mitteln dadurch aufheben. Das ist per se weder falsch noch schlecht. Der Mensch ist an Raum und Zeit gebunden. So ist es angenehm, dass Techniken Raum und Zeit entgrenzen und damit dazu beitragen, dass menschliche Kommunikation effizienter, zeitsparender und mit größerem Radius organisiert werden kann. Was jedoch leicht übersehen wird, ist, dass Kommunikation letztlich ein immaterieller Prozess ist. Jede Kommunikationsverbesserung muss auch die immaterielle, d. h. die geistige Dimension betreffen. Was nützt es, wenn die Wege geebnet, aber der Kopf für das, was gehört werden soll, nicht offen ist und das Herz verschlossen bleibt?

Hier anzusetzen, muss daher die vordringliche Aufgabe jeder Art von Kommunikationsverbesserung sein. Das trifft selbst unter reinen Effizienzbedingungen zu. Wo Angst, Furcht, Missgunst, Neid, Konkurrenz und Unsicherheit das Fühlen, Denken und Handeln von Menschen bestimmen, kann eine Organisation nicht zu guten Leistungen kommen. Der Einsatz von Technik wird in solchen Organisationsumwelten eher weitere Missverständnisse schüren als die Kommunikation verbessern. Wo hingegen Achtsamkeit, Respekt, Toleranz, ja Liebe das Zusammenwirken von Menschen prägen, kann aus dem Gegeneinander ein Miteinander werden, kann aus Desinteresse Enthusiasmus erwachsen, kann aus Verweigerung Unterstützung entstehen. Hier dürfte Technik ein willkommenes Instrument sein, um noch besser miteinander zu kommunizieren.

Der bedeutende Kommunikationsforscher Watzlawick hat die Kategorien geliefert, mit denen wir auf die Lücke in unserem Projekt der Kommunikationsverbesserung stoßen können. Kommunikation, so hat er festgestellt, enthält immer Sach- und Beziehungsaussagen. Was das Kommunikationsaxiom von Watzlawick jedoch nicht hervorhebt, ist, dass nur eine Beziehungsaussage im Geist der Achtsamkeit und Liebe Gemeinschaft und eine Kooperation der Herzen herstellen kann. Dies heißt: Es bedarf der Communio, um ein Miteinander zu ermöglichen. Statt in Organisationen allein eine technische Modernisierung der Kommunikation anzustreben, sollte es also in erster Linie um deren zwischenmenschliche Humanisierung gehen. Das muss den Einsatz technischer Kommunikationsmittel nicht ausschließen. Humanisierung von Kommunikation in einer Institution betrifft jedoch in erster Linie den Geist, in dem miteinander kommuniziert wird. Soll er verbessert werden, so geht dies nicht, ohne sich den vorhandenen Konflikten zu stellen. Kommunikationsverbesserung erfordert Transparenz und Klärung. Der Weg vom Gegeneinander zum Miteinander, vom Kampf zur Kooperation von der Obstruktion zur Ko-Kreation verlangt, dass Egoismen zurücktreten und dass der Blick sich weitet.

In der modernen Organisations- und Managementlehre fordert man daher bei Konflikten sogenannte ‚*Win-Win-Lösungen*'. Unser herkömmliches Muster der Interaktion ist dem Kampf entnommen: Wenn ich Recht habe, hast du Unrecht; wenn ich etwas bekomme, gehst du leer aus. Dies sind sogenannte ‚*Win-Lose-Lösungen*', das heißt solche, bei denen der eine gewinnt, der andere verliert. *Win-Win-Lösungen'* hingegen sind Lösungen, an denen beide profitieren. Sie verlangen, dass ich meine Sicht der Dinge im Licht der Sicht anderer prüfe und verändere. Werden solche ‚Win-Win-Lösungen' angestrebt, dann entsteht zwischen den Beteiligten eine völlig andere emotionale Dynamik. Beide entwickeln ein Interesse an einem glücklichen Ausgang; beide können mit dem Ergebnis leben, selbst wenn es nicht den eigenen Vorstellungen völlig entspricht. Und vor allem: Die Lösungen sind von größerer Dauer, weil nicht anschließend die unterschwelligen oder offenen Rachefeldzüge für Gesichtsverlust oder Übervorteilung begonnen werden müssen.

Es ist nicht leicht, in der Arbeitswelt die Brille vom notwendigen Kampf aller gegeneinander abzulegen. Dies gilt insbesondere für unsere westlichen Gesellschaften, die derart stark auf ‚Win-Lose-Lösungen' angelegt sind. Offenbar herrscht bei uns der Glaube vor, nur das Muster ‚Konkurrenz-Sieg-Niederlage' könne Menschen zu Höchstleistungen beflügeln. Es geht jedoch auch grundsätzlich anders. Es gibt jene andere Kraft, die die Menschen ungleich mehr anfeuern kann. Es ist die Kraft der Liebe, des Mitgefühls, der Achtsamkeit. Sie verträgt sich nicht mit Ausgrenzung, Trennung, der Sucht nach Autonomie, Autarkie und Herrschaft über andere. Sie hilft, Zusammenhänge zu sehen, zu fördern und zu pflegen, und unterstützt das Wissen, dass alles und alle voll und ganz aufeinander angewiesen sind. All unser Tun ist auch wirksam für alle anderen. So ist ein Tun in wechselseitigem Respekt, in Achtung und Mitgefühl nicht nur etwas für andere, sondern es geschieht auch für mich selbst.

Dieses Gesetz gilt auch für Organisationen. Interessanterweise entdeckt gerade die moderne Organisations- und Managementtheorie die besondere Kraft solch veränderter Einstellungen. Das Buch *Die Fünfte Disziplin* von Peter Senge von der Universität Harvard wurde nicht nur prägend für das Konzept der ‚Lernenden Organisation', es wurde auch ein Weltbestseller. Unternehmerische

Visionen, in denen Gewissen, Achtsamkeit, Respekt und Verantwortlichkeit für das Ganze eine wesentliche Rolle spielen, gewinnen an Bedeutung, und der Ruf nach Ethik im Management wird in dem Maße stärker, wie die selbst verursachten Krisen offensichtlicher werden. Besonders gefordert sind heute der Finanz- und der Wirtschaftssektor. Für Einrichtungen im Bildungs- und Sozialbereich galten solche Anforderungen immer schon. Deswegen werden im Folgenden drei von ihnen vorgestellt.

Sri Sathya Sai Institute for Higher Learning

Nach buddhistischer Auffassung kann es ohne Mitgefühl
keine Weisheit geben, was für mich bedeutet,
dass Wissenschaft, die nicht von sozialem Empfinden begleitet ist,
keinen Wert hat.

CAPRA[95]

Orte des Lernens können von der Liebe zur Weisheit inspiriert sein. Doch dies geht nicht ohne einen spirituellen Bezug. Ein solches Bildungsprojekt lässt sich in Indien im Sri Sathya Sai Institute for Higher Learning studieren. Sathya Sai Baba, der weltweit als Reformator und spiritueller Weltenlehrer verehrt wird, hat ein System von Colleges ins Leben gerufen, die konsequent spirituelle und weltliche Bildung verschränken. Schon vor ihm haben zwei international bekannte indische Weisheitslehrer bildungspolitische Impulse gesetzt, die bis in die Gegenwart fortwirken: Tagore und Krishnamurti. Tagore gründete rund 150 Kilometer nördlich von Kalkutta eine Universität, die er Shantiniketan – Ort des Friedens – nannte und in der junge Menschen vor allem ihren Charakter und ihre Fähigkeit im Kontakt mit der Natur und dem ländlichen Leben entfalten sollen.[96] Krishnamurti gründete Schulen in Indien, den USA und England, die bis heute fortbestehen und in denen Schüler in der Kunst des Lernens im Geist der Achtsamkeit geschult werden.[97]

Das Bildungssystem, das Sathya Sai Baba in Indien aufgebaut hat, reicht vom Kindergartenalter mit den sogenannten Bal-Vikas-Schulen bis zu Universitäten für Frauen und Männer. In einer seiner Universitäten in Whitefield, in der Nähe von Bangalore, habe ich die Gelegenheit zu einem Interview mit Professor Anil Kumar erhalten, damals noch Leiter des dortigen Sri Sathya Sai Institute for Higher Learning.

Nachdem ich im Garten des Universitätscampus herumgewandert bin und die dort aufgestellten Tafeln mit spirituellen Texten studiert habe, bin ich neugierig geworden. Ich will wissen, wie das Innenleben dieser Bildungsstätte aussieht, welcher Geist in ihr zu finden ist und wie sie ihre Aufgabe begreift. Nun sitze ich vor Professor Anil Kumar, einem dynamischen Inder mittleren Alters, der mich aus lebhaft wachen Augen anblickt. Er lädt mich mit einer energisch-freundlichen Handbewegung ein und beginnt fröhlich verschmitzt einen der vielen Bajhans zu singen, ein Loblied Gottes, wie sie im nahegelegenen Kloster täglich von den Menschen angestimmt werden. Dabei wandern seine Augen höchst interessiert immer wieder zu mir hin, wie ich wohl diese für eine Westlerin unübliche und auch für Indien ungebräuchliche Begrüßungsweise aufnehme. Assistenten gehen derweil ein und aus, holen sich Hinweise und Aufträge, was zu tun sei, während ich offensichtlich Teil eines Kennenlernspiels bin, das sich auf anderen Ebenen als der verbalen bewegt. Es mündet unvermittelt in der lebhaften Aufforderung, Fragen zu stellen, die mir mit Enthusiasmus, Vitalität und freundlicher Offenheit beantwortet werden.

Weltliche und spirituelle Erziehung seien zu integrieren; dies sei – so Anil Kumar – gesamtgesellschaftlich ebenso wie individuell notwendig. Der Fortschritt in der Wissenschaft sei mit einem Verfall der Werte einhergegangen; moderne Erziehung konzentriere sich auf den Lebensunterhalt, nicht mehr auf das Leben (‚living' statt ‚life'). Im Vordergrund akademischer Studien stünden deswegen nicht mehr Interesse, sondern Einkommenserwägungen; sie bestimmten in Lehre und Studium die Wahl der Fächer.

Erziehung habe jedoch eine andere Aufgabe. Aus der individuellen Sicht betrachtet, sei jeder Mensch letztlich auf der Suche nach Glück, das er/sie je nach Lebensalter und Lebenssituation auf immer wieder neue Weise erhoffe: im Kindesalter mit Hilfe von Puppen und Spielzeugen, im Alter der Heranwachsenden durch Freund und Freundin, später durch Beruf und Einkommen, Familie, Kinder usw. Auf keinem dieser Wege gelange der Mensch zu einem wirklichen Glücksgefühl. So seien diese Erfahrungen Hilfen, um schließlich zu begreifen, dass Glück nicht im Außen gefunden werden könne. Deswegen solle Erziehung die jungen Menschen lehren, den Blick nach innen zu richten, um von da aus ein menschengemäßes Leben zu leben.

Erziehung ist keine Buchangelegenheit.
Das Universum ist eine Universität für die,
die sich bemühen, zu beobachten und zu lernen.

Bewusstheit ist Leben.

Spirituelle Erziehung ist keine unterschiedliche oder gesonderte Disziplin.
Weltliche und spirituelle Erziehung sind wie die zwei Hälften in den Samenkörnern, der Keimling, der wächst, ist dazwischen –
er wird genährt von beiden.[98]

Glück in sich selbst zu finden sei in der Gegenwart sehr schwierig, da der innere Geist, das innere Herz, die inneren Sinne durch Vorurteile, geistige Spaltungen, Neid und Stolz völlig in Mitleidenschaft gezogen seien und der Mensch auf eine Suche im Außen orientiert sei. Die Aufgabe sei daher, die inneren Sinne rein, vollkommen und klar wie Spiegel zu machen. Jede Sicht, die wir entwickeln, sei immer eine Widerspiegelung des eigenen Wesens, zugespitzt: „Die Szene ist außen, der Sehende ist innen" (The scene is outside, the seer inside). Wenn der Blick rein werde, erscheine alles rein (with purity of vision, everything will look pure).

Unser Gespräch wird erneut durch ein Bajhan-Lied unterbrochen, wobei Kumar den Rhythmus auf alle nur erdenkliche Weise körperlich unterstreicht. Er strahlt Lebensfreude und Kraft aus. Im Zentrum der Erziehung – so fährt er fort – stünden daher die menschlichen Werte Wahrheit, Rechtschaffenheit, Frieden, Liebe und Gewaltlosigkeit. Sie zielten auf eine Harmonie und Integration der drei Instrumente des Menschen: Kopf – Herz – Hand (Head, Heart, Hand), denen Gedanken, Gefühl und Handlung zugeordnet seien. Der Kopf verarbeite die Informationen und lasse Wissen entstehen. Das Herz sei jedoch fähig zur Transformation, indem es Mitgefühl, Opfersinn und die Suche nach Wahrheit entwickeln könne. Die Hand repräsentiere das Vermögen, dies im Alltag umzusetzen. Nur wo es eine Einheit von Gedanke, Wort und Tat gebe (thought, word, deed), stelle sich Glück und Frieden ein.

Die Methode, mit der dies vermittelt werde, bestehe nicht darin, separate Klassen für Ethik und Moral anzubieten, sondern in einem integrierten Bildungsansatz. Jedes Fach biete reiche Möglichkeiten, die Frage der Werte zu diskutieren und zu verdeutlichen. Im Fach Geschichte ließen sich z.B. herausragende Persönlichkeiten thematisieren, die sich durch vorbildliches Verhalten ausgezeichnet hätten. In der Politik könne herausgearbeitet werden, dass eine Politik ohne Prinzipien sinnlos und gefährlich sei. Nötig seien Politiker statt Politrucks (politics statt politrics). In der Soziologie seien Prinzipien der Gleichheit und der Gerechtigkeit zu behandeln. In den Naturwissenschaften ließen sich aus wichtigen Gesetzen Lehren ziehen, die auch das menschliche Leben betreffen. Das Gesetz, wonach jede Aktion eine Reaktion hervorrufe, finde sich z.B. in der Karma-Lehre von Ursache und Wirkung wieder und habe Bedeutung für das tägliche Leben. Der Schlag auf den Tisch provoziere einen Gegenschlag; der Blick in den Spiegel kehre als Spiegelung zurück. So sei alles Reaktion, Reflexion, Widerhall (everything is a reaction, reflection, resound). In der Biologie ließen sich die Werte herausarbeiten, nach denen die Natur arbeite: Pflanzen gäben Schatten unabhängig davon, wer unter ihnen Schutz suche (irrespective of caste and creed; unabhängig von Kaste und Glauben); sie dienten uns selbstlos. Die Tiere unterrichteten uns darin, wie der Körper gesunden könne, z. B., indem sie in Phasen der Wiederherstellung keine Nahrung zu sich nehmen.

Ein wesentlicher Bestand der Erziehung seien Pflichten, die mit Disziplin und Hingabe übernommen werden müssten (duty, discipline, devotion). Pflichterfüllung werde verdorben, wenn sie ohne Disziplin sei. Disziplin sei notwendig, um eine Ordnung, einen Rahmen aufrechtzuerhalten, in dem sich die Pflichten leichter erfüllen lassen. Es sei wie bei der Eindämmung des Flusswassers; sie erst erlaube, Elektrizität zu gewinnen. Die Hingabe schließlich sei notwendig, um sich ganz mit der Aufgabe zu identifizieren und sie als selbstlosen Dienst zu leisten. Pflichterfüllung mit einem Geist der Opferbereitschaft, selbstlose Pflichterfüllung sowie Pflichterfüllung mit Liebe seien Ausdruck von Hingabe (duty charged with the spirit of sacrifice, selfless duty, duty with love is devotion).

Bei all dem müssten Körper, Geist und Intellekt zusammenwirken. Dazu bedürfe es eines Trainings des Körpers, denn der Geist könne mehr verarbeiten, wenn der Körper gesund sei. Dem dienten die Reinigung des Körpers und Yoga. Der Geist werde durch gute Gedanken gereinigt und der Intellekt (oder das Unterscheidungsvermögen) könne durch Werte erhellt werden (the intellect can be brightened by values). Der Geist drücke sich durch Gedanken aus, der Intellekt durch Intuition und der Körper durch Aktion. Doch die Intuition lasse sich nur durch ein spirituelles Erwachen wecken (Intuition can be awakened only by spiritual awakening).

Als das Gespräch zu Ende ist, werde ich freundlich eingeladen wiederzukommen. Ich verlasse das Zimmer mit dem Gefühl, hier einem Menschen begegnet zu sein, der nicht nur rundum glücklich ist, sondern auch völlig in seiner Aufgabe aufgeht.

Die drei Universitäten in Südindien mit jeweils rund 500 Studierenden liegen in Anantapur (Frauen), Whitefield/Bangalore und Puttaparthi/Andra Pradesh (Männer). Es handelt sich um architektonisch aufwändige und z. T. kunstvoll gestaltete Gebäude, die einen Raum der Ruhe und des Rückzugs eröffnen. Sie stehen in einem engen räumlichen und organisatorischen Bezug zu den Klöstern in Whitefield und Puttaparthi. Beim Gang durch den Campus fallen unübersehbare Schrifttafeln ins Auge, z.B.:

Sei in der Welt, lass die Welt nicht in dir sein.
Hände, die helfen, sind heiliger als Hände, die beten.
Bildung dient dem Leben, nicht bloß dem Einkommen.
Hilf immer, verletze niemals.
Das reine Herz ist das Ziel aller spirituellen Praxis.
Das Individuum ist ein sich bewegender Tempel.
Lerne zu geben, nicht zu nehmen.
Lerne zu dienen, nicht zu herrschen.
Das Leben ist eine Reise vom Ich zum Wir.[99]

Das Studienprogramm umfasst Grundstudien (3 Jahre) und Postgraduatestudien (2 Jahre) mit der Möglichkeit zum Ph.D.[100] Der Besuch ist kostenlos und wird auf der Basis eines strengen leistungsbezogenen Testverfahrens ermöglicht. Der Fächerkanon umfasst alle klassisch-philologischen, naturwissenschaftlichen und musischen Fächer sowie Sport. Darüber hinaus enthält er die Fächer Yoga, *Awareness* und *Self-Reliance*.

In dem Fach *Awareness*, das sich etwa mit wacher Bewusstheit übersetzen lässt, wird eine kulturelle und spirituelle Erziehung vermittelt, in der die großen spirituellen Epen und Bücher des asiatischen und europäischen

Kulturraumes studiert werden. Das Programm reicht von den griechischen Klassikern über den Koran, die Bibel, die Upanishaden und Veden bis hin zu den Lehren Sathya Sai Babas. Ergänzt wird dieses Angebot durch jährliche obligatorische Sommerkurse über indische Kultur und Spiritualität, die in Brindavan/Whitefield unter Beteiligung bedeutender Persönlichkeiten aus allen Ländern und – solange er lebte – Sathya Sai Babas selbst durchgeführt werden.

Das Fach *Selbstverantwortung* besteht aus Pflichtarbeiten, die jede und jeder im Umfang von wöchentlich acht Stunden wahrnehmen muss und die der Gemeinschaft dienen. Dazu gehören entweder Aufgaben in den Wohngebäuden, wie Saubermachen, Instandhalten, Gärtnerei, Essensausgabe, Versorgung von Kranken, Geschäfte für den täglichen Bedarf etc., oder Aufgaben im College, wie Vorbereitung und Durchführung von Plenums-, Sport-, Kulturveranstaltungen und Musikdarbietungen. Ergänzt wird dies durch wöchentliche musische Klassen im Umfang von einer Stunde.

Die Studierenden werden kontinuierlich stimuliert, indem sie halbjährlich auf der Basis monatlicher Beurteilungen in entsprechenden Zeugnissen bewertet werden. Diese erstrecken sich nicht nur auf die akademischen Fächer, sondern auch auf Fächer wie Yoga, Awareness und Self-Reliance.

Der Tagesablauf gibt deutlich wieder, wie Pflicht-Disziplin-Hingabe (duty-discipline-devotion) ineinander verwoben sind. Die Studierenden beschränken sich während ihrer Studienzeiten (etwa bis zum 22. Lebensjahr) weitestgehend auf den Kontakt zu ihren jeweiligen Mitbewohnerinnen oder Mitbewohnern im College. Fernsehen ist ebenso untersagt wie Trips in die Stadt. Der gesamte Tagesablauf, der sich auf sechs Tage in der Woche erstreckt, ist auf das Ziel der Erziehung ausgerichtet. Ihn zu bewältigen, zwingt die Jugendlichen innerlich wie äußerlich, mit anderen Jugendlichen verschiedener Schichten, Kasten, Hautfarben, Glaubensrichtungen und spiritueller Entwicklungsstufen zurechtzukommen. Dies soll wechselseitige Toleranz und Akzeptanz fördern, unabhängig von Klasse, Kaste und Glauben (class, caste, creed).

Höhepunkt im Leben der Studierenden ist das jährliche Sportfest im Januar im großen Stadion von Puttaparthi. Es ist bei den Indern so beliebt, dass Eltern und Verwandte aus allen Landesteilen herbeiströmen. In farbenprächtigen, selbst hergestellten Kostümen werden vor Zehntausenden von Menschen, und zu seinen Lebzeiten natürlich vor Sathya Sai Baba persönlich, hinreißende

Vorführungen gezeigt: Mutspiele zur Überwindung von Feuer, Höhenangst und Schwerkraft; Tänze, die Schönheit und Harmonie zum Ausdruck bringen; Turnspiele, die körperliche Geschicklichkeit und Bewegungsfreude demonstrieren; Theaterspiele, die das kulturelle Erbe in Szene setzen, und technische Spiele, die die Auseinandersetzung mit neuester Technik unter Beweis stellen. Dies alles scheint möglich zu werden trotz eines extrem hart anmutenden Alltags für die Studierenden:

Der Tag beginnt, wie in Indien üblich, sehr früh, und zwar morgens um 5 Uhr; die akademischen Unterrichtsfächer dagegen erst um 10 Uhr. Die Zeit bis dahin ist ausgefüllt mit Morgenmeditation, Morgengebet und Liedern, Yogaübungen, Frühstücken und gemeinsamer Diskussion über den Tagesspruch. Von 10-16.30 Uhr finden die Unterrichtsklassen statt, und nach 1 1/2 Freistunden beginnt um 18 Uhr der Tagesrückblick mit Gebeten, Liedern und Gesprächen, in denen Bewertungen und Beurteilungen des Tages und des Verhaltens informell ausgetauscht werden. Nach dem Abendessen um 19.30 Uhr folgen Studienzeiten, in denen Ruhe eingehalten werden soll. Die Nachtruhe beginnt um 22 Uhr mit einem Nachtgebet. So wie die Einstimmung in den Tag einen Einklang von Außen und Innen herstellen soll, der für die Wissensaufnahme einen fruchtbaren Boden bereitet, so sorgen rhythmische Intervalle von Gebet, Meditation und Gespräch im Laufe des Tages dafür, dass der geistige Bezug allen Tuns und Lernens nie aus den Augen verloren werden kann.

So finden sich in den Universitäten Vorstellungen, die nicht nur für unsere Verhältnisse, sondern auch für indische völlig ungewöhnlich sind. Mit ihrer konsequenten Verbindung von weltlicher und spiritueller Orientierung knüpfen sie dennoch wie die bildungspolitischen Traditionen von Tagore und Krishnamurti an wichtige Traditionen der indischen Kultur an. Ihnen wird ein konsequenter Weltbezug gegeben, denn der Ort des Wirkens der Absolventinnen und Absolventen wird in der Welt gesehen. Richtschnur ist dabei „Sei in der Welt, lass die Welt nicht in dir sein“ (Be in the world, let not the world be in you) oder: „Zuerst kommt Gott, dann erst die Welt.“ Das bedeutet, alles Wissen, alle Fähigkeiten, alles Tun wird erst dann als wertvoll angesehen, wenn es die Menschen lernen, in der Welt und ihren Gesetzen das Wirken Gottes zu erkennen und ihr Wissen zum Wohle anderer und zur Verbesserung der sozialen Verhältnisse einzusetzen. So geht es in diesen Bildungseinrichtungen nicht um die Vermittlung eines abstrakten Lernstoffes, der den Zugang zu

Pfründen und Einkünften eröffnet, sondern um den Erwerb von Fachkompetenz in Verbindung mit einer bestimmten geistigen Haltung, die in der Welt wirksam werden soll. Es geht um die optimale Entwicklung der individuellen Fähigkeiten für ein Wirken in der Welt, das dem Wohl des einzelnen und der Gesellschaft dient.

Damit entsteht ein seelisch-geistig-körperliches Wissen, in dem das weltliche Wissen seinen Eigenwert verliert und seine Bedeutung und Wirkung in dem Plan und Projekt findet, die Menschheit und jeden einzelnen hin zu Gott zu führen. Das ethische Erziehungsprojekt ist dem Gesamtprojekt immanent; es führt kein davon getrenntes Eigenleben. Die Schulen und Universitäten wollen Menschen in die Welt entlassen, die – fest in der Spiritualität verwurzelt – ihr Leben der Selbst-Vervollkommnung ebenso widmen, wie der Vervollkommnung der menschlichen Gemeinschaft. Die Erziehung in den fünf menschlichen Werten Wahrheit, Rechtschaffenheit, Liebe, Gewaltlosigkeit und Frieden wirkt dabei als Richtschnur, um die Absolventinnen und Absolventen in der Welt und gegenüber der Welt zu wappnen gegen Stolz, Eifersucht, Korruption, Geiz, Gier, Zorn oder Rachsucht. Damit stellen sich die Einrichtungen in den Dienst einer Reform der indischen Gesellschaft. Aufbauend auf entsprechenden Kindergärten und Schulen legen sie Grundlagen für eine Humanisierung der Gesellschaft, die mit einer Humanisierung der Bildung ihren Ausgang nimmt. Humanisierung heißt dabei, die Freiheit des menschlichen Willens mit dem göttlichen Gesetz der Liebe in Übereinstimmung zu bringen.

Pflicht ohne Liebe ist
bedauernswürdig.
Pflicht mit Liebe ist erstrebenswert.
Liebe ohne Pflicht ist göttlich.

SATHYA SAI BABA[101]

Junge Menschen, die aus der Obhut dieser Colleges hervorgegangen sind, lassen durch Haltung, Ausstrahlung und Verhalten erkennen, dass ihnen etwas auf den Weg gegeben wurde, was unsere Schulen und Universitäten nicht zu geben vermögen[102].

Findhorn Foundation

Als Peter und Eileen Caddy 1962 ihren Wohnwagen im trockenen Sand der schottischen Findhorn Bay aufstellten, ahnten sie nicht, dass sie damit den Grundstein für eine Institution mit weltweiter Ausstrahlung legen sollten: die Findhorn Foundation. Der tatkräftige und erfolgreiche Peter Caddy, ein ehemaliger Offizier, hatte im vier Kilometer entfernten Forres ein prachtvolles Golfhotel gemanagt und mit Hilfe seiner Frau zu einem Vier-Sterne-Hotel entwickelt. Nach einem kurzen auswärtigen Engagement kehrte er zurück, um überrascht festzustellen, dass er zwischenzeitlich entlassen worden war. Mangels Alternativen schlug er nun mit seiner Frau und seinen vier Söhnen seine Zelte, sprich seinen Wohnwagen, an einem Flecken Erde auf, der nahe einer Militärbasis als Feriencampingplatz diente: Der Boden rau, der Wind ein ständiger Begleiter, kaum Pflanzen oder Bewuchs, eine strandnahe Ödnis, die schwerlich ein Heim für diese Familie bieten konnte.

Doch beide hatten absolutes Gottvertrauen, dass dies der richtige Ort sei. Eileen Caddy war mit der seltenen Gabe ausgestattet, eine Stimme hören zu können, die sie als Gottes Stimme begriff. Peter Caddy wusste, dass er sich auf das, was diese Stimme sagte, völlig verlassen konnte. In langen Jahren als Hotelmanager hatte er erfahren, dass ihre Ratschläge oft überraschend waren, doch letztlich immer einen Weg wiesen, den er und seine Frau mit wachsender Zuversicht und Freude zu gehen bereit waren. So wussten sie auch jetzt, dass sie ihren neuen und so ungastlichen Standort nicht zufällig wählten, sondern dass sie damit einer göttlichen Führung folgten.

Mit ihnen war Dorothy McLean. Auch sie war ein ungewöhnlicher Mensch, denn Dorothy McLean hatte die Fähigkeit, mit Naturgeistern zu kommunizieren. Sie konnte die Pflanzendevas, die geistigen Wesen, die das Leben der Pflanzen regieren, hören und sich von ihnen Weisungen geben lassen, was der Mensch tun müsse, um den Pflanzen zu optimalem Wuchs und Wohlergehen zu verhelfen. Diese drei Menschen mit ihren unterschiedlichen Fähigkeiten – das spirituelle Medium Eileen, die Vertraute der Pflanzenwelt Dorothy und der tatkräftige Umsetzer und Macher Peter – sollten in eines der erstaunlichsten Experimente auf diesem Globus eintreten. In allen Einzelheiten ist dokumentiert[103], wie im Zusammenwirken mit den Pflanzendevas ein fruchtbarer Garten Eden auf sandigem, unfruchtbarem Boden geschaffen wurde. Angeleitet von Eileens innerer Stimme und im Detail unterwiesen von Dorothy McLean, wurden sie aufgefordert zu zeigen, was möglich sei, wenn Mensch und Natur in größter Achtsamkeit und wechselseitigem Respekt miteinander kooperieren.

Den Anfang machte ein kleines, gegen den Wind geschütztes Areal dicht neben dem Wohnwagen, in dem Peter Caddy Kohl anpflanzte. Unter unsäglichen Mühen versuchte er, den Boden mit Pferdemist der umliegenden Bauern fruchtbar zu machen. Doch als Erklärung für den prachtvollen Pflanzenwuchs, der sich kurz darauf einstellte, konnte solch ärmliche Düngung nicht herhalten. Zum allgemeinen Erstaunen gediehen die Pflanzen so prächtig, dass kurze Zeit darauf die Caddys bereits erste Einkünfte aus dem Verkauf erzielten und damit die kaum zum Leben reichende Arbeitslosenunterstützung von Peter Caddy auffrischen konnten. Als die Aktivitäten der Caddys fortschritten und immer mehr Pflanzen in ungewöhnlicher Pracht und Kraft auf diesem dürren Grund wuchsen, begann der Ruf dieses Wunders um sich zu greifen. Die Medien wurden aufmerksam, dann die Wissenschaft. Während Peter Caddy in der Anfangszeit versuchte, nichts über die Kooperation mit den Pflanzendevas öffentlich zu machen, und als Erklärung den Pferdedünger anbot, wurde bald immer offensichtlicher, dass diese Erklärung nicht ausreichen konnte. Die Wissenschaft musste bestätigen: Hier war nicht nur ein Boden entstanden, der, von allen künstlichen Düngemitteln frei, alles bot, was Pflanzen zum Wachsen benötigen, hier hatten sich auch Pflanzen angesiedelt, die an Vielfalt, Gesundheit, Wachstum all das übertrafen, was üblich war in dieser Gegend.

Der Ruf dieses Wunders verbreitete sich rasch und die Menschen kamen. Zuerst in kleiner Zahl, dann immer mehr. Viele wollten bleiben, viele blieben. Es entstand ein Caravanpark, der nach Jahrzehnten noch in Teilen fortbesteht. In die Wohnwagen zog ein, wer sich der Gemeinschaft anschließen wollte. Gemeinsames Werk aller Bewohner und Bewohnerinnen wurde der Garten, um den herum sich eine spirituelle Gemeinschaft unter der spirituellen Führung und Anleitung von Eileen Caddy bildete.

Die Etappen dieses Gründungsprozesses hier nachzuzeichnen, erübrigt sich, da Findhorn als wohl dokumentiertes und mannigfach publiziertes Projekt bekannt geworden ist[104]. Doch erwähnt werden muss ein wichtiger Schritt, der zu der Strahlkraft dieser Foundation ganz wesentlich beitrug. Mit David Spengler kam 1970 ein Mann aus Wissenschaft und Bildung in die Findhorn Foundation, dem es gelang, ein Bildungskonzept und Bildungsprogramm in seinen Grundzügen zu entwickeln und einzuführen, das zu dem enormen Wirkungsradius von Findhorn bis in die heutige Zeit beigetragen hat. Zur Hilfe kam einer jener vielen glücklichen sogenannten Zufälle: das Golfhotel, in dem Peter Caddy Manager gewesen war, stand zum Spottpreis von 50.000 Pfund zum Verkauf. Die Foundation konnte einen solchen Preis inzwischen aufbringen, und so besaß sie plötzlich von einem Tag auf den anderen ein Vier-Sterne-Hotel, das mit allem ausgestattet war, was es zur Durchführung eines Seminarbetriebs mit Komfort in wunderschöner Landschaft und idyllischer Ruhe benötigte. Der Caravanpark, der zum Zentrum des Gartens geworden war, und das vier Kilometer entfernte Cluny Hill Hotel wurden die Eckpfeiler einer Gründung, zu der die Menschen bald zu Tausenden jährlich pilgern sollten. Sie wollten hier etwas lernen, was es andernorts nicht einfach zu lernen gab: die Botschaft der Liebe und der Freiheit von Furcht, die Botschaft des notwendigen Zusammenwirkens von Mensch und Pflanzenwelt und das gelebte Beispiel, wie in einer spirituellen Gemeinschaft Menschen vielfältigster Herkünfte, Glaubensrichtungen und sozialen Hintergründe in einem Geist der von Liebe inspirierten Gemeinschaft miteinander leben und arbeiten können.

Heute zeigt sich Findhorn als eine spirituelle Gemeinschaft mit mehreren Hundert Mitgliedern und einer erweiterten Gemeinschaft assoziierter Mitglieder. Erstere durchlaufen eine einjährige Einstiegsphase mit einem internen Bildungsprogramm, bei dem sie außerdem in einem oder mehreren Abteilungen wie Küche, Garten, Gemeinschaftszentrum mitwirken. Danach werden sie feste Mitglieder der Gemeinschaft. Als solche führen sie die Arbeiten der Gemeinschaft (Garten, Küche, Gästeprogramme, Hausführung, Druckerei etc.) aus. Sie erhalten Unterkunft und Verpflegung und ein geringes Salär von der Foundation. Die frei assoziierten Mitglieder, ehemalige Foundation Members, Interessierte aus der Gegend, Menschen, die sich temporär in Findhorn aufhalten, müssen sich dagegen selbst finanzieren und wohnen z. T. außerhalb der beiden Hauptstandorte „The Park“ und „Cluny Hill College“.

Wer immer die Foundation kennenlernen will, muss die sogenannte Experience Week (Erfahrungswoche) durchlaufen. Dabei handelt es sich um ein sechstägiges Programm, das man in einer Kleingruppe absolviert und das in die Lebensweise und leitenden Prinzipien der Gemeinschaft einführt. Diese begreift sich mit Entschiedenheit als spirituelle Gemeinschaft, die sich unter das Gebot der Liebe stellt und offen ist für Menschen aller Nationen, Bekenntnisse, Hautfarben und Lebensvorstellungen. Eileen Caddy vertrat die Grundmaxime, dass der Mensch nur die Wahl zwischen Furcht und Liebe hat. Hier in Findhorn sollen Menschen den Mut zur Liebe in einer Gemeinschaft Gleichgesinnter finden und leben. Unterstützt wird dies durch Meditation, Momente der Stille, des Einstimmens auf die Innere Führung, die Bitte um Unterstützung der Engel zu den verschiedenen Unternehmungen und das Gespräch, bei dem an die Stelle von Kritik und Beurteilung mitfühlendes Hören und Mitteilungen eigener Erfahrungen, Ängste und Sorgen treten sollen.

Arbeit wird als „Love in Action“ (Liebe in Aktion) begriffen. So beginnt und endet jede Arbeit mit einem Gebet und der Bitte um Beistand bzw. Dank für die empfangene Hilfe. Entscheidungen werden nicht autoritär von oben, sondern in vielfach langwierigen Entscheidungsprozessen getroffen, bei denen es letztlich immer wieder darum geht, durchlässig zu sein für die jeweilige innere Wahrheit der einzelnen, sie zu respektieren und diese in Einklang zu bringen mit den Bedürfnissen der Gemeinschaft. Mit diesem inneren Gerüst hat Findhorn ein umfangreiches Programm unterschiedlichster Aktivitäten aufgebaut und stellt heute durch Personaleinsatz, Umsatz und Dienstleistungsangebote verschiedener Art ein Unternehmen mittlerer Größe dar. Die Findhorn Foundation will nachhaltig, *‚sustainable', auf vier Ebenen* sein: ökologisch; ökonomisch; kulturell; spirituell (vgl. Abb. 3)

Ökologisch gilt das Prinzip sparsamsten Ressourcenverbrauchs und der Vermeidung von Abfall. Mitglieder und Gäste werden vorwiegend mit vegetarischem Essen aus biologisch-organischem Anbau versorgt. Dabei wird beispielhaft demonstriert, wie wir unsere Ernährungsgrundlagen gestalten sollten.

Planetarisch

Planetarisch, weil es unsere Wahrnehmung und Teilnahme an der evolutionären Ausbreitung des Bewusstseins im Planetensystem hervorhebt. Die Wahrnehmung, dass die Menschheit nicht vom Rest der Natur getrennt, sondern verbunden und abhängig ist von allem Leben auf unserem Planeten Gaia.

Spirituell zukunftsfähig

Unsere Beziehung zum größeren Kontext des Lebens und zur höheren Wirklichkeit, von der wir ein Teil sind: die spirituelle Dimension unserer eigenen Göttlichkeit; Gaia und das Planetensystem; unsere höhere Aufgabe, weshalb wir hier sind; und unsere wahre Verbundenheit mit allem Leben.

Liebe & Frieden
Umarmen des einzelnen Menschen

Wahrheit
Klare Reflexion der Wahrheit durch Erfahrung

Transformation
Umorientierung des einzelnen

Ausbreitung
Wahrnehmung wächst mit der Ausbreitung des Bewusstseins

Die innere Grundlage und Aufgabe des Dorfes stützt sich auf die spirituelle Anrufung, dass Gott zugänglich ist, die Natur lebt und die Umwelt den Transformationsprozess unterstützt.

Ökonomisch zukunftsfähig

Kleinunternehmen, Handwerks- und Dienstleistungsbetriebe, die eine maximale Diversität der ökonomischen Basis schaffen und vielfältige ökologische und finanzielle Einkommens- und Arbeitsgelegenheiten erzeugen.

Heimarbeit und Handwerksbetriebe ↔ *Kooperative* ↔ *Geschäfte* ↔ *Beratung* ↔ *Produktion* ↔ *Druck und Publikation* ↔ *Handel* ↔ *Lokale Dienstleistungen* ↔ *Bildung* ↔ *Heimarbeit und Handwerksbetriebe*

Maximale Wiederverwendung von Bargeld innerhalb des Dorfes vor Import und Export.

IMPORT → Bargeld & Produkte

EXPORT ← Bargeld & Produkte

FINDHORN

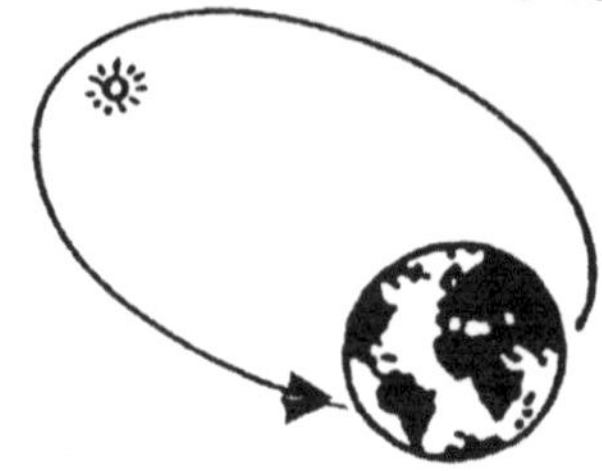

Auf dem We... ökologische...

... um was es

Ein menschliches Netzwerk, das spirituell, kulturell, ökonomisch und ökologisch zukunftsfähig (sustainable) ist und in seinen

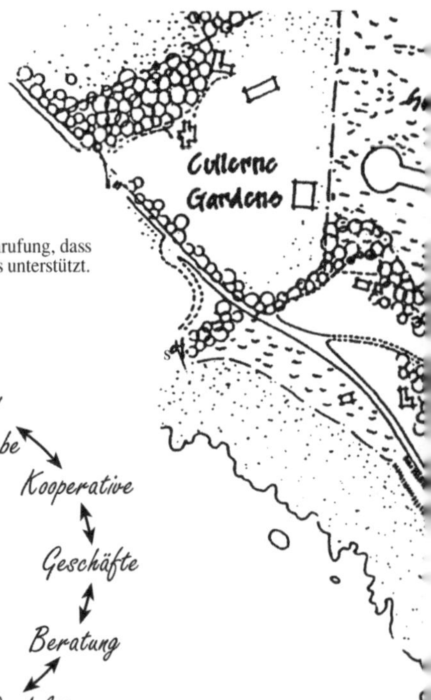

Abb. 3: Aspekte der Nachhaltigkeit Findhorn Foundation

FOUNDATION

n ein

orf

abei geht ...

Dorf

Dorf, weil es unseren Wandel von einer erweiterten Familie/Gemeinschaft zu einer vielfältigen interaktiven Dorforganisation zeigt. Wie in einem traditionellen Dorf entwickeln wir eine breitere ökonomische Basis, mehr Kontakte im lokalen Raum und stärkeres Vertrauen auf das Land, das unser Leben trägt.

Ökologisch zukunftsfähig

Sustainable physikalische Systeme und Strukturen, die in die bestehende natürliche Umwelt um uns herum integriert sind. Jeder Mikrokosmos, jedes System nährt sich aus eigener Kraft, aber es ist verbunden und steht in wechselseitiger Abhängigkeit mit einem größeren Mikrokosmos innerhalb des Ganzen.

Formen und Strukturen, die unsere wesentliche Beziehung und Verbundenheit mit dem Spirituellen und der Natur ausdrückt

Wohnen
Beziehung mit dem Land, gute Isolierung, niedriger Energieverbrauch, gemeinsame Gestaltungskultur, verschiedene Formen

Essen Selbsterzeugte organische Nahrung auf saisonaler Basis, die ergänzt wird um Treibhausprodukte

Energie Minimaler Verbrauch, maximale Nutzung erneuerbarer Energiequellen: 70% Wind, 20% Solar, 10% Holz und 0% fossile Brennstoffe

Abfall
100% Kompostierung von organischen Stoffen, Recycling von Abwasser, Wasser, Papier, Metall, Glas, Boden, Müllverbrennung

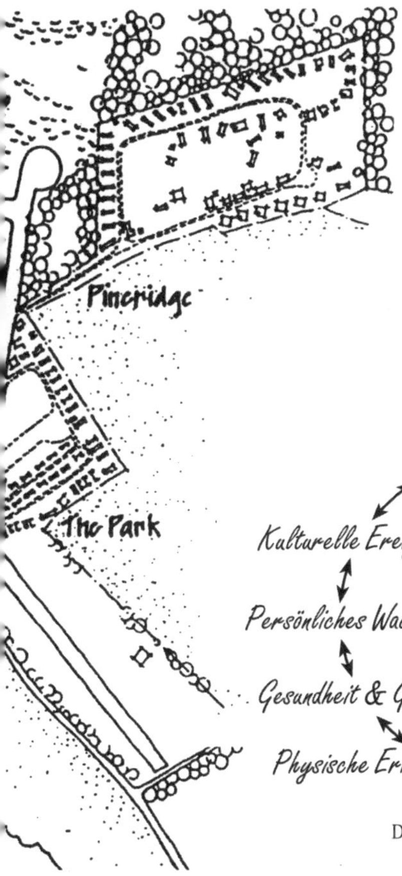

Kulturell zukunftsfähig

Unser Bedürfnis befriedigen, als menschliche Wesen kreativ zu sein und uns auszudrücken; zu lernen, wachsen, lehren und zu sein; eine verschiedenartige, interessante, stimulierende und aufregende soziale Umwelt und eine Fülle von Erfahrungen zu haben.

Darstellende Künste ↔ *Berufliche Vielfalt* ↔ *Kreative Künste* ↔ *Soziale Vielfalt* ↔ *Entwicklung von Fähigkeiten* ↔ *Physische Erholung* ↔ *Gesundheit & Ganzheit* ↔ *Persönliches Wachstum* ↔ *Kulturelle Ereignisse* ↔ *Darstellende Künste*

Der Kreislauf und die Vielfalt von kulturellen und kreativen Erfahrungen nährt uns als menschliche Lebewesen.

(Quelle: Findhorn)

Die ‚Living Machine' stellt eine besondere Attraktion dar, weil sie die Entsorgung der Brauchwässer mit der Erwärmung der Gewächshäuser koppelt. Windkraft sorgt überdies für einen Großteil des Energiebedarfs und soll weiter ausgebaut werden. Der Caravanpark wird nach und nach durch ökologischen Hausbau ersetzt.

In dieses Konzept ordnen sich auch die *ökonomischen* Aktivitäten ein. So wird Phoenix, das Geschäft der Foundation innerhalb der Parkanlage, in seiner Produktpalette und Vermarktungsstrategie umfassend nach ökologischen Kriterien gemanagt. Wo immer möglich, werden Produkte angeboten, die im Entstehungsprozess ökologischen und sozialethischen Maßstäben standhalten. Eine zunehmende Beschaffung aus dem lokalen Umfeld ist geplant. Umfangreiche Publikationsaktivitäten mit weltweitem Versand sorgen für die Verbreitung des Gedankengutes und die Bekanntmachung der Bildungsprogramme. Dies betrifft bereits den dritten Pfeiler der angestrebten Zukunftsfähigkeit, nämlich den *kulturellen*. Die Foundation unterhält inzwischen nicht nur eine Rudolf-Steiner-Schule für ihre vielen Kinder, sondern mit dem großen fünfeckigen Veranstaltungsgebäude auch ein kulturelles Zentrum für diese Region Schottlands. Hier finden immer wieder kulturelle Darbietungen mit meist überregionalem oder internationalem Zuschnitt statt: Tanz, Musik, Theater werden dort ebenso angeboten wie internationale Konferenzen oder Workshops, bei denen es die eine oder andere Fähigkeit zu entwickeln gilt.

Die umfangreichste Aktivität im Schnittpunkt von kultureller, ökonomischer und spiritueller Ausrichtung ist jedoch das Bildungs- oder Workshop-Programm für Tausende von Besuchern, die jedes Jahr kommen. Den Kern bilden die ‚Experience Week' mit den Aufbaukursen ‚Living your life purpose' (Lebe deine Lebensaufgabe) und ‚Game for Transformation' (Transformationsspiel). Dazu kommen künstlerisch-kreative Workshops, die sich z. T. über Monate hinziehen, Weiterbildungsangebote, z.B. als „Facilitator" (Unterstützer) für das „Game for Transformation", bis hin zu Konferenzen mit weltweiter Rekrutierung der Teilnehmerinnen und Teilnehmer und weltweiter Wirkung.

Der sprichwörtliche „Zauber von Findhorn", „the magic of Findhorn", macht sich heute nicht mehr an den bis zu vierzig Pfund schweren Kohlköpfen der spektakulären Anfangsphase des Findhorngartens fest. Hier ist die Normalität eines höchst erfolgreichen und z. T. nach faszinierenden Prinzipien geleiteten landwirtschaftlichen Anbaus eingetreten. Auch die spirituelle Leitung der inzwischen verstorbenen Eileen Caddy, die der Gemeinschaft Durchsagen gab, wie die Entwicklung weiter vorangetrieben werden sollte, gab es seit langem nicht mehr. Eileen Caddys Innere Führung hatte ein Ende verlangt, damit sich die Gemeinschaft aus eigener Kraft fortentwickeln könne.

„The magic of Findhorn“ entsteht heute durch den Geist der Gemeinschaft, durch das immerwährende und immer wieder geförderte Bemühen, die Furcht auf einen untergeordneten Platz zu verweisen, sich in der Liebe zu verbinden und Arbeiten als tätige Liebe zu begreifen. Diese Ausrichtung auf eine Communio lässt Besucher nie unberührt; sie wird – selbst bei innerer Abwehr – für viele bereits so stark in der Experience Week spürbar, dass daraus lange Freundschaften und bei manchen der Wunsch entsteht, auf länger, vielleicht auf immer zurückzukehren. Es ist jene letzte Säule, die *spiritual sustainability* (spirituelle Nachhaltigkeit), die die Strahlkraft von Findhorn ausmacht. Dabei werden die Mitglieder nicht müde zu betonen, dass auch bei ihnen nur mit „Wasser gekocht“ wird, dass auch bei ihnen Disharmonie, Konkurrenz, Unwilligkeit, Abwehr, Ärger und Missgunst existieren.

Doch dies ist immer der Fall, wo Menschen unterschiedlichsten Hintergrundes zusammenkommen und das Zusammenleben probieren. Das Besondere dieser spirituellen Gemeinschaft, die längst in jeder Beziehung eine Institution geworden ist, beruht auf dem Bemühen, die Gemeinschaft so zu gestalten, dass persönliches und gemeinsames Wachstum im Geist der Liebe möglich wird. Mit dieser Ausrichtung auf Communio, die um die vier Prinzipien der Nachhaltigkeit / Sustainability herum gelebt wird, entwickelt sie Modelle für das Leben im 21. Jahrhundert, die für die Menschen in den Industrieländern wegweisend sein können[105].

Anonyme Alkoholiker (AA)

Wenn die Sehnsucht zur Sucht geworden ist, ist der Mensch endgültig in tiefe seelische Not geraten. Die Liebesfähigkeit, die des Menschen wahre Natur ist, ist durch Leid, Kummer und Schmerz so verletzt, so beschädigt, so gestört oder missbraucht worden, dass ein untauglicher Ausweg aus dem inneren Leiden gesucht wird. Es ist der Ausweg, den das Suchtmittel zu versprechen scheint: ein kurzer Kick, wenn es halluzinogene Drogen sind, ein seliges

Vergessen, wenn es Alkohol oder Tabletten sind, ein Abtauchen in Tätigkeiten, wenn es Arbeitssucht ist, ein sich Volldröhnen mit Sinnesreizen, wenn es Mediensucht ist, ein ständiges körperliches Stimulieren, wenn es Sexsucht ist. Die Möglichkeiten, die Sehnsucht des Herzens auf Suchtmittel zu verlagern, ist schier uferlos in unserer Gesellschaft, die alles zu befriedigen scheint, nur nicht die Sehnsucht des Herzens. „Hinter jeder Sucht steckt die Sehnsucht nach Gott", sagte Dina Rees, eine verstorbene Ärztin und Heilerin.

Schmerzvolle, leidvolle Erfahrungen, Einsamkeit, Verletzungen, Lieblosigkeiten sind oft der Anlass, dass der Mensch, um erneuten Verletzungen aus dem Weg zu gehen, sein Herz verschließt. Ein verschlossenes Herz schneidet sich jedoch ab von seiner Kraft und Stärke, die die Liebe ist. Der Mensch wird schwach, wendet sich Suchtmitteln zu, die einen Ausweg aus seinem Leiden verschaffen sollen. Allen diesen Suchtmitteln ist jedoch gemeinsam, dass sie Surrogate sind, dass sie niemals das befriedigen können, was zu ihrem Gebrauch Anlass bot. Und allen ist gemeinsam, dass sie Verwüstungen an Körper, Seele und Geist anrichten, die bleibenden Schaden hervorrufen und bei intensivem Suchtmittelgebrauch den Menschen an einen Wendepunkt führen: Entweder er oder sie gibt sich auf oder er oder sie beginnt, Verantwortung für sich zu übernehmen, ein Stück Selbstliebe statt des Selbsthasses zu leben und damit die Kraft freizusetzen, die von der Sucht befreit und die Sehnsucht zu stillen vermag.

Vor mir steht ein Mann, dem ich mit Interesse zuhöre.[106]*. Wir beide nehmen an einem Empfang teil, lehnen leger an der Wand des wunderschönen Gästehauses, in dem Wein und Leckereien angeboten werden. In der linken Hand balanciere ich meine kulinarischen Köstlichkeiten, in der rechten mein Glas Wein. Mein Bekannter, den ich schon seit Jahren flüchtig kenne, hat ein Saftglas in der Hand. Warum? Ein Wort gibt das andere; mein Gegenüber packt aus, lässt eine Seite sichtbar werden, von der ich nichts ahnte: Er ist Alkoholiker, trocken, seit vielen Jahren. Jeglicher Alkohol ist für ihn tabu. Wir kommen tiefer ins Gespräch; ich will wissen, was einen solchen Menschen bewegt. Wie kam er dazu, und wie kam er heraus?*

So erfahre ich ein wenig von den Hintergründen des Lebens, das er bis dato geführt hat. Er, den ich bislang nur als erfolgreichen Journalisten mit viel Herz und Verstand kennen und schätzen gelernt hatte, war durch die schwärzesten Tiefen der Sucht gewankt. Sein körperlich-seelisch-geistiger Verfall war so weit fortgeschritten, dass er unfähig war, an anderes zu denken als an das notwendige Quantum Alkohol, welches ihm ein Abtauchen ins Vergessen gewährte. An Stoff zu kommen, wird jedem Journalisten leicht gemacht. Alkohol ist für Journalisten eine selbstverständliche Droge. Wer gerne möchte, dass über ihn berichtet wird, verwöhnt die schreibende Zunft. Buffets und alkoholische Getränke gehören zur Tagesordnung. Doch wichtiger als solche Verführungsversuche sind die Eigenheiten des Metiers selbst: Ständig auf dem Sprung, immer unter Zeitdruck, immer unter Produktionszwang, immer unterwegs, immer auf sich selbst gestellt, das ist das Los der Journalisten, die ihren Beruf noch ernst nehmen und nicht meinen, über die Welt vom Schreibtisch aus berichten zu können.

Mein Bekannter war ein sehr guter Journalist, einer, der Augen hat zu sehen, Ohren zu hören und ein Herz, um mitzufühlen. Und so geriet er in einen Sog, in dem das nicht zu Bewältigende mit dem Glas hochprozentigen Alkohol hinuntergeschluckt wurde, erst in geringen Dosen, dann in größeren, schließlich in solchen Mengen, dass der Zustand der Sucht erreicht war, jener Zustand, in dem das Suchtmittel die Herrschaft über den Geist gewonnen und den Menschen voll im Griff hat. Als er an jenen Wendepunkt kam, der entweder endgültig in den Abgrund oder aus ihm herausführt, stand für ihn von einem Moment auf den anderen fest, dass es eine Chance zur Umkehr gab. Doch diese Chance konnte er nur ergreifen und umsetzen, wie er heute weiß, weil er eine Gemeinschaft fand, die ihn trug und bis heute in Krisenmomenten immer noch trägt: die Anonymen Alkoholiker (AA). Gegründet 1935 als Selbsthilfeorganisation in Amerika von Bill Wilson und Bob Smith, bestehen die AA heute in zahllosen Ländern. Sie bieten Selbsthilfegruppen an, zu denen jeder Alkoholiker Zugang hat, der den ernsthaften Wunsch hat, trocken zu werden und zu bleiben.

Wir sind immer noch in das Gespräch vertieft. Was ich nun in bewegenden Schilderungen erfahre, sind die Communio – Erfahrungen, die dieser Mann im Laufe der letzten Jahre bei den AA erlebt hat. Der stärkste Impuls, zur Flasche zu greifen, wird immer durch ein Gefühl der Einsamkeit ausgelöst. So richtet sich das ganze Bemühen der AA darauf, den einzelnen darin zu unterstützen, dass er, statt zur Flasche zu greifen, den Kontakt zu Mitgliedern der AA herstellt. Der Griff zum Telefonhörer ist damit oft der erste und wichtigste Schritt, um sich nicht in der Einsamkeit dem Sog der Flasche ausgesetzt zu fühlen.

Eine Episode aus seinen Erzählungen bleibt mir besonders im Gedächtnis haften: Eine Recherchereise hatte ihn nach Mexiko City geführt. Nach der Anstrengung der Reise und der Recherchen kam die übliche Situation abends in einem großen Luxushotel; er ist allein und bleibt allein; die Cocktailbar lädt ein. Mein Bekannter war inzwischen trocken geworden, doch er spürte, dass er in ernsthafte Gefahr geriet, heute Nacht sich selbst untreu zu werden. Die Rettung: Er kannte den Weg, dies zu vermeiden, suchte im Telefonbuch dieser wildfremden Stadt mit einer fremden Sprache nach der Nummer der AA, fand sie, erfuhr, dass an demselben Abend irgendwo in dieser Mega-Metropole ein Treffen stattfand, nahm ein Taxi und fuhr durch die Nacht. Angekommen wurde er warmherzig empfangen. Obgleich er so gut wie kein Wort dessen verstand, was gesprochen wurde, fühlte er sich angenommen, aufgehoben, akzeptiert, von seiner Einsamkeit befreit. Der Moment der Gefahr war gebannt. Der Griff zur Flasche blieb aus.

Was ist die Basis für solche Gemeinschaftlichkeit des Herzens, die die AA füreinander aufzubringen scheinen? Woher nehmen sie die Kraft in all ihrem Unglück, sich untereinander und wildfremden Menschen gegenüber zu öffnen? Sicherlich ist es nicht nur das gemeinsame Suchtschicksal, der gemeinsame Versuch, diese Sucht in ihre Schranken zu weisen, trocken zu werden und zu bleiben – sagt man doch, dass ein Alkoholiker zeitlebens ein Alkoholiker bleibt. Es ist offenbar mehr als das. Dieses Mehr erschließt sich, wenn man sich die ‚Zwölf Schritte' vergegenwärtigt, unter die die Anonymen Alkoholiker ihren Genesungsweg stellen:

1. Wir gaben zu, dass wir dem Alkohol gegenüber machtlos sind – und unser Leben nicht mehr meistern konnten.
2. Wir kamen zu dem Glauben, dass eine Macht, größer als wir selbst, uns unsere geistige Gesundheit wiedergeben kann.
3. Wir fassten den Entschluss, unseren Willen und unser Leben der Sorge Gottes – wie wir ihn verstanden – anzuvertrauen.
4. Wir machten eine gründliche und furchtlose Inventur in unserem Inneren.
5. Wir gaben Gott, uns selbst und einem anderen Menschen gegenüber unverhüllt unsere Fehler zu.
6. Wir waren völlig bereit, all diese Charakterfehler von Gott beseitigen zu lassen.

7. Demütig baten wir ihn, unsere Mängel von uns zu nehmen.
8. Wir machten eine Liste aller Personen, denen wir Schaden zugefügt hatten, und wurden willig, ihn bei allen wieder gutzumachen.
9. Wir machten bei diesen Menschen alles wieder gut – wo immer es möglich war – es sei denn, wir hätten dadurch sie oder andere verletzt.
10. Wir setzten die Inventur bei uns fort, und wenn wir Unrecht hatten, gaben wir es sofort zu.
11. Wir suchten durch Gebet und Besinnung die bewusste Verbindung zu Gott – wie wir ihn verstanden – zu verbessern.
12. Nachdem wir durch diese Schritte ein geistiges Erwachen erlebt hatten, versuchten wir, diese Botschaft an Alkoholiker weiterzugeben und unser tägliches Leben nach diesen Grundsätzen auszurichten.“[107]

Es ist das uneingeschränkte Bekenntnis zu einer höheren Macht, das die Grundlage aller Bemühungen bildet. Der in Not geratene Mensch vertraut sich dieser Macht an, bittet um ihre Hilfe und Führung und fühlt sich gewiss, dass ihm diese Macht wohlgesonnen ist, ihn trägt und ihm hilft. Communio stellt sich her über das Bekenntnis zum Liebesprinzip Gottes. Es hilft, die wunden Seelen zu heilen, die Ursachen der Sucht zu lindern, sich selbst liebend anzunehmen und sich dem anderen in seiner Not zu öffnen und zuzumuten. Die Macht der Sucht kann gebrochen werden, weil die einzige Kraft, die die Sehnsucht stillen kann, die Liebeskraft, zur Entfaltung gebracht wird. So zeigen die AA am Beispiel extremer seelischer und körperlicher Not, welche Macht im liebenden Vertrauen begründet ist, eine Macht, die individuell wie sozial und kollektiv selbst die tiefsten Wunden heilen und scheinbar unüberwindbare Gräben schließen kann.

Einsatz technischer Kommunikationsmedien in Organisationen

Über den Einsatz technischer Kommunikationsmedien in Organisationen ließe sich ein weiteres Buch schreiben. Hier soll nur der Aspekt interessieren, ob und wie der zunehmende Einsatz von Informations- und Kommunikationstechniken aller Art die Chance zur Communio berührt. Dies lässt sich bis zu einem gewissen Grad an einem sehr frühen Beispiel nachvollziehen, da hier die Veränderungen noch besonders deutlich werden: der Teilnahme per Internet an der Business for Life Conference, die die Findhorn Foundation im Herbst 1996 in Schottland veranstaltete und von der bereits oben die Rede war.

Als sich herausstellte, dass man an dieser Konferenz online teilnehmen könne, beschloss unser Arbeitsteam an der Hochschule, dass ich die Konferenz in Schottland besuchen, zwei Doktoranden jedoch die Teilnahmemöglichkeit per online nutzen sollten. Da beide Mitarbeiter einschlägige Doktorarbeiten begonnen hatten[108], waren wir alle drei an Thema und Vorhaben interessiert. Keiner von uns war je in Findhorn gewesen.

Die Erfahrungen, die wir machten, hätten kaum unterschiedlicher sein können. Die Gründe hierfür lagen nicht allein in den unterschiedlichen Hintergründen der beteiligten Personen, sondern auch in den Differenzen der Kommunikationssituationen und -möglichkeiten. Ich machte vor Ort eine inspirierende Schlüsselerfahrung auf allen Ebenen durch. Trotz des handfesten Themas, das sich mit der Geschäftswelt auseinandersetzte, erlebte ich Communio. Auf der Konferenz wurde ein Geist der Gemeinschaftlichkeit und der Herz-zu-Herz-Beziehungen spürbar, wie mir dies noch nie in einem öffentlichen Raum begegnet war. Diese Erfahrung teilte ich, wie der Austausch am Ende zeigte, mit vielen anderen Konferenzteilnehmern. Demgegenüber machten die beiden Internet-Teilnehmer im heimischen Büro frustrierende und zum Teil befremdliche Erfahrungen. Sie sahen sich mit seitenlangen elektronischen Texten konfrontiert, die ein Leben ‚atmen' sollten, das sie nicht spüren, geschweige denn nachvollziehen konnten. Auch die betont liebevolle Anrede, die das Konferenzteam den weltweiten Teilnehmern entgegenbrachte, das Bemühen, die Herzensqualität, die sich vor Ort entfaltete, in Texte zu bringen, wurden im heimischen Büro mit Befremden zur Kenntnis genommen. Dies ließ sich auch nicht dadurch ändern, dass für beide Doktoranden eine spirituell geprägte Gemeinschaft nicht unvertraut ist. Nur, die Qualität des Herzens per elektronischem Text zu spüren, wollte ihnen absolut nicht gelingen.

Doch ihre Art der Erfahrung war nicht die einzige. Es gab wiederum andere Internet-Konferenzteilnehmer, deren elektronische Stellungnahmen und Briefe unmissverständlich zeigten, dass sie sich von dem Geist der Communio, den wir vor Ort erlebten, einbezogen fühlten. Ihnen schien es, als nähmen sie an der Konferenz als Teil der großen Findhorn-Gemeinschaft teil. Obwohl z. T. auf der anderen Seite des Globus, erfuhren sie mit uns vor Ort Freude und Bestätigung. Und sie waren deutlich in der Überzahl. So forderten sie am Ende der Konferenz eine E-Mail-Plattform aufrechtzuerhalten. Dies wurde von dem Organisationsteam ermöglicht. Als der Zusatzzeitraum von einem Monat verstrichen war, wurde unter den Internet-Teilnehmern der Wunsch nach einer Verlängerung laut. Außerdem meldeten sich Konferenzteilnehmer, die vor Ort teilgenommen hatten, mit dem Wunsch, sich nachträglich in den elektronischen Briefaustausch einzureihen.

Hier begegnete uns etwas sehr Bezeichnendes, das für alle Arten von Technikeinsatz in Kommunikationsbeziehungen Bedeutung zu haben scheint: das Gesetz der Trendverstärkung: Besonderheiten der Kommunikationsbeziehungen *vor* Einsatz der Technik werden durch den Einsatz von Technik abgebildet bzw. eher noch verstärkt. Ob sich Communio auch bei technischer Kommunikation herstellen kann, scheint ganz wesentlich davon abzuhängen, welche Qualität von Beziehungen zwischen den Teilnehmern und Teilnehmerinnen bereits vorher bestanden hat. Wenn zwischen Menschen technische Kommunikationsmedien eingesetzt werden, kann der Austausch auf der Beziehungsebene ohne Schaden geschehen, sofern beide im wechselseitigen Vertrauen gegründet sind, wenn die Beziehung also vorher auf eine gemeinsame Basis gestellt und darüber Verständigung erzielt wurde.

Ist dies nicht der Fall und ruhen die Kommunikationspartner nicht ausreichend im wechselseitigen Vertrauen, so können sie nur erheblich eingeschränkt auf Wege zurückgreifen, die ihnen eine Verständigung auf der Beziehungsebene erlauben: das Hinspüren, Hinhören, Hinsehen, das nur in der wechselseitigen Teilhabe, in der einander annehmenden Communio ganzheitlich möglich ist. Wir alle kennen Störungen am Telefon, die zu endlosen Missverständnissen führen können, weil die Übermittlung der Botschaften über den technischen

Kanal nicht ausreichend erlaubt, wechselseitig zu überprüfen, ob das Bild, das ich mir mache, auch wirklich zutrifft. Für die beiden Internet-Teilnehmer an der Konferenz galt, dass sie zu der Findhorn-Gemeinschaft und zu den Menschen vor Ort keinerlei Beziehung besaßen. Dementsprechend fremd mutete sie alles an, was auf eine solche Beziehung anspielte, insbesondere jene Elemente, die ein gewachsenes Vertrauen quasi unterstellten.

Versucht man, dies bis zu einem gewissen Gerade zu verallgemeinern, so kann man daraus eine Vermutung ableiten: Die Ausstattung mit zusätzlichen technischen Kommunikationsmedien ist vermutlich dann förderlich für die Entstehung von Communio, wenn die Beteiligten im wechselseitigen Vertrauen gegründet sind. Dann können sie ohne Schaden zeitweilig darauf verzichten, sich im gemeinsamen Wahrnehmungsraum zu verständigen. Sach- und Beziehungsaspekt von Kommunikation geraten dann nicht miteinander in Konflikt. Störungen, die daraus resultieren, dass der technische Kanal eine ganzheitliche Verständigung verhindert, lassen sich ohne Einschränkung der Verständigung verkraften.

Trifft dies zu, so lässt sich daraus im Umkehrschluss die Vermutung ableiten: Technisierung von Kommunikation ist nur dann für den Aufbau und Erhalt von Gemeinschaft ohne Gefahr, wenn sie auf wechselseitiger Achtung, Respekt, ja Liebe in den zwischenmenschlichen Beziehungen aufbauen kann oder entsprechende Voraussetzungen immer wieder geschaffen werden können. Andernfalls besteht die Gefahr, dass die Möglichkeiten zur Verständigung eher abnehmen oder Indifferenz und Gleichgültigkeit zunehmen. Solange die zwischenmenschlichen Beziehungen im privaten und beruflichen Alltag derart zu wünschen übrig lassen, wie dies derzeit der Fall ist, gäbe es demnach allen Grund zur Besorgnis: dass die schönen neuen Kommunikationstechniken eher Missverständnisse und die Desintegration in unserer Gesellschaft erhöhen als die Fähigkeit, Communio zu leben und eine Gemeinschaft im Geist der Communio zu bilden.

schwebend
gebärt sich die Wahrheit
im Meer der Achtsamkeit

Was folgt aus all dem? Wenn wir technische Kommunikationsmedien benutzen, und dies ist in Zeiten von E-Mail und Facebook Alltag geworden, sollten wir im privaten und beruflichen Alltag verstärkt auf die bereits existierende Qualität der Kommunikationsbeziehungen zwischen den Beteiligten achten: In welchem Geist gehen wir miteinander um? Ist es ein Geist des Misstrauens, der Konkurrenz oder gar der Feindlichkeit? In diesem Fall sollte versucht werden, Misstrauen, Neid und Missgunst abzubauen. Wo hingegen Achtsamkeit, Respekt, Kooperation, Wohlwollen und Zuwendung bestehen, können Kommunikationsmedien wenig Schaden anrichten; im Gegenteil, ihr Gebrauch kann Freude und Zufriedenheit mehren, auch für den Erhalt und die Bekräftigung von Communio.

Insofern unterschieden sich die beiden Internet-Teilnehmer in unserem kleinen Experiment mit der ‚Business for Life Conference' offenbar von den meisten ihrer Kolleginnen und Kollegen im elektronischen Verbund: Sie brachten keine Erfahrungen mit dem Geist von Findhorn mit und konnten sie auch auf dem Weg des elektronischen Mediums nicht machen. Sie begegneten deswegen dem geschriebenen Wort mit einer gesunden Portion Skepsis, insbesondere im Hinblick auf warmherzige Beziehungsaussagen, für die sie in sich keine Resonanz fühlten. Erst aufgrund meiner anderen Erfahrungen vor Ort und der offensichtlichen Diskrepanz zur Erfahrung anderer Internet-Teilnehmer entstand bei den beiden der Wunsch, nun Findhorn und den Geist dieses Ortes kennenzulernen. Sie wollten selbst ein Gespür dafür bekommen, ob dem elektronisch transportierten Geist der Communio vertraut werden kann. So machte sich einer der beiden auf den Weg und konnte anschließend aus eigener Erfahrung nachvollziehen, wieso es anderen Internet-Teilnehmern so anders ergangen war.

Bei der technischen Unterstützung von Kommunikation scheint es also darauf anzukommen, wie die Verständigungsbereitschaft und -fähigkeit zwischen den Kommunikationspartnern ist, die sich der technischen Medien bedienen wollen. Wo Vertrauen und Offenheit für den anderen vorherrschen, können die Techniken den Beteiligten offenbar das Leben erleichtern und die Effizienz der Organisationen noch erhöhen. Wo jedoch Unverständnis, Misstrauen, Ausgrenzung und Abwertung den Beteiligten das Leben ohnehin schon schwer machen, scheint die Gefahr zu bestehen, dass die Verwendung technischer Hilfsmittel individuell und kollektiv die Verständigungsbereitschaft zwischen Menschen noch weiter schwächen..

Zusammenfassung

Grundlage allen menschlichen Sehnens ist die Rückkehr in die Einheit, aus der wir hervorgegangen sind, die Rückkehr ins Licht. Einzig die Kraft der Liebe kann uns in dieser Welt wirklich beheimaten und uns das geben, wonach wir so sehnlichst suchen. Jedes Ausstrecken unserer Hand nach dem anderen ist Ausdruck jenes Bemühens, sich im Außen zu verbinden, um damit ein Stück der Verbindung im Innern herzustellen, die wir so schmerzlich vermissen.

In Gesellschaften, in denen unser Bedürfnis nach der Einheit stiftenden Kraft der Liebe besonders wenig zur Kenntnis genommen und gestillt wird – und wir sind heute in solchen Gesellschaften – suchen Menschen umso intensiver nach dem, was sie aus dem Gefühl des Getrenntseins, des Nicht-beheimatet-Seins herausführt. Da die meisten nicht gelernt haben, dass einzig im Inneren, in der eigenen Liebeskraft, das Gefühl der Trennung aufgehoben werden kann, suchen sie es umso mehr im Außen.

Die Mediengesellschaft bietet – wie keine Gesellschaft vor ihr – eine Fülle von Möglichkeiten, im Außen Kontakt aufzunehmen. Doch das spezielle Außen, das die Mediengesellschaft anzubieten hat, ist eine Fülle technischer Apparate, die Kommunikationsangebote, Gesprächsangebote und Beziehungsangebote machen. Neben den Menschen als Medium der Kommunikation sind so auf machtvolle Weise Apparate getreten, die vordergründig dasselbe können, was Menschen auch können: sprechen, zuhören, informieren, sich mit jedermann zu jeder Zeit an jedem Ort verbinden.

Doch das Versprechen trügt. Apparate sind keine Menschen; sie haben nicht die Kraft des Herzens, die dem Menschen zu eigen ist, die Fähigkeit zur liebenden Gemeinschaft, die sich zwischen Menschen entwickeln kann. Mit ihnen lässt sich keine Communio herstellen. Auch wenn sie als Medien der Gemeinschaftsbildung dienen, bieten sie doch nur ein Kommunikationsgerippe. Teilhabe mit Leib und Seele ermöglichen sie nicht, allenfalls widerspiegeln sie diese.

Fast noch gravierender ist jedoch, dass die verstärkte Hinwendung zu den Apparaten bzw. ihre ständige, kaum noch hinterfragte Präsenz mit Tönen,

Bildern und Texten, die Fähigkeit von Menschen behindert, mit der gleichen Aufmerksamkeit und Intensität nach innen zu schauen, zu horchen und zu fühlen, um mit der eigenen Inneren Wahrheit Kontakt aufzunehmen. Diese eigene Wahrheit, die in allen und jedem ist, ist in letzter Konsequenz Liebe.

Wir sind alle Verkörperungen der Liebe. Liebe ist unser Wesenskern. Deswegen ist eine konsequente Hinwendung nach innen die Quelle, aus der wir die Kraft schöpfen können, aus der sich die ungestillte Sehnsucht letztlich stillen lässt. Mit dem gigantischen Ablenkungsapparat der Medienindustrie entziehen wir uns – so wir uns von ihm geistig vereinnahmen lassen – dieser inneren Quelle. Sie erschließt sich uns nur in Phasen der Stille und des Horchens auf die innere Wahrheit.

So sind wir in der Mediengesellschaft in ein Paradox geraten: scheinbare Befriedigung all unserer kommunikativen Bedürfnisse, zugleich aber Abnahme unserer Fähigkeit zur Befriedigung dieser Bedürfnisse aus der Liebeskraft.

Was ist dem entgegenzusetzen? Wo liegt der Ausweg und Heilungsweg? Er liegt darin, unser Bedürfnis nach Liebe anzunehmen, die Liebeskraft in uns selbst zu entdecken und in unsere Beziehungen einen Geist der Communio, der von Liebe inspirierten Gemeinschaft, zu bringen. Das gilt vor allem für die Beziehung zu uns selbst, die vielfach von Furcht, Scham, Schuld und Versagensängsten überdeckt ist. Das gilt aber auch für die Beziehung zu anderen, die durch Neid, Eifersucht, Zorn, Habgier, Wut, Ohnmachts- oder Minderwertigkeitsgefühle oder Aggressivität belastet ist. Hier zu einer Reinigung unseres Denkens und Fühlens zu kommen, um zu einer liebevollen Beziehung zu sich selbst und zu anderen zu gelangen, ist das Ziel aller spirituellen Bemühungen. In ihm steckt die Kraft, sich zur Communio, zur liebenden Gemeinschaft und damit zum Leben zu befreien.

Communio, ein Begriff, der in unserem Sprachraum vorwiegend dem religiösen Gedankengut entstammt und die Einheit mit Gott bezeichnet, erweist sich damit als weit umfassender. In dem Einheitsbewusstsein können wir uns selbst, ebenso wie alles, was mit uns existiert, als Ausdruck Gottes begreifen. Die Trennung in die Vielheit und Verschiedenheit löst sich in der verwirklichten Communio auf in das Wissen um die Einheit in der Vielheit. In der indischen Philosophie der Non-Dualität spricht man von dem Wissen um das Eine, neben dem kein Zweites existiert. Wo Communio verwirklicht wird, wird das Sehnen, eins zu sein mit dem Einen und damit mit uns selbst und allen anderen, erlöst. Wo dies nur in Ansätzen möglich ist und wir unsere Beziehung zu uns selbst und zu der Welt der Menschen, Pflanzen und Tiere nur ein wenig mehr im Geist der Communio gestalten, haben wir teil an einem Prozess der Humanisierung, der Licht in unsere bedrohte Welt trägt.

Den Geist der Communio stärker zum Leben zu bringen, ist kein abstraktes, fernes Ziel. In vielfältigen Alltagssituationen können wir erfahren, wie sich die Beziehungen ändern, wenn wir unser Herz öffnen. So beglückend dies ist, wenn andere es tun und sich uns mitteilen, so unübertrefflich ist es, wenn wir selbst es sind, deren Herz sich öffnet. Es ist, als ginge ein Freudenstrahl durch das eigene Leben, als würde das Leben unvermittelt lebenswert, als wüssten wir, warum wir existieren. Liebe und Communio aus dem Geist der Liebe befreien zum Leben.

Menschen bilden vielfältige Gemeinschaften: in Familien und Nachbarschaften, in Clubs, Vereinen, politischen Gruppierungen und Arbeitskontakten, in lokalen, regionalen sowie nationalen und internationalen Zusammenhängen. All dies schafft Gemeinschaftlichkeit, ohne die wir nicht leben können. Doch Gemeinschaft im Geist der Communio ist mehr als einfach nur Gemeinschaft. Es ist die Gemeinschaft, die aus der einenden Kraft der Liebe erwächst, einer Liebe zu allem Lebendigen. Es ist die Gemeinschaft, die Grenzen der Klassen, Schichten, Glaubensbekenntnisse, Rassen, Familien, Nachbarschaften, Vereinszugehörigkeiten, politischen Bekenntnisse und nationalen Zugehörigkeiten überschreitet. Sie entsteht durch die Fähigkeit des Herzens, im anderen sich zu erkennen, sich zu lieben und liebend anzunehmen. Dort hinzukommen geschieht nicht von heute auf morgen. Wir sind alle auf dem Weg. Doch diesem Ziel zuzustreben und uns selbst auf das Feuer der erlösenden Veränderung einzulassen, das können wir – jede und jeder einzelne, hier und jetzt.

Empfehlungen für den Umgang mit Kommunikation und Medien

Unterscheide zwischen dem Dialog mit deiner Mitwelt, dem Dialog mit dir und dem Dialog mit deiner inneren Führung.

Nimm dir Zeit und Raum für Stille, um deine innere Stimme zu hören und Orientierung zu finden.

Prüfe, was das Wesentliche in deinem Leben ist. Finde Wege, dich auf das Wesentliche zu konzentrieren.

Entwickle ein Gespür für Gemeinsamkeiten und Verschiedenheiten von medialer Kommunikation und dem direkten Austausch mit Mensch, Umwelt und Natur.

Erhalte dir die Neugier und das Recht auf deine eigenen unmittelbaren Erfahrungen und entwickle jenseits aller Medien deine ureigensten Wahrnehmungs- und Ausdrucksmöglichkeiten.

Prüfe, wie die Art deines Mediengebrauchs auf deine Beziehung zu deinen Mitmenschen und zu deiner Mitwelt einwirkt. Suche nach Wegen, die deinem Wissen um die Verbundenheit allen Lebens Ausdruck gibt.

Nimm wahr, wie dein Mediengebrauch deine Fähigkeit, Liebe auszudrücken, beeinflusst, und eröffne dir Wege, deine Liebe umfassender und tiefer auszudrücken.

Prüfe, wo und wie der Mediengebrauch deine Zeitrhythmen und dein inneres Gleichgewicht beeinflussen oder beeinträchtigen. Erschließe dir Wege zu lebensfördernden Rhythmen und Gelassenheit.

Prüfe, ob du mittels Medien versuchst, Macht über andere Menschen auszuüben und ihnen Schaden zuzufügen.

Prüfe, welchen Vorbildcharakter – im Guten wie im Schlechten – dein Medienverhalten in Beruf, Alltag, Familie hat.

Mache dir wahrgenommene Unstimmigkeiten in deiner Weise des Kommunizierens bewusst und versuche, sie zu korrigieren. Tue dies mit einem Lächeln dir selbst und anderen gegenüber, aber bemühe dich um Konsequenz.

Kommunizieren lernen

- Ich suche den Dialog nach innen und höre auf mein Herz.
- Ich höre anderen mit dem Herzen zu.
- Ich weiß, dass ich nichts weiß.
- Ich verzichte auf vorschnelle Bewertungen und Interpretationen und bin offen, Neues zu lernen.
- Ich bin bereit, mit dem Herzen zu kommunizieren.
- Ich bin bereit, für meine Sicht anderen gegenüber einzustehen und sie kundzutun.
- Ich übernehme Verantwortung für meine Sicht der Dinge und das, was ich mit und ohne Worte ausdrücke.
- Ich bin Zeuge/Zeugin meiner Weise zu kommunizieren.
- Ich weiß um die Kraft der Verbundenheit und wage Gemeinschaft.
- Ich begreife Konflikte als Chance zu innerem Wachstum und wechselseitiger Verständigung.
- Ich bahne Wege zur Verständigung, innen wie außen.
- Ich bin mutig und frei, meiner inneren Wahrheit zu folgen.
- Gelingende Kommunikation ist für mich und andere ein Quell der Freude und ein Grund zu feiern.

Literaturverzeichnis

Aditya, Sudha [o.D.]: Sathya Sai's Amrita Varshini. Madras: Prashanti Printers

Anders, Günther (1985/1986): Die Antiquiertheit des Menschen. Erster Band: Über die Seele im Zeitalter der zweiten industriellen Revolution. (1. Aufl. 1956). Zweiter Band: Über die Zerstörung des Lebens im Zeitalter der dritten industriellen Revolution. (1. Aufl. 1980). München: Beck

Assagioli, Roberto (1994): Die Schulung des Willens. Methoden der Psychotherapie und der Selbsttherapie. Paderborn: Junfermannsche Verlagsbuchhandlung (7. Aufl.)

Aurobindo, Sri (1957): Der integrale Yoga. Hamburg: Rowohlt

Behrendt, Joachim Ernst (1985): Nada Brahma. Die Welt ist Klang (überarb. Neuausgabe). Reinbek: Rowohlt

Brown, Graham (o.J.): Out of Nowhere Bonnhoeffer, Dietrich (1993.): Gemeinsames Leben. Gütersloh: (1.Aufl. 1987) (24.Aufl.)

Boyesen, Gerda (1988): Über den Körper die Seele heilen. Biodynamische Psychologie und Psychotherapie (frz. 1985). München: Kösel

Berryley Workshop, Darnaway, by Forres, Morayshire IV36 OST, Schottland (Informationsblatt)

Buber, Martin (1992): Das dialogische Prinzip. Gerling: Schneider (1. Aufl. 1962) (6. durchges. Aufl.)

Caddy, Eileen (1997): Opening Doors Within (1. Aufl. 1987). Findhorn: Findhorn Press

Caddy, Eileen; Platts, David E. (1996): Bring mehr Liebe in dein Leben – du hast die Wahl. Braunschweig: Aurum

Caddy, Peter (1996): In Perfect Timing. Memoirs of a Man for the New Millennium. Findhorn: Findhorn Press

Capra, Fritjof (1990): Das neue Denken (amerik. 1987). Bern, München, Wien: Scherz

Capra, Fritjof (1985): Das Tao der Physik. Die Konvergenz von westlicher Wissenschaft und östlicher Philosophie (amerik. 1975). Bern, München, Wien: Scherz (7. Aufl. der Neuausgabe)

Christakis, Nicolas A.; Fowler, James H.: (2010) Connected. Die Macht sozialer Netzwerke und warum Glück ansteckend ist, Frankfurt/M.: Fischer
Colegrave, Sukie (1992): Yin und Yang. Die Kräfte des Männlichen und des Weiblichen (amerik.1979). München: dtv
Connection special (Hg.) (1997): Spirituelle Ökologie. Heft III/97. Niedertaufkirchen
Course in Miracles, A (1988). UK: Arkana
Donath, Matthias (1996): Begreifen, Bewerten und Behandeln von Einsamkeit. In: Mettler-v. Meibom, Barbara (Hg.)(1996a): Einsamkeit in der Mediengesellschaft. Münster: LIT, S. 15-32
Donath, Matthias; Fortmann, Silke (1999): Zukunft durch Gemeinschaft. Mit Gemeinschaftsprojekten in eine zukunftsfähige Gesellschaft, Prometheus-online
Donath, Matthias; Mettler-v.Meibom (1998): Kommunikationsökologie. Systematische und historische Aspekte. Münster: LIT
Dürckheim, Karlfried Graf (1954): Durchbruch zum Wesen. Aufsätze und Vorträge. Bern, Stuttgart, Wien: Huber
Eco-Villages and Sustainable Communities (1996). Models for the 21st Century. Proceedings from the Oct. 95 conference which took place at the Findhorn Foundation. Findhorn: Findhorn Press
Education in Human Values, taken from discourses given by Bhagavan Sri Sathya Sai Baba (1993), compiled by Lorraine Burrows. Prashanti Nilayam: Sri Sathya Sai Books & Publications Trust
Egner, Helga (Hg.) (1993): Tier – Pflanze – Mensch. Eingebundensein und Verantwortung. Solothurn, Düsseldorf: Walter
Egner, Helga (Hg.) (1994): Das Eigene und das Fremde. Solothurn, Düsseldorf: Walter
Egner, Helga (Hg.) (1995): Lebensübergänge oder Der Aufenthalt im Werden. Solothurn, Düsseldorf: Walter
Egner, Helga (Hg.) (1997): Leidenschaft und Rituale. Was Leben gelingen läßt. Zürich, Düsseldorf: Walter
Ende, Michael (1973): Momo. Stuttgart: Thieme
Entdecke die Quelle der Glückseligkeit (1996) Aussagen von Sathya Sai Baba zur Einführung in seine Lehre und deren Vertiefung. Zusammengestellt von Theresia Rupflin. Dietzenbach: Sathya Sai Vereinigung

Eurich, Claus (1996): Die Kraft der Sehnsucht. Kontemplation und ökologisches Engagement. München: Kösel
Eurotopia (1995): Anders leben, anders wirtschaften. Niedertaufkirchen: Eurotopia-Verlag
Eurotopia (1997): Leben in Gemeinschaft. Das europäische Projekte-Verzeichnis 97/98. Niedertaufkirchen: Eurotopia-Verlag
Findhorn-Community (1988): The Findhorn Garden. Pioneering a New Vision of Humanity and Nature in Cooperation. Findhorn: Findhorn Press (1.Aufl.1976)
Fischer, Louis (1951): Das Leben des Mahatma Gandhi. München: List.
Fromm, Erich (1981): Die Kunst des Liebens. (1. Ausgabe 1956). Frankfurt/M. u.a.: Ullstein
Gumbrecht, Hans Ulrich; Pfeiffer, K. Ludwig (Hg.) (1988): Materialität der Kommunikation. Frankfurt/M.: Suhrkamp
Hawken, Paul (2010): Wir sind der Wandel. Warum die Rettung der Erde bereits voll im Gang ist – und kaum einer es merkt, Emmendingen: Nitsch
Hawley, Jack (1995): Reawakening the Spirit in Work. The Power of Dharmic Management (amerik. 1993). New Delhi: Tata McGraw-Hill
Heilsteine (1994): Das große Lexikon der Heilsteine, Düfte und Kräuter. Neu-Ulm: Methusalem
Hesse, Hermann (1975): Siddhartha. Eine indische Dichtung (ersch. 1922). Frankfurt/M.: Suhrkamp
Hüther, Gerald u. Christa Spannbauer (Hg.) (2012): Connectedness. Warum wir ein neues Weltbild brauchen. Bern: Huber Verlag.
Janshen, Doris (Hg.) (1990): Hat die Technik ein Geschlecht? Denkschrift für eine andere technische Zivilisation. Berlin: Orlanda Frauenverlag
Jones, Rufus M. (1995): Mahatma Gandhi and Soul Force, in: Radhakrishnan, Sarvepalli (Hg.): Mahatma Gandhi. Reflections on his Life and Work. Bombay, Delhi et al.: Jaico Publishing (1. Aufl. 1956) (8. Aufl.), 124-129
Joy, Thomas (1994): Das Leben ist ein Spiel – spiele es! (amerik. 1989), Dietzenbach: Sathya Sai Vereinigung
Jung, C.G (1991): Die Beziehungen zwischen dem Ich und dem Unbewussten, München: dtv (1.Aufl.1971-1990)
Karanjia, R.K. (1994): God lives in India. Prashanti Nilayam: Saindra Publ.

Kaiser, Rudolf (1990): Gott schläft im Stein. Indianische und abendländische Weltansichten im Widerstreit, München: Kösel

Olaf Kaltenborn (2001): Das künstliche Leben. Die Grundlagen der Dritten Kultur, München: Fink

Kripalani, Krishna (1994): Gandhi. A Life Revisited. New Delhi: Interprint (3. Aufl.)

Krishnamurti, Jiddu (1993): Der unhörbare Ton. Briefe über die Achtsamkeit. München: Kösel

Krystal, Phyllis (1985): Sai Baba. The Ultimate Experience. Prasanthi Nilayam: Sri Sathya Sai Books and Publications Trust

Kükelhans, Hugo; Lippe, Rudolf zur (1982): Entfaltung der Sinne. Ein Erfahrungsfeld zur Bewegung und Besinnung, Frankfurt/M.: Fischer

Lagerlöf, Selma (1980): Der Wechselbalg, in: Gesammelte Werke. Geschichten und Sagen, München: Nymphenburger

Langenscheidts Taschenwörterbuch der lateinischen und deutschen Sprache (1955): 1. Teil: Lateinisch/Deutsch. Berlin-Schöneberg: Langenscheidt (16. Aufl.), S. 378

Leutz, Grete (1986): Das klassische Psychodrama nach J. L. Moreno. Berlin, Heidelberg: Springer Verlag (1. Aufl. 1974) (1. korr. Nachdruck)

Mayer-Tasch, Peter Cornelius: Von der praktischen zur kosmischen Konkordanz, oder Was hat Politik mit Liebe zu tun?, in: Sens, Eberhard (1993): Neue kosmologische Perspektiven, München: Insel, S. 348-366

Malin, Lisa (1986): Die schönen Kräfte. Eine Arbeit über Heilen in verschiedenen Dimensionen. Frankfurt/M: Zweitausendeins

McLuhan, Marshall; Powers, Bruce R. (1992): The Global Village. Transformation in World Life and Media in the 21st Century. New York, Oxford: Oxford University Press

Meibom, Barbara v. (2009): Spirituelles Selbstmanagement. Bielefeld: Kamphausen

Mettler-v.Meibom, Barbara (2006): Wertschätzung. Wege zum Frieden mit der inneren und äußeren Natur. München: Kösel

Mettler-v.Meibom, Barbara (2008): Gelebte Wertschätzung. Eine Haltung wird lebendig. München: Kösel

Mettler-v.Meibom, Barbara (2001): Schau-Spiel als Weg. Eine Initiatische Kunsttherapie, Petersberg: Via Nova

Mettler-v. Meibom, Barbara (Hg.) (1996a): Einsamkeit in der Mediengesellschaft. Münster: LIT

Mettler-v. Meibom, Barbara (1996b): Handlungsstrategien von Müttern bei ausuferndem Medienangebot oder „Jetzt muss man immer diskutieren, wie und warum nicht". Düsseldorf: Ministerium für Arbeit, Gesundheit und Soziales (Loseblattsammlung). Nachdruck in: Lade, Eckehart (1998): Christliches ABC, Todtmoos-Prestenberg

Mettler-v. Meibom, Barbara (1994): Kommunikation in der Mediengesellschaft, Berlin: Sigma

Meyer, Karl-Heinz (1988): Zukunftswerkstatt Gemeinschaftsprojekte. Steyerberg: PIKS-Verlag 1992 (4. Aufl.)

Meyer-Abich, Klaus Michael (1990): Aufstand für die Natur. Von der Umwelt zur Mitwelt. München, Wien: Hanser

Miller, Alice (1983): Am Anfang war Erziehung. Frankfurt a. M.: Suhrkamp

Mooren, Sabine (1995): Telefonsex. Erotisches Hörspiel oder Partnerersatz. Hannover: telepublic

Muntschick, Thomas (1998): Wenn die Welt ins Dorf kommt. Münster: LIT 2 Bde.

Noguchi, Yone (1995): A Visit from the Far East. In: Radhakrishnan, Sarvepalli (Hg.) (1995) S. 159-162

Pelt, Jean-Marie (1983): Pflanzenmedizin. Heilkraft aus der Natur, Düsseldorf/ Wien: Econ

Platts, David Earl (1996): Playful Self-Discovery. A Findhorn Foundation Approach to Building Trust in Groups. Findhorn: Findhorn Press

Postman, Neil (1992): Wir amüsieren uns zu Tode. Urteilsbildung im Zeitalter der Unterhaltungsindustrie (amerik. 1985). Frankfurt/M.: Fischer

Radhakrishnan, Sarvepalli (Hg.) (1995): Mahatma Gandhi. Reflections on his Life and Work. Bombay, Delhi et al.: Jaico Publishing (1.Aufl. 1956) (8.Aufl.)

Riddell, Carol (1990): The Findhorn Community. Creating a Human Identity for the 21st Century. Findhorn: Findhorn Press

Riedel, Ingrid (1991): Die Wandlungen einer Schildkröte oder Überlebens-Zeichen aus dem Unbewußten, in: Dätwyler, Philippe; Eppler, Erhard, Riedel, Ingrid (1991): Die Bombe, die Macht und die Schildkröte. Ein Ausweg aus der Risikogesellschaft?, Olten: Walter

Rothermund, Dietmar (1997): Mahatma Gandhi. Eine politische Biographie. München: Beck (2.verbesserte und erweiterte Aufl.)
Sämtliche Schriften der heiligen Theresia von Jesu. (1937): Die Seelenburg der heiligen Theresia von Jesu, 5. Bd., München: Kösel (Nachruck)
Sandweiss, Samuel H. (1993): Sai Baba. Der Heilige und der Psychotherapeuth. Bonn: Sathya Sai Vereinigung
Sathya Sai Baba (1992): Erziehung zur Selbsterkenntnis Bonn: Sathya Sai-Vereinigung
Sathya Sai Baba (1993): Die göttliche Urordnung. Bonn: Sathya Sai-Vereinigung
Sathya Sai Baba (1996): Hinführung zum höchsten Wissen. Bonn: Sathya Sai-Vereinigung
Sathya Sai Baba (1998): Rede an Krishnas Geburtstag 14.8.1998 [maschr.Verv. einer dt. Übers.von S. Boelke der Simultanübersetzung]
Schimmel, Frank (1995): Informelle soziale Netzwerke und Telefonkommunikation. Überlegungen zu einem ungeklärten Verhältnis, Universität Essen: Magisterarbeit Kommunikationswissenschaft (mimeo)
Schmidbauer, Wolfgang: Die Angst vor Nähe, Reinbek: Rowohlt TB. 2002Sebastian,
Sebastian, Ulla (2009): Das Leben eine Herausforderung. Begegne ihr. Erfahrungen bei Sai Baba in Indien, Shaker
Sebastian, Ulla: (1999): Growing Through Joy, Findhorn Press
Senge, Peter (1996): Die fünfte Disziplin. Kunst und Praxis der lernenden Organisation. Stuttgart : Klett-Cotta
Sharamon, Shalila; Baginski, Bodo J. (1989): Das Chakra-Handbuch. Aitrang: Windpferd
Spirituelles Wörterbuch (1992): Sanskrit – Deutsch, hg. von Martin Mittwede, Bonn: Sathya Sai Vereinigung
Swami Satprakashananda (o.D.): The Goal and The Way. The Vedantic Approach To Life's Problems, Mylapore, Madras: Sri Ramakrishna Math Printing Press
Tagore, Rabindranath (1997): Mein Vermächtnis, hg. von Rahul Peter Das. München: Kösel
Therese von Avila (2006) Die innere Burg, Zürich: Diogenes
Thich Nhat Hanh (1991): Ich pflanze ein Lächeln. Der Weg der Achtsamkeit. München: Goldmann

Thomas, Joy (1994): Das Leben ist eine Herausforderung. Begegne ihr! (amerik. 1991). Bonn: Sathya Sai-Vereinigung

Tolle, Eckhart (2010) Jetzt. Die Macht der Gegenwart, Bielefeld: Kamphausen 2010

Tolstoi, Lev Nikolaevic (1978): Meine Beichte (Ispoved‘, deutsch), Düsseldorf/ Köln: Eugen Diederichs Verlag. In: Assagioli (1994), S. 100-101

Upanishaden – Befreiung zum Sein. Innere Weite und Freiheit aus den indischen Weisheitslehren (1986), ausgewählt und übersetzt von Bettina Bäumer. München: Heyne

Vivekananda (1993) Vedanta. Der Ozean der Weisheit, Bern: Barth 2. Auflg.

Walker, Alex (Ed.) (1994): The Kingdom Within. A guide to the spiritual work of the Findhorn Community. Findhorn: Findhorn Press

Watzlawick, Paul; Beavin, Janet H.; Jackson, Don D. (1982): Menschliche Kommunikation. Formen, Störungen, Paradoxien (amerik. 1967). Bern: Huber (6. Aufl.)

Wilber, Ken (1991): Wege zum Selbst. Östliche und westliche Ansätze zu persönlichem Wachstum (amerik. 1979). München: Goldmann

Willigis Jäger; Grimm, Beatrice (2009): Die Flöte des Unendlichen, Wege der Mystik

Willigis Jäger; Quarch, Christoph (2010): Die Welle ist das Meer, Stuttgart: Kreuz

Wolff, Otto (1967): Sri Aurobindo. In Selbstzeugnissen und Bilddokumenten. Reinbek: Rowohlt

Yogananda, Paramahansa (1992): Autobiographie eines Yogi (amerik. 1946). München: Knaur 1992 (völlig überarb. Ausg.)

Zocker, Horst (1991): betrifft: Anonyme Alkoholiker. Selbsthilfe gegen die Sucht. München: Beck (2. aktualisierte Aufl.)

Abbildungs- und Tabellenverzeichnis und Anmerkungen

Anmerkungen

1 Formel der Veden, der heiligen Schriften des indischen Kulturraums, die ausdrückt, dass die gesamte Schöpfung Ausdruck des EINEN ist.

2 Buber 1992,160

3 [Mettler-]v. Meibom 2006 und 2008

4 Hüther/Spannbauer 2012

5 Thomas 1992, 39 „...breakdown of Communion between the person we think we are and the Supreme Being that we are."

6 Fromm 1981, 17f

7 *Vedanta* ist nach dem Spirituellen Wörterbuch (1992, S. 255) eine Zusammensetzung aus *Veda* (heiliges Wissen) und *anta* (Ende). Bei dem Vedanta handelt es sich um den Kern der heiligen Schriften der indischen Spiritualität. Damit ist in erster Linie der Schriftkorpus der Upanishaden gemeint. Es haben sich drei Hauptzweige des Vedanta herausgebildet: 1. der Advaitavedanta (Nichtzweiheit), 2. der Vishishtadvaitavedanta (qualifizierte Nicht-Zweiheit), 3. der Dvaitavedanta (dualistische Vedanta). (Vgl. Upanishaden – Befreiung zum Sein 1986).

8 Mit „philosophia perennis" bezeichnet man die philosophischen Richtungen aller Kulturen, die sich mit den Fragen der Transzendenz, mit den ewigen Fragen befassen.

9 *atman*: „Der *atman* ist die unsichtbare Grundlage, das wirkliche Selbst, die dem Menschen innewohnende Göttlichkeit, die Seele, welche die Wirklichkeit innerhalb der fünf Schichten (*kosha*) darstellt, deren äußerste der Körper ist. Er ist der göttliche Funke im Innern, die allerinnerste, dem Menschen ureigene Realität. Er ist die eigentliche Substanz der gesamten 'objektiven' Welt, die Wirklichkeit hinter dem Schein und jedem Wesen innewohnend. Er ist von Natur aus frei von jeglicher Bindung. Er handelt nicht, noch besitzt er eigene Bedürfnisse oder Besitztümer, kennt kein 'Ich' oder 'Mein'. Der *atman* ist unsterblich. Er vergeht nicht wie der Körper oder der relative Geist, [er ist]... die wahre Triebkraft, die hinter den Impulsen und Zielen der körperlichen Ebene steht." (Spirituelles Wörterbuch 1992, S. 39)

10 Alle Gedichte ohne Quellenangabe stammen von der Autorin.

11 Tolstoi 1978, 31-36

12 Vgl. Dürckheim 1954

13 Vgl. Wilber 1991

14 Donnerstag, 9. Februar 2012, 10:15 Uhr „WORLD OF WARCRAFT"-FAN: ANDERS BEHRING BREIVIK Der norwegische Massenmörder Anders Behring Breivik ist nach Ansicht von Psychiatern spielsüchtig – das berichtet die Tageszeitung „Aftenposten" in ihrer aktuellen Ausgabe. Zwischen 2006 und 2010 soll Breivik, der im vergangenen

Juli in Oslo 77 Menschen tötete, insgesamt 8.700 Stunden, das heißt fast ein Jahr, vor dem Computer verbracht haben. Allein von November 2010 bis Februar 2011 habe Breivik 500 Stunden das Online-Rollenspiel „World of Warcraft" gespielt, so die Zeitung. Breivik selbst hat in den Vernehmungen erklärt, er habe am Computer nicht gespielt, sondern seine Terroranschläge geplant. Laut „Aftenposten" versucht die norwegische Polizei jetzt herauszufinden, mit wem Breivik gespielt hat oder ob er jemanden bezahlt hat, in seinem Namen zu spielen. http://www.gebaerdenwelt.at/artikel/nachrichten/eu/2012/02/09/20120209352064614.html

15 Vgl. Hüther/Spannbauer Hg. 2012.

16 Vgl. Anders 1985, S. 21ff.

17 *Vedanta*, vgl. Anmerkung 7

18 *Atman*, vgl. Anmerkung 9

19 Hierbei handelt es sich um Dienste, die im Internet interaktiv genutzt werden können, wie z.B. das Social Web Facebook.

20 vgl. Mettler-v. Meibom 1996b, 21ff

21 vgl. Mettler-v. Meibom (Hrsg.) 1996a, 195 sowie Mooren 1995

22 Vgl. Muntschik 1996; Schimmel 1994

23 So teilt Avaaz in einer Rundmail vom 16.2.2012 mit: „In den letzten 30 Tagen haben sich über 2,5 Millionen Menschen unserem Netzwerk angeschlossen. Wir waren bereits die größte politische Online-Bewegung, und doch wachsen wir schneller als jemals zuvor! Wir starten mehr Aktionen, verzeichnen mehr Erfolge und spenden mehr Geld. In einem Monat generieren wir mehr Medienberichte als früher in einem ganzen Jahr. Es ist aufregend, doch auch ein wenig unheimlich, zumal wir sehen, dass sich das Tempo aller unserer Aktivitäten *erhöht*...Hier ein kurzer Überblick der letzten Wochen:

- 5 Millionen von uns wehrten sich gegen die ACTA- und SOPA- Zensurgesetze und halfen SOPA auf Eis zu legen und ACTA gewaltig unter Druck zu setzen. Der Präsident des Europäischen Parlaments, Deutschland, Polen und viele andere Staaten überdenken ihre Positionen.
- Wir schmuggelten medizinische Hilfsgüter und Ausrüstung im Wert von 1.4 Millionen Euro nach Syrien. Zudem konnten wir noch einmal 1.1 Millionen Euro für Syrien sammeln, während ein Großteil der Informationen und Bilder in den Medien aus unserem Netzwerk von Bürgerjournalisten stammt.
- Unsere Kampagnen wurden in Tausenden von Medienberichten erwähnt.
- Dank unserer „Hotline gegen Sexhandel" konnten Informationen zusammengetragen werden, die in den nächsten Wochen zu einer bedeutenden Anzahl von Verhaftungen führen werden (im Moment können wir noch keine näheren Angaben dazu machen).
- Gemeinsam sammelten wir über 4 Millionen Dollar/Euro/Yen online, um unsere Arbeit auszuweiten und unser Team zu vergrößern, um es den steigenden Bedürfnissen anzupassen."

In über 40 Kampagnen kamen mehr als 10 Millionen Einzelaktionen zusammen und 25 Millionen Freunde und Bekannte wurden über Kampagnen, die uns am Herzen liegen, informiert -- z. B während der Waldzerstörung in Brasilien und dem Murdoch-Skandal in Großbritannien -- bei vielen Themen konnten wir konkret Einfluss nehmen.

24 Hierbei bewegen sich die Nutzer und Nutzerinnen in virtuellen Räumen, die das Ergebnis von Software-Programmierungen sind.

25 Media Perspektiven: Basisdaten. Daten zur Mediensituation in Deutschland 2010, Frankfurt /M.

26 2010 fühlen sich mehr als ein Drittel der über 14-Jährigen an das Internet gebunden (Fernsehen nur noch 45%), a.a.0., 68

27 a. a. O.

28 a. a. O., 69

29 Das Handelsblatt berichtet in seiner Ausgabe vom 3. Mai 2011 über die „Generation Wir" mit dem Tenor, autoritäre oder hierarchische Führungsstrukturen in Organisationen seien aufgrund der Neuen Medien herausgefordert.

30 Linux ist ein offenes Softwareprogramm, das ständig verbessert wird durch den Beitrag vieler, die sich an der Entwicklung freiwillig beteiligen.

31 Christakis; Fowler 2010

32 „Mit dem „Freundefinder" werden Nutzer verleitet, ihre kompletten E-Mail-Adressbücher in Facebook zu importieren. Die E-Mail-Adressen wurden von Facebook genutzt, um Menschen, die noch nicht bei Facebook sind, „einzuladen". Und wer auf seinem iPhone mit der Facebook-APP den Freundefinder einsetzt, ahnt nicht, dass Facebook auf diesem Wege sämtliche auf dem iPhone gespeicherten Kontaktdaten an sich zieht: Namen, Telefonnummern, E-Mail-Adressen, Postanschriften, dazugehörige Fotos und Geburtstagsdaten bis hin zu persönlichen Notizen." So berichtet dieselbe Quelle: „Auch die Vorstandsmitglieder von Facebook sind einer Erwähnung wert: Peter Thiel ist Hedgefonds Manager und ist mit dem Internet-Bezahlsystem PayPal reich geworden. www.bigbrotherawardsde/2011/comm1

33 Schmidbauer 2002

34 Hawley 1995, 78 *"People know in a nanosecond when love isn't home."*

35 Den Hinweis auf diese zweifache Bedeutungsdimension verdanke ich Godela Unseld.

36 Capra 1990, 119

37 Das heutige Vertrauen in die pränatale medizinische Diagnostik zeigt allerdings, wie weit Frauen sich von dieser Art des Vertrauens entfernt haben.

38 Kükelhaus/zur Lippe 1982; ein entsprechendes Erfahrungsfeld der Sinne gibt es z.B. als Dauereinrichtung in der Zeche Zollverein, einem Kulturzentrum in Essen

39 Wenn hier von Schlacht die Rede ist, dann zeigt diese Metapher, wie schwierig der Prozess der inneren Transformation ist.

40 Vgl. Meibom v. 2009

41 Langenscheidt 1955, 378

42 vgl. Jung 1991, 59ff

43 vgl. auch Colegrave 1992

44 Miller 1983, 105ff

45 vgl. Capra 1985, 223f

46 Eurich 1996, 55ff.
47 Tolle 2010
48 vgl. Buber 1992, 7f
49 Vgl. Tolle 2010
50 Ende 1973
51 Riedel 1991
52 zit. nach Willigis Jäger; Beatrice Grimm 2009
53 vgl. Entdecke die Quellen 1996, 387-397
54 im Gespräch mit der Autorin
55 Kaiser 1990, 75
56 Vgl. Lagerlöf 1980, 177-192
57 The Findhorn Garden 1988
58 Behrendt 1985, 101ff
59 zit. nach Pelt 1983, 51
60 vgl. Malin 1986
61 Sharamon / Baginski 1989; Malin 1986,
62 Vgl. Sharamon/Baginski 1989
63 Vgl. Capra 1985, 223ff
64 Vgl. Heilsteine 1994, 186-190
65 Boyesen 1988
66 Hawley 1995
67 zusammengestellt nach Hawley 1995; 59-71
68 Theresa von Avila 2006
69 vgl. insbesondere: Entdecke die Quelle der Glückseligkeit, S.207ff: „Fünf Hüllen umgeben den göttlichen Funken (atman) im Menschen und verhindern, dass seine Herrlichkeit sich offenbart. Diese müssen geläutert und durchsichtig gemacht werden. Der Körper (anamayakosha) muss durch richtige und gesunde Ernährung gereinigt werden; das vegetative Nervensystem (pranamayakosha) durch gleichmäßiges Atmen und ein ausgeglichenes Temperament; der Geist (manomayakosha) durch heilige Gedanken und Gefühle, die nicht von den Sinnen abhängig sind und von Freud und Leid nicht beeinflusst werden; die Intuition (vijnanamayakosha) durch die Kontemplation über die absolute Wirklichkeit und das innerste Seligkeitsbewusstsein (anandamayakosha) durch das Eintauchen in beglückende Gotterkenntnis...Wer dem Körperlichen verhaftet ist und dieses als die einzige Wirklichkeit betrachtet, muss unwissend bleiben. Der grobstoffliche Körper, der von Nahrung erhalten wird, ist durch seine materielle Basis begrenzt. Der feinstoffliche Körper jedoch transzendiert den physischen Körper. Wenn er die Natur des feinstofflichen Körpers begriffen hat, sollte der Mensch nicht stehen bleiben, sondern weitergehen und versuchen, den Kausalkörper, der noch feiner ist und mit dem das höchste Bewusstsein göttlich-glücklicher Ausgeglichenheit erfahren werden kann, zu verstehen. Dieses Bewusstsein ist das Gewahrwerden der in sich selbst ruhenden, bewussten Energie, die der

Urgrund aller Dinge und als solche sowohl die Basis als auch die erhaltende Kraft der gesamten Schöpfung ist. In feinster Form ist dies Glücksbewusstsein daher in jedem Gegenstand der Schöpfung gegenwärtig." Vgl. auch Swami Satprakashananda o.D.; Vivekananda1993.

70 Der Hinweis auf die jeweilige Liebeskraft stammt von Lucia Mezger, [1993]

71 Der Poornavatar oder vollständige Avatar (Göttliche Inkarnation) ist nach vedantischer Philosophie mit allen 16 übernatürlichen Fähigkeiten ausgestattet, insbesondere mit Allmacht, Allwissenheit, Allpräsenz.

72 „God is man and man is God. All of us have something of God, the divine spark, within us. All man are divine like myself, but with the Spirit embodied in human flesh and bone. The only difference is that they are unaware of this godhood". (Gott ist Mensch und der Mensch ist Gott. Alle von uns haben etwas von Gott, dem göttlichen Funken in uns. Alle Menschen sind göttlich wie ich, mit dem Spirit [Geist], in menschlichem Fleisch und Blut [Knochen]. Der einzige Unterschied ist, dass sie sich ihrer Göttlichkeit nicht bewusst sind.) Sathya Sai Baba in: KARANJIA 1994, 24 und Entdecke die Quelle, 1996, 232 ff

73 Kailas, ein heiliger Berg, Tirupathi, ein bedeutender Tempel in Südindien, Kashi, der frühere Name für die heilige Stadt Varanasi am Ganges und Prashanti Nilayam, der Ort höchsten Friedens, der Name für den Ashram von Sai Baba in Puttaparthi

74 „The knowledge derived through the mind, utilizing the senses ist always incomplete, but, the knowledge that is earned through the Buddhi or intellect illuminated by the Atman, is full, freeing and revealing the Truth. The first is termed 'Manojnana' and the second 'Atmajnana'. 'Manojnana' informs that you are distinct from others, that God is Kailas, Tirupathi or Kashi; or Prashanti Nilayam. But Names, Forms and Temples are only for the Kinder Garden Stage." Tagesspruch von Baba in Prashanti Nilayam vom 9.12.1996

75 Kali Yuga: „Das eiserne Zeitalter, das vierte nach indischer Zeitrechnung. … In diesem letzten der vier Weltzeitalter erreicht das soziale und geistige Leben den Tiefpunkt …, so dass schließlich jeder gegen jeden kämpft." (Spirituelles Wörterbuch 1992, S. 106). Das Goldene Zeitalter schließt sich an das Kali Yuga an.

76 Aurobindo 1957; Wolff 1967

77 Yoga: Vereinigung, Verbindung, Kontakt; unter dem Begriff Yoga werden die Traditionen zusammengefasst, welche durch Übungen, Praktiken und Disziplinen den Kontakt zum Selbst (Atman) oder zu Gott herstellen wollen; vgl. Spirituelles Wörterbuch 1992, 270

78 Education in Human Values 1993

79 Schrifttafel im Ashram: The pure heart is the purpose of all sadhana.

80 Faith in the conquering power of love and truth have gone all through my inmost being and nothing in the universe can ever take that faith out of me." Gandhi, zit. nach Jones 1995, 127

81 Vgl. Rhadakrishnan 1995

82 „I can retain neither respect nor affection for a government which has been moving from wrong to wrong to defend its immorality.", in: Kripalani 1994, 53

83 „The spiritual authority of our unarmed man over great multitudes is in itself wonderful, but when that man not only abjures violence and helps his enemies in their need, but also recognizes his own human fallibility, he claims unanswerably the admiration of the whole world.“ in: Noguchi 1995, 159

84 “The drastic reversal of practically the whole of the aggressive programme may be politically unsound and unwise … there is no doubt that it is religiously sound … it is a million times better to appear untrue before the world than to be untrue to ourselves.“ in: Kripalani 1994, 53

85 “I am one of the unemployed, but if I was in India I would say the same thing that Mr. Gandhi is saying.“ in: Kripalani 1994, 63

86 a. a.O., 58

87 „I am not conscious of a single experience throughout my three months’ stay in England and Europe that made me feel after all East is East and West is West. On the contrary, I have been convinced that more than ever that human nature is much the same, no matter under which clime it flourishes, and that if you approach people with trust and affection your would have ten-fold trust and thousand-fold affection returned to you.“ , a.a. O., 63

88 Vgl. Kripalani 1994; Rhadakrishnan 1995

89 „It seems as if God has been dethroned; let us reinstate him in our hearts.” In: Kripalani 1994, 58

90 „This man of divine fire managed in his lifetimes to become enshrined in millions and millions of hearts so that all of us became somewhat of the stuff that he was made of, though to an infinitely lesser degree.“ in: Kripalani 1994, 119.

91 „He is a ruler obeyed by millions, not because they fear him but because they love him; not as the master of wealth and secret police and machine guns, but as holding that spiritual authority which, when it once dares to assert itself, seems to reduce almost to impotence the values of the material world. I say ‘seems’: for against purely material force, untinged by conscience or pity, it would be helpless. It only wins its battle because of its secret appeal to the spiritual element in its enemy, that humane element from which man, in his utmost effort to be brutal, cannot quite shake himself free.“ in: Noguchi 1995, 158

92 Conference der Findhorn Foundation von 19. – 25. Oktober 1996. Die Vorträge sind als Videokassetten und Audiokassetten erhältlich im Phoenix-Shop der Findhorn Foundation, The Park, Forres, Moray IV36 OTZ, Scotland.

93 “I, B., will rebring the spirit of love to the stock exchange market to all the fears, anxiety, greediness, envy, so forth – to instead give my example, that I and everybody can invite the Spirit of God, divine love and purity and let this spirit play with joy, trust, faith in investments regarding persons, products, organizations which are uncovering the potential of love. “

94 in einem Vortrag am 20. 10. 1996 in Findhorn auf der „Business for Life Conference“

95 Capra 1990, 36

96 Tagore 1997, 13

97 Krishnamurti 1993

98 „Education is no book affair. The universe is a University for those who care to watch and learn. Awareness is life. Spiritual education is not a distinct and separate discipline. Secular and spiritual education are like the two halves in the seeds, the germ that sprouts is between – it is fed by both." in: World Council of Sri Sathya Sai Organization, Bombay M.D. Rajaat Typographie [o.D.,o.S.]

99 Tafelaufschriften im Sri Sathya Sai Institute for Higher Learning, Whitefield/Bangalore, eigene Übersetzung

100 Dies entspricht einer Qualifikationsarbeit, die nach bundesrepublikanischen Maßstäben zwischen einer Dissertation und einer Habilitation liegt.

101 duty without love is deplorable; duty with love is desirable; love without duty is divine

102 Diese Recherche entstand aufgrund meiner Verwunderung darüber, woher die jungen Frauen kommen, die im Ashram Sicherheitsdienste übernehmen und wie sie ausgewählt wurden. Sie waren mir durch Haltung, Bestimmtheit und Freundlichkeit so sehr aufgefallen, dass ich dieser Frage nachzugehen begann. Es handelte sich um Universitätsabsolventinnen, die dort einen freiwilligen Dienst verrichten.

103 u. a. Findhorn Community 1988, Riddel 1990, Walker 1994

104 Findhorn Community 1988, Caddy, P. 1996, Caddy, E. 1997

105 vgl. Donath/ Forthmann 1999

106 Zocker 1991

107 Zocker 1991, 53f

108 Olaf Kaltenborn forschte zum Thema Leiblichkeit und moderne Informations- und Kommunikationstechnologien; Matthias Donath ging der Frage nach, ob kommunale Datennetze gemeinschaftsbildende und die Demokratie stärkende Optionen und Potentiale eröffnen.

Die Autorin:
Univ. Prof'in Dr. Barbara v. Meibom ist Leiterin des Comm**unio**-Instituts für Führungskunst in Berlin/Essen. Sie unterrichtete Politik- und Kommunikationswissenschaft an der Universität Duisburg-Essen. Da sie in der Wissenschaft unzureichende Antworten auf die Frage fand, was Kommunikation gelingen lässt, begab sie sich auf die spirituelle Suche. Dabei ist sie der unermesslichen Macht begegnet, die wir Menschen mit dem Begriff „Liebe" umschreiben. Verbinden wir uns mit dieser Kraft, so kann Kommunikation gelingen. Mit ihrem Institut unterstützt Barbara v. Meibom heute Menschen und Organisationen bei einer Führungskunst auf der Basis achtsamer Kommunikation nach innen und nach außen. www.communio-fuehrungskunst.de

Veröffentlichungen von Barbara [Mettler-]v. Meibom u.a.:
Spirituelles Selbstmanagement. Ein Weg zur Versöhnung von Macht und Liebe, Bielefeld: Kamphausen 2009; Wertschätzung. Wege zum Frieden mit der inneren und äußeren Natur, München: Kösel 3. Auflg. 2012; Gelebte Wertschätzung. Eine Haltung wird lebendig. München: Kösel 2. Auflg. 2011; Schau-Spiel als Weg. Eine Initiatische Kunsttherapie, Petersberg: Via Nova 2001; Einsamkeit in der Mediengesellschaft (Hg.), Münster: Lit 1996; Kommunikation in der Mediengesellschaft, Münster: Lit. 1994; Soziale Kosten in der Informationsgesellschaft, Frankfurt: Fischer 1987

Weitere Bücher aus dem Verlag Via Nova:

Achte auf das, was du sagst
Das Geheimnis der richtigen Wortwahl
Susann Theresa Braun

2. Auflage

Taschenbuch, 144 Seiten, ISBN 978-3-86616-211-2

Das Bewusstsein für das, was und wie wir etwas sagen, ist oftmals verloren gegangen. Viele Konflikte in der Familie, der Partnerschaft und im Beruf könnten vermieden werden, wenn die Gesprächspartner bewusster reden und spüren würden, was ihre Aussagen für den Gesprächspartner bedeuten, bei ihm auslösen und bewirken. Dieses einführende Buch möchte Menschen inspirieren, über ihre Sprachgewohnheiten nachzudenken und sie gegebenenfalls zu korrigieren. Es will ihr Bewusstsein für die „Psychologie der Sprache" schärfen und zeigt Möglichkeiten auf, wie die tägliche Kommunikation in Familie und Beruf stressfrei und harmonisch verlaufen kann.

Der verborgene Code des Bewusstseins
Der Quantengeist in der Naturwissenschaft und in der Psychologie
Arnold Mindell

Paperback, 608 Seiten, ISBN 978-3-86616-159-7

Man muss das Universum verstehen, um sich selbst zu erkennen. In diesem umfassenden Buch des amerikanischen Psychologen und Physikers Arnold Mindell werden grundlegende moderne Erkenntnisse der Physik und der Tiefenpsychologie auf die traditionelle Weisheit der Menschheit in unterschiedlichen Kulturen bezogen und zusammenfassend erklärt. Die sog. objektive, sinnlich wahrnehmbare, mathe matisch-physikalisch messbare Welt und entsprechendes Denken werden aufgrund der Quantenforschung ergänzt und vertieft, indem die psychischen Befindlichkeiten der Beobachter, ihre nichtlokale, nichtzeitliche Spürerfahrung, Intuition und Träume einbezogen und mathematisch beschrieben werden. Anschauliche Beispiele, experimentelle Übungen und Abbildungen sowie überschaubare Kapitel und sprachliche Vereinfachungen machen die Darlegungen auch für Laien verständlich. Wer auf den sich gegenwärtig vollziehenden Paradigmenwechsel neugierig ist, wird dieses spannende Buch lesen wollen.

Die Verbindung mit dem Urgrund des Seins
Ein Zugang zur unerschöpflichen Kreativität des Universums
Arnold Mindell

Paperback, 272 Seiten, ISBN 978-3-86616-228-0

Dieses Buch ist die Antwort eines weltweit bedeutenden Naturwissenschaftlers und Psychologen auf Einsteins berühmten Wunsch: „Ich möchte die Gedanken von Gott kennen. Alles andere sind nur Details." Der Autor geht der Frage nach: „Worin besteht der Geist von Gott?" Diesen Geist, der für ihn der Ursprung aller Lebens- und Naturgesetze ist, nennt Dr. Mindell den „Prozessgeist". Dr. Mindell verbindet dabei die Erkenntnisse der modernen Physik (Quantenforschung) mit den grundlegenden Erfahrungen der transpersonalen Psychologie, dem Taoismus und der Mystik in den spirituellen Traditionen. In 20 inspirierenden Kapiteln stellt dieses Buch überprüfte und praktische Methoden und Übungen vor, wie jeder einzelne mit seinen Beziehungen und wie Organisationen die Verbindung mit dem Prozessgeist als Urgrund des Seins herstellen können. Es hilft, mit Träumen, Körpersymptomen und damit verbundenen Schmerzen, mit Beziehungen und Konflikten besser umzugehen und sich selbst zu erfahren.

Der Mensch ist mehr als sein Gehirn

Hirnforschung und Geistesfreiheit
Manfred Stöhr

Paperback, 256 Seiten, ISBN 978-3-86616-238-9

Endlich ein kritisches Wort eines kompetenten Wissenschaftlers zur modernen Gehirnforschung! Der Neurologe, Psychiater und Universitätslehrer Prof. Stöhr hat als Fachmann die Forschungsergebnisse vieler Gehirnforscher unserer Zeit und deren wissenschaftliche Aussagen mit den entsprechenden Folgen für den Menschen und sein ethisches Verhalten überprüft. Er kommt zu dem Ergebnis, dass die Gehirnforschung zwar Analyse stofflicher Vorgänge im Gehirn und dessen Funktionen in bestimmten Gehirnbereichen vornehmen kann. Aber Aussagen über die Natur des Menschen, über Erziehung, Recht und Moral seien wissenschaftlich nicht begründbar und überschritten die Kompetenz der Hirnforscher. Der Autor wendet sich besonders gegen die Auffassung eines damit verbundenen reduktionistischen Menschenbildes. Er macht deutlich, dass viele Aussagen einer Neuauflage des materialistischen Dogmas von der Alleinexistenz der Materie entspringen, das die ganzheitliche Wirklichkeit des Menschen nicht zu begreifen vermag.

Die Aktivierung des Weltinnenraums

Was Sie in sich selbst bewegen, bewegen Sie in der Welt
Mike Kaiser

Paperback, 576 Seiten, ISBN 978-3-86616-229-7

Der versierte Umgang mit dem eigenen Bewusstsein - dem Weltinnenraum - zählt zu den Schlüsselkompetenzen des 21. Jhs. Indem der Mensch seinen Weltinnenraum mit seinen physischen, mentalen, emotionalen, energetischen und seelischen Dimensionen erkundet und gestaltet, verleiht er wesentlichen Bereichen seines Lebens eine völlig neue Qualität und verändert auch erfolgreich die äußere Welt. Dieses Buch beschreibt Aufbau und Funktionsweise des Weltinnenraumes und gibt dem Leser praxiserprobte Techniken an die Hand. Es verbindet das Wissen alter Weisheitstraditionen mit den neuesten Erkenntnissen der Quantenphysik sowie der Gehirn-, Bewusstseinsund Meditationsforschung. Dieses umfangreiche Werk ist ein wertvoller Ratgeber für alle Menschen, die wiederkehrende Probleme lösen und den Grundstein für ganzheitliche Gesundheit und Glück legen wollen.

In der Stille wieder leben lernen

Die Übung des Schweigens in einer lauten Welt
Max Lang

Taschenbuch, 192 Seiten, 16 Bilder, ISBN 978-3-86616-213-6

Max Lang hat ein neues und tiefgründiges Buch über die Bedeutung der Stille geschrieben. Ausgehend von der Befindlichkeit der Menschen und den Lebensformen, die sich in der heutigen Zeit daraus ergeben, weist er auf den Weg der Stille hin, auf dem sich neue Einstellungen erschließen und andere Verhaltensweisen als bisher möglich werden. Aber die Stille ist nicht nur Weg, sondern auch Ziel, da sie den Grund und Ausgangspunkt für ein erfülltes und glückendes Dasein bildet. Damit Stille diesen Ansprüchen gerecht werden kann, muss sie geübt werden. Hierfür enthält dieses Buch entsprechende Anregungen und Übungsvorschläge.

Praxisbuch Entscheidungen

Martin R. Mayer

Paperback, 128 Seiten, ISBN 978-3-86616-230-3

Laufend stehen wir vor der Aufgabe, Entscheidungen zu treffen. Vielen fällt es schwer, sich zu entscheiden. Manche treffen ungünstige Entscheidungen, die sie später bereuen. Es lohnt also, sich damit zu beschäftigen, wie man sich sach- und personengemäß entscheiden kann. Dieses Buch bringt alle Informationen, die man braucht, um sich angemessen entscheiden zu können. Es berücksichtigt die neuesten Erkenntnisse der Gehirnforschung, zeigt Entscheidungstechniken auf und erörtert mögliche Schwierigkeiten. Es ist verständlich und lebendig geschrieben, ein Buch für die Praxis, besonders für Jugendliche und Manager.

Wohlfühlhormon Serotonin – Botenstoff des Glücks

Der körpereigene Aufbau durch native Ernährung

Rolf Ehlers

Hardcover, 288 Seiten, ISBN 978-3-86616-208-2

Das unverzichtbare Schlüssel- und Wohlfühlhormon Serotonin ist der zentrale Botenstoff, der in uns Menschen eine mental-hormonelle Balance, Gesundheit und damit Lebensglück bewirkt. Rolf Ehlers stellt in diesem Buch das Aminas-Prinzip vor, das er entdeckt und entwickelt hat, und begründet umfassend und überzeugend, dass mit dem Verzehr nativer Kost auf leeren Magen Serotonin zuverlässig auf natürliche Weise im Gehirn aufgebaut und im gesamten Körper sowie auch seelisch wirksam wird. Fachleute haben seine Erkenntnisse zu Recht als bedeutendste Entdeckung auf dem Gebiet der gesunden Ernährung in den vergangenen Jahren bezeichnet.

Gesund durch das Jahr mit der HL. HILDEGARD VON BINGEN

Almanach der Jahreszeiten

Rezepte, Brauchtum, Lebensweise, Kräuterkunde, Naturheilmittel, Kalendarium

Peter Pukownik

Hardcover, 240 Seiten, 125 mehrfarbige Abb., ISBN 978-3-86616-217-4

Die Heilkunde der hl. Hildegard von Bingen ist vielfach erprobt, z.T. wissenschaftlich bewiesen, hat sich bewährt und viele Heilprozesse gefördert. Sie zeigt Zusammenhänge zwischen Mensch und Kosmos auf, die unterschiedlichen Wirkungen der energetischen Schwingungen von Kräutern, Früchten, Mineralien und Metallen auf den menschlichen Körper, auf Seele und Geist. Der Hildegard-Experte Peter Pukownik gibt in diesem Handbuch aus seinem umfangreichen Wissen und seiner Erfahrung wertvolle Informationen und Anregungen – auch anhand zahlreicher Hildegard-Zitate – , sich im Rhythmus der Jahreszeiten gesund zu ernähren, Körper und Geist zu reinigen und zu heilen. Der übersichtliche monats- und sachbezogene Aufbau, anschauliche Abbildungen und klare Rezepte erleichtern die tägliche Anwendung und fördern stetig Gesundheit und Wohlbefinden der interessierten (engagierten) Leser.

Lieben heißt die Welt verändern

Die transformierende Kraft der Liebessprachen

Ursula Friederikje Rücker

Paperback, 192 Seiten, ISBN 978-3-86616-235-8

Jeder Mensch hat seine ganz eigene Liebessprache. Dies macht zwar den besonderen Zauber und die Einzigartigkeit einer jeden Beziehung aus, ist aber auch häufig die Ursache von Missverständnissen. Viele Konflikte in der Partnerschaft, aber auch zwischen Eltern und Kindern und unter Freunden könnten vermieden werden, wenn die Menschen um die Bedeutung der verschiedenen Möglichkeiten, Liebe auszudrücken, wüssten. Dieses Buch stellt deshalb verschiedene Liebessprachen vor. Der Leser kann seine eigene Liebessprache herausfinden und auch die anderer Menschen, die ihm am Herzen liegen. Wenn Sie die einzelnen Liebessprachen anwenden, werden Sie feststellen, dass Sie sich selbst und Ihre Beziehungen mit mehr Verständnis, Freundlichkeit und Liebe bereichern.

Aufbruch nach Hause

Frauen unterwegs zu sich selbst

Sabine Treeß

Paperback, 384 Seiten, ISBN 978-3-86616-222-8

Aufbruch nach Hause ist ein kompetenter und zuverlässiger Begleiter auf dem Weg zu einem authentischen und erfüllten Leben als Frau. Diese spannende Reise führt durch zwölf Stationen, die die Leserin einladen, ihr Leben symbolisch nachzuvollziehen, Schritt für Schritt wesentliche Elemente ihres Weges aus einer neuer Perspektive zu erleben, in der Tiefe zu verstehen und zu heilen. Aufbruch nach Hause gibt Frauen die Chance, ohne großen zeitlichen Aufwand ihrem Bedürfnis nach Selbsterforschung und innerer Heilung nachzugehen. Das Buch ist ganz bewusst auch für Frauen konzipiert, die im Alltag durch Beruf, Partnerschaft, Kinder oder andere familiäre Verpflichtungen nur wenig Zeit für sich haben.

Liebe als Erfüllung aller Wünsche

Eine praktische Liebestherapie

Jürg Theiler

Paperback, 256 Seiten, ISBN 978-3-86616-110-8

Die Menschen sehnen sich nach Liebe, einer dauerhaften Liebesbeziehung, und setzen oft ihre ganze Energie ein, sie zu verwirklichen, weil sie dadurch Glück und Erfüllung erwarten.Warum gelingen aber solche Beziehungen häufig nicht oder zerbrechen wieder nach kurzer Zeit? Der Tiefenpsychologe Jürg Theiler ergründet in diesem Buch die psychischen Ursachen für Gelingen und Misslingen von Liebesbeziehungen, auch an Beispielen. Er erklärt, wie die in der Evolution des Lebens entwickelten Gehirnteile in der Psyche des Menschen unterschiedliche Bedürfnisse und Wünsche erzeugen, die einander oft widerstreiten, sich aber auch gegenseitig ergänzen und zusammen der Erhaltung und Weiterentwicklung des Lebens dienen und nur durch die Liebe in Einklang gebracht werden können. Durch eine bestimmte Fragetechnik und 36 „Ein-Sichten" kann der Leser seine psychische Ausgangslage und den Weg erkennen, wie er mit seinem Partner, seiner Partnerin seine Wünsche nach Liebe erfüllen kann.